LES
OISIVETÉS

DU SIEUR

du Puitspelu

Lyonnais

LYON

—

BERNOUX & CUMIN

LIBRAIRES-ÉDITEURS

—

M D CCC XCVI

LES OISIVETÉS

DU SIEUR

du Puitspelu

TIRÉ A 425 EXEMPLAIRES

Nº  244

PRÉFACE

L E grand succès de la seconde et définitive édition des *Vieilleries lyonnaises* avait engagé MM. Bernoux et Cumin, les éditeurs de Clair Tisseur, à lui demander l'autorisation de publier également une nouvelle édition des *Oisivetés du sieur du Puitspelu*, qui forment comme une suite ou un pendant des *Vieilleries*.

Parues en 1883, les *Oisivetés* étaient complètement épuisées et les exemplaires qui s'en rencontraient dans les ventes publiques atteignaient des prix fabuleux. Clair Tisseur n'eut pas de peine à se laisser persuader ; il se mit à réviser son livre avec la conscience qu'il apportait en toutes choses, et bientôt les presses du *Salut Public* commençaient l'impression de cette nouvelle édition augmentée de chapitres inédits.

Hélas ! Clair Tisseur ne devait pas avoir la satisfaction d'assister à l'achèvement de son œuvre. Le 30 septembre dernier, il succombait, à l'âge de soixante-neuf ans, dans la jolie demeure entourée d'oliviers, où, depuis près de vingt années, il vivait en une laborieuse retraite ; et, le 3 octobre, un long cortège d'amis, d'hommes de lettres et d'artistes accompagnait le convoi funèbre de cet homme excellent, qui fut un homme de beaucoup d'esprit, un écrivain très personnel, un rare poète. Clair Tisseur repose aujourd'hui parmi les siens, dans le petit cimetière de Sainte-Foy (1).

Notre cher PUITSPELU n'est plus là pour présenter son livre au lecteur. Vivant, il n'eût confié ce soin à personne ; notre maître à tous ès-lettres lyonnaises, il n'avait besoin d'aucun patronage. Son nom suffisait à recommander ses œuvres, qui allaient sans tapage au succès. — Puis, nul autre n'eût su dire pourquoi l'auteur avait refondu tel chapitre, « corrigé d'ici, corrigé de là, » écrit telles pages nouvelles, « passé le polissoir » sur le tout (2).

---

(1) Il était né à Lyon le 27 janvier 1827. Voir son autobiographie dans la curieuse introduction des *Lettres de Valère* (2 vol. in-12, Lyon, Meton, 1881) ; l'*Express de Lyon* du 1er au 4 octobre 1895 ; *Revue du Lyonnais*, septembre 1895 (article de M. Vachez) ; *Revue du Siècle*, octobre 1895.

(2) Voir la préface des *Vieilleries lyonnaises*, 2ᵉ édition, 1 vol. grand in-8°, 1891, Bernoux et Cumin, éditeurs.

Je n'essaierai point de l'expliquer à sa place. Une tâche moins délicate et plus modeste m'est dévolue : elle consiste simplement à guider le lecteur à travers les chapitres si variés de ce livre. Je m'en acquitte avec infiniment de plaisir et — pourquoi m'en défendre ? — une très-vive sympathie pour l'auteur et pour l'œuvre.

*
* *

Les Oisivetés! drôle de titre, qui est plus du vieux temps que de ce siècle affairé. Il fait penser aux *Loisirs* du bon René de Lucinge. Les étrangers qui le liront à la vitrine de nos libraires pourront croire à une réédition de quelque écrit fantaisiste d'un contemporain de Montaigne, composé dans l'heureuse retraite d'une gentilhommière, entre les souvenirs d'une vie aventureuse et les livres devenus les amis de l'âge mûr. — Moi-même, qui viens de fermer ce volume de Puitspelu, et qui demeure sous le charme de son esprit si naturel, de son bon sens si ferme, de sa gaîté si franchement gauloise, de son style si simple et si pur en ses tournures anciennes et ses mots oubliés, j'ai presque besoin d'un effort de raison pour me dire que ce parfait lettré était notre contemporain ; qu'architecte, il bâtit de belles églises dont la pierre est encore blanche (1); que le plus

(1) Sainte-Blandine et le Bon-Pasteur, à Lyon ; les églises d'Orliénas, de Brignais, de Saint-Laurent d'Agny (Rhône), et de Saint-Ferréol (Haute-Loire).

ancien de ses livres n'est vieux que d'une trentaine d'années, et qu'il prodigua jusqu'à ces derniers mois, sous tous les pseudonymes imaginables, d'innombrables articles dans les journaux et les revues de Lyon (1) ; — car Puitspelu fut journaliste plus et mieux que tant d'autres, et, à cet égard, il était bien de ce temps.

En choisissant ce titre archaïque : *Les Oisivetés*, notre auteur a voulu qu'il fût approprié aux choses dont il nous entretient : choses du passé lyonnais, lointaines, oubliées, inconnues des hommes d'aujourd'hui, et qui réclamaient un historien. Les *Vieilleries* nous les avaient montrées comme en une galerie de tableaux ; nous retrouvons dans les *Oisivetés* une série de peintures faites de main de maître.

(1) La *Revue du Siècle*, d'octobre 1895, a publié une bibliographie complète de Clair Tisseur. — Ses principales œuvres sont, par ordre chronologique : *Histoire d'André*, 1 vol. in-12, 1868 ; *Joseph Pagnon, Lettres et Fragments* 1 vol. in-12, 1869 ; *Les Vieilleries lyonnaises*, 1 vol. in-8° 1879, réédité et augmenté en 1891 : *Marie-Lucrèce et le Grand Couvent de la Monnaye*, 1 vol. in-8°, 1880 ; *Souvenirs lyonnais, Lettres de Valère*, 1 vol. in-12, 1881 : Les *Oisivetés du sieur du Puitspelu, Lyonnais*, 1 vol. in-8°, 1883 ; *Très-humble Essai de Phonétique lyonnaise*. 1 vol. in-8°, 1885 ; Les *Histoires de Puitspelu*, 1 vol. in-12, 1886 ; *Dictionnaire étymologique du Patois lyonnais*, 1 vol. in-8°, 1887-1890 ; *Pauca Paucis*, recueil de poésies, 1 vol. in-8°, 1889, réédité et augmenté en 1894 ; *Modestes Observations sur l'Art de versifier*, 1 vol. in-8°, 1893, Le *Littré de la Grand'Côte*, 1 vol. gr. in-8°, 1894 ; *Au Hasard de la Pensée*, 1 vol, in-12, 1895, etc.

Clair Tisseur avait collaboré activement à la *Revue du Siècle*, à la *Revue du Lyonnais*, au *Journal de Lyon* (1871-1873), au *Courrier de Lyon* (1877-1885). — *Lyon-Revue* (1880-1883) a publié pour la première

Voilà d'abord des souvenirs d'enfance, tout personnels, bien que l'auteur, en parlant de lui, emploie la troisième personne. Que de choses délicates, que de fraîcheur et de vérité, dans ces pages écrites avec un cœur d'artiste ! Sous prétexte de nous dire la *Chanson de la cousine Mariette*, pleine des termes de canuserie, Puitspelu conte l'histoire de ses ancêtres, tous passementiers ou tisseurs, « Lyonnais à fond, narquois, gaudisseurs, sans-souci, rêveurs, beaucoup amoureux, un peu bizarres », et qui, à la guerre, savaient au besoin se faire tuer tout comme les grands seigneurs. Dans le Lyon d'il y a soixante ou quatre-vingts ans, qu'il dépeint ici, une figure exquise est mise en relief : celle de cette laborieuse fille, demi-bourgeoise et demi-ouvrière, qui, par dignité, n'a pas voulu faire un vulgaire mariage et vit dans une paix sereine, voisine du bonheur, devant son métier à tisser, ayant pour distraction quelques saines lectures et de rares promenades le dimanche. Comme en une gravure de Chardin, on voit cette cousine Mariette, dans sa chambre à trois fenêtres, fabriquant de beaux poults de soie blancs et roses, près de tante Michelle, « vive,

---

fois « La Chanson de ma cousine Mariette », les « Impressions d'un petit Gone », et divers morceaux de prose et de poésie. — Le *Salut Public* (1870-1871), ses « Lettres d'Ignotus », etc.

alerte, malgré son grand âge et ses besicles larges comme des coulants de serviettes ». Les bonnes gens, et quel charmant souvenir l'enfant en a gardé !

Les *Impressions d'un petit Gone* commencent vers ce temps; c'est de l'autobiographie. Le petit gone revient de nourrice à trois ans, parlant patois comme un vacher; le voilà dans sa famille, à Sainte-Foy, ce Sainte-Foy qui n'a pas son pareil au monde, si ses souvenirs sont exacts, et où la vie était un bonheur sans mélange. Quel contraste avec le séjour à la ville !... Là-haut, le soleil, les fleurs, les oiseaux ; là-bas les brouillards et la tristesse.

Puitspelu sent tout cela comme si c'était d'hier ; il avoue pourtant que les nuits d'été, même à Sainte-Foy, n'ont plus la beauté qu'elles avaient alors... Le moment vint d'apprendre quelque chose : on mit le petit gone aux Minimes. C'était l'oiseau en cage ; plus de jeux, plus de gaîté, de douceurs et de caresses. — Vous tous qui avez passé par un collège, lisez le récit du séjour aux Minimes. *Le Petit Chose* de Daudet vous a rappelé vos souffrances d'enfant loin de la famille ; *les Impressions d'un petit Gone* vous feront revivre ces années d'internat ; vous vous retrouverez vous-même à travers ces mille détails vrais, restés empreints au fond de vos mémoires. — Mais l'enfant n'était pas fait pour végéter entre quatre murs ; il retourna à Sainte-Foy et reprit ses jeux, ses lectures solitaires, ses rêveries sur un arbre, avec les Alpes au loin et le Rhône à ses pieds. Cette libre éducation, qui ne convient pas à tous, influa certainement sur le caractère de Puitspelu ; il lui a dû l'originalité de son talent.

Les *Vendanges*, qu'on faisait aux premières brumes d'automne et dont l'auteur donne une description d'un excellent réalisme, continuent la série des « souvenirs d'antan ». Un fier vigneron, ce Puitspelu ; nul ne s'entend mieux à faire le vin ; Virgile, Columelle et Olivier de Serres n'ont pas été ses seuls maîtres. C'est, du reste, avec la gaîté d'un Rabelais et l'observation d'un Balzac, qu'il montre tout ce qu'il y a de bon et de mauvais en ébullition dans une cuvée de vendanges.

***

Aux pages qui précèdent se mêlait déjà la peinture du Lyon, tel que l'avait vu l'enfant, un Lyon aux rues noires et boueuses, dont il connut plus tard les moindres recoins, aux quais ensoleillés, aux bas-ports pleins de vourgines et de verdure. Mais c'est dans les pages consacrées aux vieilles choses lyonnaises qu'il faut chercher comme la physiologie de tant d'institutions la plupart disparues. Qui se souvient des *Modères*, ces sociétés ouvrières coopératives pour la remonte des bateaux dans la traversée de Lyon, dont l'origine datait des Romains ?

Les équipages étaient tirés par des séries de chevaux attelés deux par deux. Quels chevaux! et quels hercules que les mariniers d'alors, ces « modères », tous braves gens et tous courageux, « race magnifiquement charpentée, saine au moral et au physique, bien mangeante et bien buvante, ayant gardé toutes les vieilles traditions ». La navigation à vapeur, puis les chemins de fer ont tué les modères ; c'est grand dommage.

Et *le Carnaval lyonnais*, qui réjouissait tant nos grands-pères par ses naïves exhibitions, qu'est-il devenu ? Qui de nous a vu passer la « Bande de Bourgneuf », avec sa musique qui faisait hurler tous les chiens de la ville, ses Turcs qui avaient des turbans comme des courges et des soleils dans le dos, ses Sauvages et ses Cosaques aux barbes épouvantables, ses Faucheurs polonais coiffés de schapskas et armés de faulx étincelantes ? Qui de nous a vu l'enterrement du Mardi-Gras ? Depuis 1848, il n'y a plus de carnaval lyonnais... la politique l'a remplacé.

Aussi disparues, *les Montagnes*, ces plans inclinés sur lesquels « débaroulaient » des chars glissant dans des rails creux et qui furent l'une des passions de nos pères. Il y en avait à l'« Elysée lyonnais », jardin merveilleux où se rendait tout le beau monde ; il y en avait aux « Montagnes françaises », dont le célèbre artificier Arban était directeur. Ceci se passait vers 1824 !

Il fallait que Puitspelu laissât le tableau exact et coloré de toutes ces vieilles choses, pour que notre génération apprît leur existence. Et les vieilles gens du vieux Lyon d'autrefois, célébrités du pavé, illustrations des carrefours, qui a gardé même leurs noms au fond de sa mémoire ?...

Sous ce titre admirable : *De Viris illustribus Lugduni*, tout un nouveau chapitre de quarante pages — un vrai Plutarque — est consacré, dans cette seconde édition, a conter la vie et les prouesses de ces héros éphémères.

Voilà qu'elles entrent à leur tour dans l'histoire — tardive et trop légitime réparation ! — ces prodigieuses figures d'excentriques et de bateleurs, ornés de sobriquets étonnants. Puitspelu les a croqués tout vifs, ces types qu'on n'inventerait pas et qui n'avaient pas leurs pareils au monde. — C'est, en première ligne — à tout seigneur tout honneur — le désopilant paillasse de Bellecour, le merveilleux comique de Tivoli et du Jardin Chinois : ce brave « père Thomas », au répertoire inépuisable de chansons populaires et de joyeuses facéties ; lisez-moi, s'il vous plaît, l'inénarrable histoire de ses trois mariages et la légende macabre de son squelette ! — Viennent ensuite le « Marchand de baume vert » — qu'est-ce que ça pouvait bien être, ce baume vert ! — le « capitaine » Ankès, perpétuellement vêtu en Kabyle ; le crieur public La Rose ; le père Berlingard, autre crieur cocasse ; le cabaretier Boyau, de la Quarantaine, et son costume ancien régime ; le « père Tranquille » et sa belle tête de vieillard à barbe blanche, qui servit de modèle à Jacquand et à Trimolet.

Puis, l'Aveugle du Chemin-Neuf ; et le bon drille Bibasse, marchand de « balayettes à l'Anglaise » et d' « araignoirs à la mode de Paris » ; et le nain Jean de Bavière, en habit d'officier d'état-major, chapeau de général, six pouces de jambes en demi-bugnes ; et Battu l'hydrocéphale ; et l' « Homme-linge », et l' « Homme-bleu » ; et Clarion précédé de son cadran abdominal... Enfin, de pauvres folles inoffensives, comme la « Mère Pigeon-Vole » dite aussi « comtesse Zizette », la « princesse Perrache » et tant d'autres...

Quelle collection d'originaux, de détraqués ! quel musée de visages et de costumes invraisemblables ! Puitspelu nous les montre dans tout leur réalisme à la fois comique et navrant ; il n'omet aucun détail pittoresque ou caractéristique. Et, à la fin du chapitre, il a un soupir de regret pour ces pauvres diables qu'on avait accoutumé naguère de rencontrer chaque jour, et que, tout à coup, on a cessé de voir.

Plus loin, parlant du « Bourgeois de Lyon (1) » notre

(1) Ce chapitre, qui est le dernier du volume, paraît pour la première fois dans les *Oisivetés*. Il avait été publié d'abord dans la *Revue du Siècle*.

historien fera, à la dernière page du livre, de belles réflexions philosophiques à propos de nos anciens privilèges disparus.

« Rien, dit Puitspelu, de ce que j'essaie de peindre n'est plus ! » — Passe encore pour le *Tripier des Chats*, dont la corne n'est plus là pour rivaliser avec celles de nos conducteurs de tramways ; mais *Charabarat*, cher Nizier, existe toujours, notre vieux marché aux chevaux dont vous nous racontez les vicissitudes, et *les Bertes*, que les laitières de Sainte-Foy apportent chaque matin, comme jadis, dans les mêmes charrettes que vous aimiez tant (1).

Ce qui n'est pas mort non plus chez nous, c'est l'esprit, n'en eût-on pour preuve que le chapitre de ce livre, intitulé : *Propos de gueule lyonnais*, dont je souhaiterais qu'un éditeur avisé fît un tout petit livre. Même auprès de notre Berchoux et de notre Brillat-Savarin, ces *Propos* sont un chef-d'œuvre de finesse et de franche gaîté. Puitspelu s'y montre aussi parfait cuisinier qu'expert à la tirée du vin ou à la batellerie, et plus d'un gourmet émérite se délecterait de ses menus.

---

(1) Puitspelu a supprimé dans cette seconde édition le chapitre consacré aux *Artes*, ces terribles destructeurs qui ont — disait-il — « le dernier mot de tout ici-bas. »

Quand on est artiste et d'esprit supérieur, ne le faut-il donc pas montrer en toute chose ? Mais c'est surtout dans son style qu'un écrivain fait preuve de goût. *Le bon Parler lyonnais* — est comme la profession de foi littéraire de l'auteur. Quelques-uns lui ont reproché d'écrire comme on parlait au xvie ou au xviie siècle ; il leur répond par une critique motivée de la façon d'écrire de nos contemporains, depuis Roqueplan, Banville et Victor Hugo, jusqu'à de Goncourt, Zola et Daudet. La nouvelle école abuse des néologismes, que Puitspelu voudrait proscrire, même du langage scientifique, hors le cas où il s'agit de désigner des choses nouvelles. — Théorie un peu exclusive, non seulement pour les sciences qui exigent des classifications internationales, si l'on peut dire, et nécessairement forgées de mots grecs ou latins, mais encore en matière d'art et de critique, si l'on veut exprimer, par exemple, toutes les subtilités d'un *effet* de Corot. — Mais, ce qu'on ne saurait trop déplorer avec Puitspelu, c'est l'invasion dans la langue de ces odieux mots en *isme* et en *ique*, que l'on doit au journal et aux exigences du *reportage*. Mieux vaudrait cent fois rester fidèle à nos vieilles expressions populaires, si précises et si pittoresques.

Ainsi cet écrivain qui affectionne le mot que certains rejettent comme trivial, qui se glorifie d'avoir eu des grands-parents canuts et s'égaie de toutes les gandoises du peuple, ce républicain de la veille, enfin, est en même temps un aristocrate de l'esprit, un gourmet de lettres, un poète — plus d'une page de ce livre en fait foi, bien qu'il assure n'avoir jamais pu composer qu'un premier vers.

Cette originalité, cet imprévu dans le style, et plus encore dans l'idée, le rend tout à fait attachant, et, — bien que nous croyons avoir tout dit en notre chauvinisme provincial quand nous nous sommes écrié : Voilà un livre bien lyonnais, — nous commettons encore une injustice. Il faut ajouter : l'esprit en est tout français, tiré des meilleurs crûs, de ceux qui vieillissent cent ans, se bonifiant toujours.

Emmanuel Vingtrinier.

SOUVENIRS D'ANTAN

LA CHANSON DE MA COUSINE MARIETTE

IL y en a plusieurs qui m'ont dit comme cela : Puitspelu, vous qui avez été canut, vous devriez un jour nous parler des termes de canuserie, les expliquant, comme bien s'accorde.

Volontiers, ai-je répondu. Mais puis, en y réfléchissant, je me disais que tous ces mots bizarres, à la queue les uns des autres, comme les canes qui vont en champ, ce ne serait guère agréable, lorsqu'il m'est revenu en mémoire la chanson de ma cousine Mariette, où ils sont quasi tous dedans. Voilà mon affaire, ai-je dit. Mais d'abord il faut bien vous dire ce qu'est ma cousine Mariette.

✦

Or, besoin est-il que vous sachiez que mon arrière-grand-père, Benoit du Puitspelu, de son vivant passementier, eut treize enfants (en ce temps-là on ne se plaignait pas les enfants comme à présent) dont, entre autres, Barthélemy du Puitspelu, mon grand-père, marchand rouennier en rue Basse-Grenette, au n° 14, qui fut aussi trésorier de la Compagnie du pont Morand (il avait connu Morand); et Michelle du Puitspelu, ma grand'tante, passementière de son état, qui se maria et eut pour fille ma cousine Sybille, communément appelée Mariette, canuse, restée fille. Mariette est ainsi ma parente au cinquième degré, si je ne faux dans mon compte.

Tout cela ne vous intéresse guère, n'est-ce pas ? Si pourtant je vous faisais la généalogie d'un Montmorency ou d'un Guise, vous trouveriez cela tout naturel. — Et puis, dites qu'il ne se fait pas des injustices !

*_**

Tous ces Puitspelu foisonnants étaient Lyonnais à fond, narquois, gaudisseurs, sans-souci, rêveurs, beaucoup amoureux (les hommes), un peu bizarres; aucun ne fit fortune. Ils furent tous, merci à Dieu, de braves gens sans reproche. Mais que voulez-vous? Pour mettre la chose au vrai, je dirais bien que tous les Puitspelu ont leur léger coup de marteau, mais vous seriez capables de me prendre au mot. Voire sont-ils quasi tous un peu poètes, sans compter ceux qui, pour tout de bon, furent échauffés du démon poétique. Moi Nizier, qui vous parle, seul fis exception. Encore ne dis-je pas toute la vérité. Il m'est plus d'une fois arrivé de chercher à faire des vers. J'ai toujours fait facilement le premier, mais voilà, je n'ai jamais pu amener le second.

⁂

Une des sœurs de mon grand-père fut une des bonnes pièces de la galerie. Elle se nommait Dodon, très exactement comme la fille de Gnafron dans la succulente pièce d'André, le veloutier : *Les Tribulations de Duroquet*. Beaucoup de Lyonnaises, jadis, s'appelaient Dodon (1). Cependant il faut remarquer que le nom se rencontre moins fréquemment dans les familles de ducs et pairs.

Dodon était toute Puitspelu. Son bonheur était la solitude et de se promener dans les bois, de regarder le ciel, d'aspirer l'air des champs. Pour pouvoir satisfaire ses goûts, elle se levait chaque jour, ou plutôt chaque nuit, au coup de minuit, à seule fin de commencer sa journée de canuse qu'elle était. Elle travaillait comme un massacre jusque vers les quatre heures du soir, alors couvrait sa façure de son panaire, marquait le pas des marches, garnissait un panier du nécessaire pour dîner et la voilà partie pour le bois de la Caille. Le bois de la Caille, promenade favorite du grand Ampère et de son ami Bredin, enveloppait la Tour de la Belle-Allemande et s'étendait sur les coteaux de Cuire. Dodon dînait en belle vue de la Saône, contemplant le soleil couchant derrière les coteaux verts, qui jetait ses dernières flammes roses sur le Mont-Cindre et le Mont-Thoux. Là elle attendait curieusement la venue du coche d'eau qui, chargé de voyageurs, arrivait chaque soir

(1) Dodon, qui serait mieux orthographié Daudon, est l'ancien nom de femme *Claude*, avec le suffixe *on*.

de Trévoux. Le coche passé, la nuit venue, la dernière étoile levée, elle rentrait au logis pour dormir jusqu'à la minuit, qu'elle recommençait.

.

Qu'on dise que les Puitspelu n'ont pas eu toujours du goût pour les sciences, notamment pour la mécanique ! La Dodon, souffrant un jour « d'une dent d'en bas », comme nous disons, imagina ce moyen d'éviter le recours au dentiste ; elle entoure la dent à sa racine d'un fort fil d'archal, appond l'extrémité de celui-ci à une bonne ficelle ; à la ficelle un poids de métier, c'est à savoir une de ces énormes pierres qui, appendues au rouleau de derrière, maintiennent la chaîne tendue ; applique contre la muraille l'échelle qui fait partie des ustensiles du canut, et, obtenant une ingénieuse transmission de mouvement en faisant passer poids et ficelle par dessus un des barreaux les plus élevés, lâche soudain le poids, de la hauteur d'une bonne aune... La tête faillit venir avec la dent. Pas moins la dent fut arrachée.

Je pense que c'est de cette disposition naturelle aux sciences appliquées, que mon père avait inventé une foule d'ingénieuses mécaniques en bois, en carton, en fétus de paille, pour servir de modèles à des machines destinées à monter l'eau de notre puits de la campagne, qui avait cent pieds profond. Cela marchait à ravir, mieux que les montres d'aujourd'hui. Seulement, mon père, qui avait de la judiciaire, ne fit jamais exécuter les machines.

Mais ce qu'il avait fabriqué de mieux, c'est un baromètre qui faisait mes délices d'enfant. Et il y avait de quoi ! Figurez-vous une petite maison à toit rouge : deux portes. deux fenêtres. Quand il devait faire mauvais, un monsieur, en frac bleu à longues basques, culottes de nankin, sortait par l'une des portes, son parapluie ouvert. Que s'il devait faire beau, il rentrait; et par l'autre porte, voilà qu'il se présentait une belle dame, la taille sous les aisselles, une robe blanche collante, tenant une ombrelle d'une main, de l'autre relevant sa robe pour montrer un bas blanc bien tiré, sur lequel se croisaient, en façon de 8, les rubans noirs qui maintenaient un fin brodequin. Il y avait des fois que, le temps étant incertain, la dame et le monsieur, chacun sur le pas de leur porte, ne savaient s'ils devaient rentrer ou sortir... Non, non, rien ne dira jamais combien ce baromètre était beau !

*_**

Avec son caractère, la Dodon était pour mourir fille. Et ainsi fut-il. Son frère Vincent, l'oncle Vincent, comme je l'ai toujours entendu nommer, valait aussi son pesant d'or.

Pour gone, c'était un vrai gone de Lyon, jamais en retard « pour faire la polisse ». Très porté à l'équitation, à six ans il était un jour juché à cheval sur la balustrade de fer d'une grande ouverture qui éclairait le palier au sixième étage de la maison qu'habitait l'arrière-grand-père, dans la Grand'rue (1). Un fouet à la main, clic, clac,

---

(1) La Grand'rue, comme sait un chacun, c'était la Grande rue de l'Hôpital.

hue! diah! la balustrade, têtue, ne voulait pas avancer. Son père l'aperçut d'en bas. Frémissant d'angoisse, la sueur au front, sentant que, s'il appelait l'enfant, celui-ci, surprise ou crainte d'être grondé, perdrait l'équilibre, il retient son souffle, sur la pointe du pied monte les degrés quatre à quatre, et avant que l'enfant eût le temps de l'apercevoir, fait un bond et le saisit à bras-le-corps.

Vincent n'eût pas été gone, et il n'eût pas été Puitspelu, s'il n'eût pas eu la passion des farces et des attrapes. Pour sa bonne humeur, son amour de rendre service, on lui passait tout. Au temps des prunes, il allait faire visite à toutes les fruitières dont la Grand'rue de l'Hôpital était garnie, marchandait partout un quarteron de prunes et, prudent, demandait à les goûter. A celle fin, la plus belle choisie, il la lançait à la hauteur du deuxième étage, la rattrapait dextrement entre les dents, et passait à une autre marchande. Vingt-cinq marchandes, vingt-cinq prunes à la hauteur du deuxième étage, et voilà le quarteron. Repassant ensuite par politesse chez chaque marchande : « Merci de vos prunes, je n'ai plus faim. »

Toutes ses attrapes n'étaient pas d'un choix aussi délicat, et quelques-unes, que je ne puis raconter, eussent fait les choux gras de Rabelais. La plus innocente consistait, au premier de l'an, à offrir des dragées à toutes les sucrées demoiselles du corps de logis. Bon an, bonne œuvre, et un baiser. Les Puitspelu ont toujours été galants. Toutefois il avait, par préalable, légèrement sucé toutes les dragées. Histoire d'avoir aussi ses petites étrennes. Comme personne ne connaît mieux la malice que l'abbé qui a été moine, quand on lui en offrait en retour, bien avait-il la précaution de demander toujours avec inquiétude si elles ne seraient point « de la seconde sucée » ?

**

Mais ne croyez mie, que les Puitspelu ne fussent pas accessibles aux grands sentiments. La République était venue, et avec la République les grandes guerres, les rois envahissant la France, et les patriotes opposant leurs mâles poitrines à l'ennemi. L'enfant avait pris seize ans, et voulait sa part de gloire. Désespoir ! il n'avait pas fait son crû et il lui manquait quelque peu pour la taille. Mais vous ne savez pas ce qu'était ce Vincent ! Il inventa une sorte de sangle qui le retenait sous les bras, dans son lit, durant la nuit, cependant que les poids de son métier (il était canut, comme la Dodon), appendus à ses pieds, exerçaient une tension terrible sur les muscles et les articulations. C'était une réduction du supplice de Damiens. Chaque matin, il se mesurait, et constatait un petit bénéfice, qu'il reperdait dans la journée. Il tira tant et si bien qu'un beau matin, il se trouva la taille. Vite de courir au bureau de recrutement, avant d'avoir eu le temps de diminuer.

A la première inspection des recrues, le regard du colonel tomba sur lui. — Qui m'a f... ce gamin? fit-il d'un ton sévère. Hors du rang, et qu'il s'en aille ! — Vincent protesta, pria, supplia, pleura tellement que le colonel, touché : — Allons, puisque tu es un vrai patriote, je te garde !

Et voilà Vincent parti pour l'armée d'Italie, se battant

comme un lion. A la première affaire, il est nommé caporal. Il avait toujours prévenu qu'il reviendrait général. Tout joyeux, il écrivit à son père : « Mon père, je vous annonce que, pour le commencement de mon avancement, je suis nommé caporal ! » Hélas ! quelques jours à peine, et le futur général tombait d'une balle sous les murs de Mantoue, quand les Autrichiens essayèrent de dégager la ville en 1796.

***

Or, voici qu'un jour j'avais le vif plaisir de passer une soirée avec un mien parent, honorable et honoré, de grande position et fortune, à Lyon l'illustration d'une profession libérale. Il n'est pas au premier rang, il est le premier au premier rang. Ce mien parent est d'une autre branche, descendant d'une cousine germaine à mon grand'père. Chose étrange, il ne savait pas ce que nous étions l'un à l'autre et ignorait tout de nos ancêtres communs, jusqu'à leurs noms. Pourtant, son digne père, honnête et riche fabricant, s'aimait avec le mien, et ils se saluaient toujours de cousins. Aussi moi, tout heureux de lui apprendre et ce qu'était la Dodon, et ce qu'était Vincent, et tous les autres, et comment notre trisaïeul commun, Barthélemy Puitspelu, père de Benoît, était, en 1700, paysan au bourg de Pollionay-en-Lionnois, et fit souche de passementiers à Lyon. Je pensais ainsi l'enflammer. Mais voyez un peu comme dans nos malheureuses sociétés démocratiques toutes les bonnes traditions des ancêtres sont délaissées, voire par ceux qui se croient sincèrement les plus ardents conservateurs ! De tout cela, mon parent ne manifesta pas le même enthousiasme que moi, et sa femme encore moins, ayant sa tête tournée d'autre côté, j'ignore la cause pourquoi.

※

Et puis, dans tout cela, que faisons-nous de la cousine Mariette ? Je vous ai dit, vous en souvient-il, que Michelle, sa mère, était la sœur de mon grand-père, le trésorier du pont. Tous deux s'aimaient beaucoup. Ce trésorier était un joyeux compère, de bon accueil et de belle humeur, aimant à se faire du bon sang, aimant les amis, aimant par-dessus tout la famille. Vous connaissez ces petits pavillons au bout du pont Morand, en style Louis XVI, du côté des Brotteaux (1)? Dans celui qui est à droite en allant, et où est présentement un bureau dépendant de la voirie municipale, il avait les siens, de bureaux. Vous savez bien cet entresol bas, éclairé par un œil-de-bœuf ? Là, le grand-père avait installé un billard. Sur le coup de quatre heures, les écritures faites, parents et amis venaient boire le vin clairet. Parmi eux, il aimait surtout Benoît Mathevon, digne homme, notre parent, représentant d'un type perdu de nos fabricants. Il vendait de l'étoffe qu'il fabriquait lui-même. Chez lui, en rue Giroflée, depuis côte des Carmélites, il y avait le magasin et, à côté, un atelier de quatre métiers. Les Mathevon demeurèrent là nonante ans, de 1770 à 1860. Sur cet appartement, l'économiste peut suivre

(1) Ces pavillons ont été démolis depuis lors pour la reconstruction du pont.

le mouvement de hausse des loyers, ou simplement l'abaissement du prix de l'argent. En 1775, la location était de 190 livres par an. En 1835, elle était de 450 francs, où elle resta jusqu'en 1850. Aujourd'hui encore, notre excellente parente, la fille de Benoît, est fabricante d'étoffes pour ornements d'église, mais cette fois, sans atelier. Son mari est un très honorable marchand de soie.

Au temps que le grand-père était trésorier de la Compagnie, les Brotteaux n'étaient rien, et pour faire un peu recette, la Compagnie était réduite à organiser des fêtes, des spectacles de l'autre côté du Rhône, manière d'engager les gens à passer le pont. La grande Allée, comme on disait, qu'on appelle aujourd'hui le cours Morand, était en contrebas de ce qu'elle est, de la hauteur, ma foi, d'un étage, et l'on y descendait du pont comme sur un bas-port. L'allée était plantée d'arbres. C'est là qu'était le théâtre. Un dimanche que la Compagnie avait loué une troupe de comédie, la représentation était en retard. On dépêcha le grand-père. « Monsieur, fit, en s'excusant, l'actrice chargée des Célimènes, nous allons nous *appréparer* tout de suite. »

Les actrices n'avaient guère de maillots; de bas, pas davantage, mais d'y suppléer était facile. On se rappelle peut-être que, jadis, les bas de soie couleur de chair avaient, à la cheville, des coins rouges. Les actrices en étaient quittes pour jouer en jambes naturelles, et se fabriquer des coins rouges avec des cerises écrasées. L'illusion était complète.

C'est dans l'entresol du pavillon du pont que, le 2 août 1817, le pauvre grand-père fut frappé d'une attaque dont il mourut deux jours après. Les vieux Lyonnais ont dû connaître un vieux médecin, nommé M. Cartier, déjà très vieux dans ma plus tendre enfance. Ce fut lui qui le soigna dans ses derniers instants.

*_**

Avec un léger fond de bohème, dont ses enfants ne sont pas sans avoir hérité, le grand-père, dans sa jeunesse, plus préoccupé d'amour que de position, avait épousé Pierrette Guinand, très honnête fille d'une très honnête famille de Mornant, femme de chambre de M. Terrasse, trésorier du pont avant le grand-père, et chez qui celui-ci était commis. De ce mariage naquirent un fils, Jean-Marie-Louis, et une fille, Fanchette, dont la mort prématurée fut une cause de grand chagrin pour son frère. Le petit-fils de Fanchette, l'arrière-petit-fils de la femme de chambre de M. Terrasse, après avoir épuisé tous les grades et recueilli les prix de tous les concours, est aujourd'hui, à trente et un ans, sous-directeur au ministère des affaires étrangères.

Jean-Marie-Louis fut un honnête marchand comme son père, dont il continua le modeste commerce de rouenneries. Il vendait de la toile et des mouchoirs à carreaux pour ceux qui prennent du tabac. La clientèle se composait en partie de « bisques », c'est-à-dire de gens des Hautes et Basses-Alpes, colporteurs, qu'on appelle encore « margoulins » ou « culs-blancs ». Ce commerce ne vaut pas la grosse banque. Jean-Marie-Louis, d'une probité rigide, craignant Dieu, et de son vivant trésorier de la fabrique de Saint-Bonaventure, sous le curé Pascal (tous les Puitspelu étaient trésoriers de quelque chose), à telles enseignes qu'un jour mille francs ayant manqué dans sa caisse, il les remplaça sans souffler mot, mais donna sa démission. Jean-Marie-Louis avait, comme son père, un fonds de gaîté gauloise et possédait un magasin d'histoires comiques, dont il transmit quelque héritage à certains de ses fils. Il laissa une réputation d'excès d'intégrité et de délicatesse. Peu fortuné, on le tenait pour riche, à cause d'une certaine rage qu'il avait de ne pouvoir demeurer à devoir un sol à quiconque. Sa maxime coutumière était « qu'il faut coucher sous la pendule », maxime de négociant qui se fût cru déshonoré s'il eût laissé passer sans payer la minute même de l'échéance.

Mais la cousine Mariette, la cousine Mariette, dites-vous? Bah! nous avons bien le temps!

La grand'tante Michelle, quand je la connus, n'était déjà plus jeune. Veuve depuis longtemps, elle avait son logis avec Mariette, aux Brotteaux, dont elles furent des premiers habitants, à seule fin, j'imagine, de grossir d'autant les recettes du grand-père. Elles demeuraient en rue d'Orléans, aujourd'hui rue Vauban, dans une maison à deux étages, qui appartenait à M. Riche, grand-père de M. Brouchoud, notre érudit lyonnais. On entrait par la rue Monsieur ou Madame, je ne sais plus. D'une grande porte cochère on descendait par une pente douce (les cours étant restées partout à l'ancien niveau) dans une grande cour irrégulière, pleine de gaillots. Puis les gaillots franchis, et je ne sais quels détours encore, on gagnait des escaliers de bois en cage à poulets. En ce temps, le feu prenait quasi toutes les nuits aux Brotteaux, soit parce qu'il n'y avait que des baraques, soit parce qu'on était à l'origine des compagnies d'assurances, qui assuraient à tort et à travers des gens spéculant sur l'indemnité. C'est du moins ce que prétendait ma mère, qui avait des transes épouvantables pour la tante Michelle à chaque fois qu'on criait au feu. Mais tante Michelle ne s'en souciait non plus que d'un bouton, et dormait sur ses deux oreilles.

Je vois encore cette grande chambre à trois fenêtres et le métier où Mariette fabricait de beaux poux-de-soie blancs ou roses. A côté, le métier de passementier de la tante, tout petit, et qui datait du xviie siècle. Jadis, on mettait un peu d'art partout. Au lieu des vulgaires madriers de sapin avec quoi sont faits nos métiers de canuts, assez ignobles, le métier de tante Michelle était en noyer, avec des colonnes torses, noircies par le temps, comme nos vieux meubles. Un curieux de bric-à-brac l'achèterait, ce métier. De beaux galons d'or et d'argent entremêlés étincelaient sur la medée, dont on me donnait à admirer quelques bouts d'échantillons, si beaux que leur vue ne me lassait jamais.

La tante Michelle était vive, alerte, malgré son grand âge et ses besicles, larges comme des coulants de serviette. Comme les vieux Lyonnais en général, et les Puitspelu en particulier, elle ne disait jamais un mot sans y mêler quelque gandoise; toujours gaie, toujours de belle humeur, « prenant le temps comme il vient, le monde comme ils sont, et l'argent pour ce qu'il vaut ».

Mais ce qu'il y avait de plus admirable encore dans cette maison, c'est qu'on vous y faisait toujours manger quelque chose. Dans un autre endroit j'ai parlé des revollons qu'on y faisait en carnaval avec ces beaux marrons bien rissolés, craquants, et ce bon vin blanc, qui vous sortait par le nez! Ces marrons m'ont toujours semblé quelque chose de si extraordinaire que je n'ai jamais cessé d'être convaincu que la femme en pierre que l'on voyait jadis au sommet de la haute colonne du méridien, sur la place des Cordeliers, tenait une poêle à rissoler, au lieu de je ne sais quel vulgaire machin, que l'on a voulu me faire accroire qui servait à marquer l'heure.

**

J'entends souvent maudire la société moderne, qui ne laisserait à l'ouvrier nul moyen d'y vivre. J'ai toujours pensé que la plupart de ceux qui n'y peuvent vivre, c'est qu'ils n'ont pas les qualités de travail, d'ordre et d'économie, et je songe à ma cousine Mariette. Elle devait avoir quelque trente ou trente-cinq ans, lorsque la tante mourut, avec laquelle il n'y avait guère moyen de mettre de côté. Mariette avait été demandée plus d'une fois en mariage, mais une certaine délicatesse, une certaine distinction native la mettaient au-dessus le plus souvent des partis qui se présentaient. Elle hésita pour un seul, et finalement se décida à rester fille, et, je crois, fit bien. Elle était bonne ouvrière, fabriquait des étoffes claires et de belle qualité. Jamais elle ne donna un coup de battant le dimanche, mais jamais elle ne perdit une heure la semaine. — Ses distractions, direz-vous ? — La messe, les vêpres, les visites à la famille et d'honnêtes lectures.

Ces lectures étaient pour elle une telle passion que, lorsqu'elle était restée quelque temps sans livres, elle se précipitait sur le bout de papier imprimé dont l'épicier enveloppait le sel qu'il lui vendait. Telle était son habitude du métier que, même pour ces étoffes si délicates, elle en était arrivée à lire en travaillant. Le livre, maintenu ouvert par une règle, était placé sur la façure. Elle suivait en même temps les lignes et la navette, comme le musicien suit les deux portées du chant et de l'accompagnement. J'ai peine à m'expliquer comment le tressautement imprimé au livre par le coup de battant ne lui abîma pas la vue, qu'elle a gardé bonne en dépit de tout.

C'est de la femme surtout que l'on dit que, dans notre société, elle est fatalement condamnée à la misère. Je vois au contraire que, dans leur vieillesse, les ouvriers n'ont quasi jamais rien, et que les ouvrières, les lingères, les gardes-malades, les domestiques parviennent à s'amasser un petit pécule, qui suffit à les faire vivre quand sont venus les vieux jours. Ma cousine, sans doute, n'est pas devenue riche, mais enfin, de ses économies d'ouvrière, elle a amassé douze cents francs de rente, qui eussent été grossis si le désir de faire quelque bien après elle ne l'eût empêchée de placer en viager une bonne partie de son petit capital. Aujourd'hui, elle ne travaille plus qu'à ses heures, quand il lui plaît de se passer quelque modeste fantaisie : une robe neuve, une de ces pendules-tableau qui ont remplacé (à tort) le coucou de nos grand'mères, ou quelque chose de ce genre. Alors elle fait une pièce. D'autres fois, elle se distrait à ces menus travaux qui n'exigent pas l'assiduité de la fabrication des étoffes, et qui sont l'accessoire de la canuserie. Elle vit ainsi en paix, le cœur joyeux, sans rien redouter de la vie et sans rien redouter de la mort, prête, quand l'heure sera venue,

> A sortir de la vie ainsi que d'un banquet,
> Remerciant son hôte et faisant son paquet.

Comparez cette situation à celle de nombre de personnes qu'on dit appartenir à une condition supérieure à la sienne. Comparez la situation de l'ouvrière à celle de l'institutrice à gages, à celle du professeur de piano ou de dessin allant courir le cachet ! pour tout dire, comparez la bonne et chaude veste de velours à l'habit noir usé aux coudes.

Cette fois, voici la chanson. Ce n'est pas trop tôt, direz-vous ! Je vous conseille de vous plaindre ! N'aurais-je pas pu vous passer en revue mes cousins de Mornant, dont il y avait douze grosses ? Et mes autres parents paternels, maternels, sempiternels ? Et puis, n'aurais-je pu, comme tant d'autres, vous

> Parler de mes aïeux au jour de Cérisoles ?

Croyez-vous qu'ils n'y fussent possible pas aussi bien que les vôtres, monsieur le marquis ? Seulement ils n'étaient pas couverts de fer, et n'avaient pas chacun cinq varlets pour les hisser à cheval ; et, quand ils étaient tués, on ne leur élevait pas des tombeaux dans les églises, avec de belles épitaphes. Mais ils se faisaient tuer tout de même.

Somme, estimez-vous heureux d'en être quittes à si bon marché, et croyez hardiment que peu d'avocats fussent si promptement venus au fait.

Donc, au temps de sa jeunesse, Mariette, qui a toujours eu de l'âme, comme tous les Puitspelu, avait fait une chanson. Je ne regrette qu'une chose, c'est qu'elle ne fût pas en patois, mais il n'est pas donné à tout le monde de savoir le patois, surtout quand on a eu le malheur d'aller à l'école.

Sur quoi la chanson peut-elle bien rouler, sinon les grandes misères et les petites joies du pauvre taffetatier ?

> Je vois aller la fabrique ;
> Rien ne me rend plus content.
> Tous les gens de la boutique
> Tournent devant très souvent.

> Je puis rimer sans rien craindre,
> Puisqu'en ces heureux moments,
> Mes cartons et mon cylindre,
>   Tout ça tourne,
>   Tout ça tourne,
> Tout ça tourne en même temps!

Les « gens de la boutique qui tournent devant très souvent », c'est déjà du vieux passé. Vous savez que la pièce, au fur et à mesure de sa fabrication, s'enroule sur un rouleau qui est contre le ventre du canut. De mon temps (cela remonte déjà haut), quand on avait fabriqué quelque peu d'étoffe, on « tournait devant », c'est-à-dire qu'à l'aide d'une cheville appendue au pied du métier, on faisait enrouler l'étoffe de quelques crans, à la façon des rouliers qui billent leur chargement. Aujourd'hui cela se fait tout seul. On a une petite machine, que l'on nomme *régulateur*, qui, mise en mouvement par le battant, fait tourner imperceptiblement le rouleau à chaque coup. Comme on a des inventions, tout de même!

Quant au cylindre, qui ne sait que c'est la pièce principale de la jacquard. C'est un « cylindre carré » (nous ne sommes pas assez savants pour dire prisme), sur lequel roulent ces cartons gris, percés de trous ronds, destinés à laisser passer tels et tels, suivant le dessin, des « crochets » à chacun desquels sont appendus des fils de la chaîne. Nous parlons des façonnés ou des armures, comme bien s'entend ; chaque fois qu'on baisse la marche, le cylindre tourne pour faire le dessin, et le carton tourne aussi pour être remplacé par un autre : « tout ça tourne en même temps. »

Le pauvre canut ne jouit pas longtemps de ce tournement :

***

>Mais voilà que la canette,
>En sautant sur un arquet,
>A fait tomber ma navette
>Et brisé mon agnolet.
>Puis cette chaîne est si fine,
>Qu'à chaque coup de battant,
>Le cordon, la cordeline,
>>Tout ça casse,
>>Tout ça casse,
>Tout ça casse en même temps !

Pas besoin de dire ce que c'est que la canette, dont le nom signifie petite canne, de *canna*, roseau. L'arquet (petit arc), c'est un petit ressort composé de quatre lamelles de baleine, qui, fixé à la pointizelle ou axe sur lequel tourne la canette, a pour fonction de gêner un peu le tiau (tuyau) dans son mouvement de rotation, à seule fin, quand on tisse, de faire tirer convenablement la trame. Quand la canette glisse sur la pointizelle et que l'arquet, abandonné à son élasticité naturelle, saute par-dessus la canette, on comprend que cela ne va plus du tout.

Agnolet (corruption d'annelet), c'est ce petit œil de verre, placé au ventre de la navette, par où passe le fil de trame. On « siffle le bout » en aspirant fortement : phhhhh, pour amener le fil en dehors par l'agnolet.

Cordon, c'est la lisière de l'étoffe, en soie plus forte que le restant de la chaîne.

Cordeline (petit cordon), c'est quelques fils de soie à coudre, sur le bord extérieur du cordon, pour le fortifier et le défendre des déchirures.

Or, le métier de canut n'est qu'une image réduite de la vie. Vous avez dû en faire la triste expérience, rien n'y casse jamais seul. Petits et grands malheurs s'amènent par troupe, jusqu'à ce que cela casse pour tout de bon. Parfois, l'on va encore, cahin, caha, tristement, jusqu'au bout de la pièce. Voire que ceux-là mêmes qui y arrivent ne sont pas toujours les plus heureux. D'autres fois, comme il advient à plus d'un apprenti veloutier, dès la première ou la seconde longueur, un taillerin coupe la chaîne, et, patatra, voilà toute la pièce derrière !

> On sait qu'il faut pas médire,
> Quand on parle du prochain,
> Mais un canut peut bien dire
> Que son marchand est un chien.
> Le commis à la balance
> Gagne ses appointements ;
> Le patron biffe l'avance,
>   Tout ça triche,
>   Tout ça triche,
> Tout ça triche en même temps !

De tout temps, le canut a eu le droit de parler mal de « son marchand ». L'épithète de « chien » est classique. Dans un noël, composé vers le milieu du XVIIIe siècle par Jean Guigoud, et que ne connaît certainement pas Mariette, on trouve déjà :

> Ne dion gin de ma du prouchin :
> Noutron marchan est prou bon chin.
> Du moins si nous paye ma,
> Y no laisse pas chôma.

« Ne disons point de mal du prochain : — Notre marchand est assez bon chien. — Du moins s'il nous paye mal, — il ne nous laisse pas chômer. »

Le commis à la balance, c'est celui qui est chargé de recevoir l'étoffe des mains de l'ouvrier, de lui donner sa pièce, etc. Quand vous irez dans un magasin de fabricant, vous verrez, le plus souvent sur une porte palière séparée, les mots de *Service des ouvriers*. Cette porte donne accès à une petite cage grillée, où il y a un banc de bois. Là arrivent les canuts, les dévideuses, etc. La cage ouvre sur une sorte de banque où sont les balances dont s'agit. Comme bien s'accorde, l'on passe en compte au canut un déchet sur le poids de la soie à employer. S'il n'épuise pas ce déchet, le prix de la différence est porté à son crédit ; s'il l'excède, à son débit. La soie économisée, c'est « l'avance ». C'est l'objet parfois de quelques difficultés, que la chanson se plaint de voir trancher trop sans façon par le marchand.

Quand j'avais seize ans et que j'étais commis de balance, la porte de la cage donnait des fois entrée à une grande jeune fille, bien faite, aux grands yeux noirs, au teint blanc, lèvre rouge en cerise, qui avait sur le front deux bandeaux de cheveux, aplatis comme on les portait alors, lisses et bien brillants. Elle se nommait Francine, ouvrière chez de bonnes vieilles dévideuses, Mlles Nerboliez, en rue de l'Arbre-Sec, au 4ᵉ. Les bonnes dévideuses étaient fort pieuses. Je me rappelle qu'elles avaient dans leur atelier une belle gravure représentant le *Sommeil de l'enfant Jésus*. Est-ce d'un des Carrache ou du Guide ? Je ne sais plus. Jésus dort. La sainte Vierge pose un doigt sur ses lèvres pour faire signe au petit saint Jean qu'il ne faut pas réveiller l'enfant. Les maîtres italiens ne mettaient pas, comme on fait aujourd'hui, des caleçons à l'enfant Jésus. Or sus, les bonnes dévideuses avaient découpé un petit cœur en papier blanc, qu'elles avaient délicatement collé sur la vitre du tableau, à seule fin de voiler la nudité du saint Enfant. Je ne pouvais m'empêcher de trouver ce cœur drôlement placé.

Dieu sait si jamais je dis un mot à Francine qui ne fût pas de dire ! Pas moins, j'aimais fort qu'on m'envoyât en rue de l'Arbre-Sec. J'y fus un jour que Francine avait une rage de dents épouvantable. Eau de Désirabode, Paraguay-Roux, Créosote-Billard, on avait tout épuisé. On eut recours à une oraison à sainte Apolline, qui est infaillible. Sainte Appolline, qui eut, dit-on, toutes ses dents arrachées par les bourreaux, lors de son martyre, est renommée pour ce genre de mal. Hélas ! l'oraison ne réussit pas mieux que la créosote.

Un autre jour, Francine, qui n'avait plus mal aux dents, me fit ses adieux. Elle se mariait. Presque sans bien me rendre compte du pourquoi, j'en fus fort chagrin. Je serais très fâché de la revoir aujourd'hui, si elle vit encore, vieille femme, édentée, en cheveux gris. J'aime mieux me l'imaginer toujours avec ses bandeaux noirs bien lisses.

*_**

> Le teinturier fait des siennes
> Et des soies double le poids.
> Quand vous remondez les chaînes,
> Tout vous reste par les doigts.
> La nuit, ça fait des belues
> Qui brillent en pétillant.
> Les entorses, les tenues,
>   Tout ça craque,
>   Tout ça craque,
> Tout ça craque en même temps!

Déjà, en ce temps, vous le voyez, le teinturier « chargeait les soies ». On lui donne un kilo de soie, il vous en rend deux. L'étoffe n'est plus que de la gomme, du fer, du sucre et un tas d'ingrédients de pharmacien. Parfois la robe d'une dame est couverte de mouches. C'est le sucre. Puis ces drogues, ça vous brûle les soies, et la chaîne tombe en bave. Pas moins, il y a des fabricants, comme Claude-Joseph Bonnet, et aujourd'hui ses petits-fils, et d'autres, qui n'ont jamais voulu laisser charger les soies. Ils ont perdu d'abord, mais les acheteurs sont vite venus les retrouver, allez!

Remonder, de l'italien *rimundare*, c'est nettoyer, éplucher la chaîne, en coupant avec des forces tous les bouchons, nœuds, écorchures qui sont aux fils de la chaîne. Forces sont ciseaux plats, à ressort, diminutifs de ceux avec lesquels on tond les chevaux, à moins que ceux-ci ne soient un augmentatif des autres. Quand je remondais, étant apprenti, des fois sur dix fils, j'en saignais neuf. Alors, on attrape le « roquet de jointe », enfilé à une corde tendue horizontalement au-dessus de la longueur, et où il y a du fil de chaîne enroulé, avec quoi l'on rhabille le fil cassé.

Les *belus*, ou mieux *belues*, petites étincelles électriques que l'on fait parfois la nuit détonner au contact des doigts avec les soies chargées. C'est le vieux français *bellue*, dont le diminutif seul est resté dans *bluette*, et qui représente *bis-lucem*. « Mais de z'yeux de Suzanne une belu l'enflâme, » dit Étienne Blanc dans *Suzanne*, « poème étique ».

Entorses, fils tordus ensemble, comme quand les « nerfs » du pied se chevauchent. *Tenues*, quand les fils s'arrapent ensemble et qu'il les faut décapiller.

Mais pas plus en la canuserie qu'ailleurs, il ne faut s'attendre à rencontrer

<dd>Cette paix que je cherche et qui me fuit toujours.</dd>

Et songez d'abord qu'il y a des femmes dans quasi tous les ateliers de canut !

<dd>* *
*</dd>

<dd>Que de bruit ! que de tapage !
Je ne sais plus où j'en suis.
Chacun gronde à son ouvrage ;
Tout ce train-là m'étourdit.
L'apprenti, la canetière,
Ma femme avec ses enfants,
Notre marchand, l'ouvrière,
    Tout ça crie,
    Tout ça crie,
Tout ça crie en même temps !</dd>

Hélas! que l'on vous crie, qu'on ne vous crie pas; ne vous impatientez pas, impatientez-vous, c'est tout un. Usez-en, n'en usez pas, disait le père Dalgabio, l'architecte, en clignant de l'œil, ça s'use! Il n'est si long jour qui ne vienne aux vespres. Tant vit l'homme qu'il devient vieux. En la fin se chante le *Gloria*. Au bout de l'aune faut le drap. Au bout du fossé, la culbute. Frère, il faut mourir!

> Pour achever la misère,
> Plusieurs mauvaises saisons
> Font que la vie est trop chère
> Pour nos petites façons.
> Je vois ma tâche finie,
> Sans regretter mon printemps,
> L'ennui, le plaisir, la vie,
>   Tout ça file,
>   Tout ça file,
> Tout ça file en même temps!

Cy finit la chanson de ma cousine Mariette (1).

1881.

(1) L'excellente cousine Mariette est morte en 1891.

LES IMPRESSIONS D'UN PETIT GONE

LE plus lointain souvenir qu'il eût gardé devait remonter à l'âge de moins de trois ans, époque où on le mena voir un petit frère, le dernier des six, qui mourut en bas âge, et se trouvait aussi en nourrice dans un village voisin. Dès sa tendre enfance, au petit gone, ce souvenir était passé à l'état confus d'un songe. Il avait la vision vague d'une chambre à la chute du jour. Près de la fenêtre une balle d'osier, avec un couvre-arçon, et un mami dedans. Puis, plus rien du tout. Sans être bien sûr de ne l'avoir point vu en dormant. Chacun ne peut pourtant pas avoir la mémoire de celui-là qui se rappelait s'être beaucoup ennuyé dans le sein de sa mère.

⁂

Cette confusion du rêve et de la réalité, au moment où l'âme est encore troublée et incertaine sur les confins de deux mondes, ne doit pas être rare. Le père du petit gone l'avait éprouvée, aux entours de six ans. Un soir qu'on l'avait couché, arrive à la tardée un cousin de Mornant (il y en avait à « regonfle », de ces cousins). Pas de lit. On s'arrange. On met à coucher la sœur du petit garçon avec sa mère ; on transporte le petit dans le lit de sa sœur, tout endormi, pour donner au cousin la couchette du petit, laquelle, d'aventure, se trouvait assez grande.

Au matin, l'enfant se réveille. Stupéfaction de se voir dans le lit et la chambre de sa sœur ! N'y comprenant rien, il conçoit des doutes sérieux : — « Ah ça ! Est-ce que par hasard je serais ma sœur ? » — Mais il était fin : — « Je le vais bien savoir ! » — Et se rappelant que la veille on avait précisément raté les cheveux de sa sœur, tout près, en brosse, il passa la main derrière sa tête. Se trouvant les cheveux longs : « Bon, fit-il satisfait, décidément je ne suis pas ma sœur. »

La nourrice du petit gone était une bonne campagnarde du temps jadis, ne parlant que patois. De bonnes joues colorées. Elle n'était plus jeune. Sur un cou un peu gonflé, s'agrafait un jaseran, une « chaîne à quatre rangs », avec une large plaque d'or. La situation se mesurait au nombre des rangs ; un rang, deux rangs, trois rangs. Quatre, c'était déjà beaucoup. Cinq était du grand luxe. Six n'était que pour les Rothschild.

Trente années plus tard, le petit gone fut appelé à bâtir une église dans le village de sa nourrice. Il s'informa de celle-ci, qui vivait encore dans un hameau éloigné. Par le vicaire, il lui fit remettre une petite somme.

Au voyage suivant, le petit gone avait disposé les choses pour aller voir sa nourrice. Elle était morte.

Durant qu'il était en nourrice, il ne s'en faillit de guère que le petit gone n'allât parler à Pilate et ne privât la postérité des chefs-d'œuvre qu'il ne devait pas faire. J'ai déjà raconté ailleurs qu'il débaroula dans un ruisseau la tête la première et que, de fortune, le Tienne (Étienne), son frère de lait, ne se démonta point, criant de toutes ses forces : « Môre, môre, le Çalile qu'a chû dins l'ieau ! » — La môre arriva, qui tira le Calile et le mit sécher. Calile était son petit nom en patois, par le biais d'une belle transformation euphonique de *Clairvil* (1), dont je vous épargne la démonstration.

Ce n'était que justice que le Calile eût gardé la crainte de l'eau. Aussi, lorsqu'à son retour de nourrice, ne parlant que patois, le papa lui voulut mouiller son vin, tira-t-il son verre de la main droite, plaçant la gauche sur son estomac et s'écriant avec conviction : — « O me feré mamau ! » Je

---

(1) *Clairvil*, lui-même une transformation de *Clair*, était le prénom du parrain du petit gone, M. Bagnon, ancien médecin de la marine. Le XVIIIe siècle avait l'habitude d'ajouter des suffixes aux noms de baptême, surtout lorsqu'ils étaient courts ; mais le suffixe *il* (ici relié par *v*) est extrêmement rare. On trouve ce nom de Clairvil dans des comédies du temps.

crois avoir dit tout cela quelque part, mais ceux dont les ans ont passé le midi de bien loin et qui se vont amusant en la recordation des jeunesses passées, sont volontiers radoteurs, rabâcheurs et remâcheurs.

Quelques jours après on lui proposa de le mener voir ses grands frères en pension aux Minimes. Pour un enfant de la ville c'eût été une fête. Mais lui qui avait de la prudence de l'homme de campagne : « I me battront pôs ? » fit-il d'un œil de défiance, regardant sa mère.

Or sachez qu'il y avait dans la chambre de la bonne-maman une jolie statuette de la sainte Vierge en ivoire, sous un bocal, comme nous disons, vu que cet objet en verre figure beaucoup mieux un bocal renversé qu'un globe, qui est l'expression usitée, encore bien qu'elle ne soit pas plus académique.

Ce bocal ennuyait le petit gone. Il entendait voir la sainte Vierge face à face. Désir bien légitime. Il aguincha une sortie des parents. La statuette était sur la cheminée, qui était munie d'un appareil à la prussienne. Trop courtiaut pour atteindre à la tablette, il approche un cabelot devant. Mais quoi ! il n'avait pas même encore pris la culotte prétexte, étant à cet âge heureux où l'on fait la procession sous le lit. Comment avait-il remarqué que la flamme du foyer attirait les objets ? Comment avait-il de là conclu que sa robe pouvait être attirée, prendre feu, et lui griller ? Je n'en sais absolument rien. Or est-il seulement que, toujours méfiant, il alla d'abord prendre la plaque, la plaça ; puis, tranquille, grimpa sur son cabelot, et enleva le bocal avec ménagement. La maman rentrait, qui le trouva sur son piédestal.

Je ne sais, mais ce gone précautionneux qui, sans avoir lu Bossuet, « ne négligeait rien de ce que le conseil peut enlever à la fortune, » n'annonçait point un fourachaux, et l'on pouvait déjà prévoir qu'il n'exposerait jamais dix mille francs sur une carte.

*_**

Ce fut sa mère qui lui apprit à lire, à quoi il parvint très vite, au grand orgueil de la maman, qui prétendait qu'à trois ans il lisait comme un clergeon. Elle en attribuait le mérite, d'abord « aux moyens » de son fils, cela va de soi, puis à une méthode nouvellement inventée, merveilleuse, qu'on nommait le *Quadrille*. De même qu'aujourd'hui pour la « douce Révalescière » ou pour la « Farine mexicaine, du docteur Benito del Rio, de Mexico », on citait une foule de guérisons illustres, non, je veux dire une foule d'éducations illustres, au moyen de cette méthode, et, parmi, celle du jeune comte de Montalembert, qui devait devenir si célèbre, grâce à l'extraordinaire ouverture d'esprit que lui donna le *Quadrille*.

La maman ne comprenait pas très bien la méthode, assez compliquée, et fut toute surprise de voir que le petit allait quand même. Pour moi, dans cet enseignement, j'attribue plus encore à la qualité du chocolat qui servait de récompense, qu'à celle de la méthode.

Il n'est pas moins que tout ce que le petit gone a su, il l'apprit de même, en l'attrapant. Il n'a jamais rien pu savoir « par principes ». Je ne crois pas qu'il ait connu avant quarante ans une règle d'orthographe ou de grammaire. Mais dès qu'il sut lire, il dévora des volumes, qui lui apprirent l'orthographe d'usage. Avait-il à écrire, il comparait ses phrases à celles qu'il avait lues. Pour l'art d'écrire, c'est exactement comme pour la morale : les exemples ont une vertu qui manque aux préceptes.

Mais il est juste de dire que de cette façon l'on ne sait rien qu'à peu près, et qu'il en coûte un grand effort lorsque, plus tard, le cerveau rouillé, la mémoire percée comme une vieille chanée, l'on veut pourtant aller plus au fond des choses.

Son père lui apprit ensuite l'écriture et les quatre règles ; un grand frère, *rosa*, *rosæ*. C'est ainsi qu'il trouvait à la maison le meilleur et le plus doux des internats.

Aux journées de novembre 1831, le petit gone était dans ses cinq ans. De l'émeute elle-même, il n'avait guère gardé mémoire. En retour, il se rappelait très bien l'aventure que l'on contait autour de lui, de Thierry, Lyonnais, si connu depuis comme photographe. Le père de Thierry et celui du petit gone étaient voisins de campagne. Thierry le fils, qui pouvait avoir dix-huit à vingt ans, était de la garde nationale. Après avoir essuyé le feu des insurgés et les projectiles de toute sorte dans la désastreuse retraite du cours d'Herbouville, il dut fuir, et par je ne sais quel détour, gagna la Mulatière, puis le chemin de Fontanières, d'où, pour pénétrer dans le grand chemin de Sainte-Foy, il enfila une venelle, encore connue aujourd'hui sous le nom de chemin des Assassins, et que depuis de longues années l'on avait bouchée à l'une des extrémités, soi-disant pour ôter aux malfaiteurs la possibilité de la fuite. Le mur était haut, mais le danger est un bon maître de gymnastique. Thierry grimpe sur le mur, saute de l'autre côté et, encore vêtu de son uniforme de garde national, qu'il était à ce moment si dangereux de montrer, il put gagner la maison, où il trouva ses parents dans les larmes et le croyant perdu.

Ce que le petit gone se remémorait fort bien aussi, c'est que, peu de jours après l'insurrection, on racontait que le duc d'Orléans, Rosolin, comme disent les légitimistes, arrivait avec des troupes. Un régiment d'infanterie passa par Sainte-Foy pour entrer par la porte de Saint-Just, et le petit gone le vit défiler du « balcon de la salle ». Il est resté persuadé toute sa vie qu'il avait aperçu le duc d'Orléans en tête, encore bien que celui-ci fût entré par Vaise. Il aurait donné son chef à couper qu'il l'avait vu. Combien ont été témoins de miracles, qui n'en ont pas vu davantage ?

**

Ce devait être en ce temps, ou un peu devant, que la Marguerite, femme de Jean Brunier (prononcez Bruni), le granger, lui faisait apprendre un beau compliment qu'il se voit encore récitant :

« Un petit parpillon, — un petit parpillon... — vortigeant — vortigeant... — sur ma tête, — sur ma tête... — m'a-t-appris — m'a-t-appris... — que c'était aujourd'hui votre fête ; — que c'était aujourd'hui votre fête... » Cela finissait comme suit :

> Il m'a dit que la plus belle fleur,
> C'était celle de mon cœur.

J'imagine que ce compliment n'avait point été fait *ad hoc*, et que beaucoup de barbes grises doivent aussi l'avoir récité dans leur enfance, sauf peut-être les permutations de consonnes, les intercalations et les liaisons euphoniques.

Décidément la prudence du serpent n'était que du taffetas de cinq sols au prix de celle du petit gone. La Marguerite, de son vivant toujours malade, était morte. Restait Jean Brunier (prononcez Bruni) qui, malgré son âge déjà avancé, passait aux yeux du petit gone pour une image de la force, car il était robuste et grand, quoique voûté, comme tous les vieux de la campagne. Or, le petit gone, qui déjà réfléchissait beaucoup sur toutes choses, ne se pouvait tenir de prendre en grand'pitié les hommes assez dénués d'âme pour se marier avec des femmes, c'est-à-dire avec des êtres chétifs, souvent potringues, incapables de remuer seulement une bareille de vin ou de porter un benot de vendange; pour le faire court, hors d'état de vous défendre contre les voleurs, ce qui est la seule chose de conséquence en mariage ! — « Aussi, se disait-il, moi, quand je serai grand, je ne serai pas si bête que de prendre une femme, je me marierai avec Jean Bruni ! »

*_**

Jean Brunier (prononcez Bruni), peu après, dans la fleur de ses soixante-huit printemps, se remaria avec la Françoise. Tous ceux de Sainte-Foy qui avaient fini de bien faire, tous les fourachaux, tous les bras-neufs, tous les pas-rien, tous les buvanvins, tous les marque-mal, tous les galapians, tous les galavards, tous les pillerauds, firent, trois nuitées de suite, un baccanal horrificque, dont le petit gone ne comprenait pas qu'on ne ressentît pas plus d'effroi. On eût dit que s'étaient assemblés les peyrerous de cinq cents lieues à la ronde. Ce qui se cabossa de casseroles, de chaudrons et de dômes de poêle, toute l'arithmétique du petit gone ne l'aurait su nombrer. De minute en minute on poussait des quinchées à crever les vitres :

> Charivari !
> Pour qui ?
> Pour Jean Bruni !

On eût dit que ce nom de Bruni avait été fait exprès pour cette poésie.

Enfin on se débarrassa de ces bons sujets en les faisant boire.

※

Un autre souvenir éloigné, c'est celui du mariage d'un cousin, en 1832. Donc, comme ainsi va, le petit gone avait cinq ans. Le mariage avait eu lieu à Mâcon, et on mena le petit sur le quai de Bondy, attendre ses grands frères, qui revenaient par le bateau à vapeur. Qand il vit ce bateau fumant, cela lui apparut comme une sorte de bête mystérieuse, qui le frappait de terreur, car il avait maintes fois entendu son père raconter l'explosion du premier bateau à vapeur lyonnais (1827, je crois), où périt M. Gaillard, que connaissait beaucoup le père, qui ne dut lui-même qu'à une circonstance imprévue de ne pas se trouver à l'accident.

Le petit gone examina curieusement le bateau, qui s'appelait l'*Hirondelle*. Particularité : la chaudière, verticale, s'élevait presque toute entière au-dessus du pont.

Puis après, l'on donna un retour de noces, où l'on mit les petits plats dans les grands. Le petit, inspectant les préparatifs, avait entendu le « p'pa » demander le vin de Chypre. A la soupe, il faisait le tour de la table, disant mystérieusement à chacun des convives : « Il y a du vin de chiffre !! »

Ensuite l'on dansa, ce qui ne s'était jamais vu à la maison. Aussi bien et mieux que les grandes personnes, les enfants ont leurs préférences. Le petit gone fut séduit par le visage, qu'il trouvait à sa fantaisie, et doux, d'une personne encore jeune, à la jupe de laquelle il s'accrocha durant toute la soirée. Elle le fit danser ! Peu de temps après, le père de la mariée, veuf depuis longtemps, se remaria avec la personne que le petit gone avait trouvée de son goût. Le petit gone déclara qu'il avait bien fait.

⁂

Jusqu'environ ce temps, durant l'hiver, on avait habité en rue Grenette, au numéro 34, au deuxième, dans une maison qui a été emportée par le passage de la rue de l'Impératrice. La maison pouvait dater du xvıı^e siècle. Comme la plupart de celles de cette époque, elle avait une façade étroite : quatre croisées seulement. Bien que, lorsque l'on quitta l'appartement, le petit gone n'eût pas cinq ans, il le revoit encore, mieux que tous ceux qui lui ont succédé. A droite, en entrant, la cuisine; à gauche, la salle à manger; au fond du corridor, la chambre du papa et de la maman; à la droite, celle de la bonne-maman. L'escalier était en tire-bouchon et, comme bien s'accorde, les privés sur le palier, à la lyonnaise. Au fond de la cour, un corroyeur, du nom de Gaubin, faisait un sabbat, qui, le soir, ne laissait pas de jeter dans quelque impression de terreur.

Par quelle étrange cause la mémoire voit-elle luire si à clair les objets perdus dans l'horizon des années, pour ne plus discerner ceux qu'on pourrait toucher avec la main?

⁂

De là, en 1832, on alla sur le quai Monsieur, dans la maison d'Herculais, aujourd'hui Jourdan. On était au quatrième et l'on avait deux fenêtres à balcon. Quelle différence d'avec la rue Grenette ! A ses pieds, un quai garni d'arbres. A gauche, le pont de la Guillotière, auquel le petit gone vit s'ajouter les trottoirs, supportés par des arcs en fonte que l'on juxtaposa aux arches de pierre. Jugez un peu voire ce que c'était que ce pont avant les trottoirs, encombré de tout ce qui arrive aujourd'hui par chemin de fer, de tous les rouliers de Provence, de toutes les voitures publiques du Dauphiné et du Midi, de toutes les jardinières des coquetiers, de tous les tombereaux des âniers, de tous les chars, de toutes les charrettes, de toutes les carrioles, de toutes les pataches, de tous les tape-culs, de tous les camions, de tous les crapauds, de toutes les maringottes, et de tout le reste ! Qu'on pût arriver au bout sans être chapelé, haché, pilé, broyé, escaché, escharbouillé, écramaillé, c'est un miracle au prix dequel les apparitions de notre temps sont choses absolument naturelles.

En face, de l'autre côté du Rhône, ce n'était que verdure, brotteaux, saulaies, vourgines et grands peupliers. Le petit gone vit s'élever un des premiers bâtiments du quartier, une cristallerie, je crois, avec un immense toit aigu, surmonté d'un lanternon pour l'évacuation des fumées (1). Ce contemporain des saulaies existe encore, noyé dans les maisons à six étages. Le pont, plus long de deux ou trois arches, arrivait jusqu'à la première maison du cours de Brosses, du côté de vent, où fut longtemps un café chantant de l'ancien régime, de ceux où, après chaque romance, la chanteuse faisait la quête. Contre la façade donnant sur

(1) Inutile de dire que, depuis que ces lignes ont été écrites, le bâtiment a disparu.

le Rhône, un escalier roide descendait sur le port, encombré de pierres de taille et couvert d'eau à la moindre crue. A gauche, en amont du pont, un vaste four-à-chaux, dont, au soir, les vapeurs blanches se traînaient sur le sol, enveloppant le quartier.

Le Rhône se précipitait dans un bras, du côté de la rive gauche, lequel, par les eaux un peu fortes, était navigable. Par là, l'on voyait déboucher ces magnifiques bateaux à vapeur qui venaient débarquer leurs marchandises et leurs passagers sous les fenêtres mêmes de la maison. Quand ils partaient, si les eaux étaient favorables, ils s'élançaient au large, tournant leurs grandes roues et décrivant un vaste demi-cercle pour aller passer fièrement au milieu de ce qui est aujourd'hui un quartier tout en maisons.

Les difficultés croissant chaque jour de faire accoster aux bateaux le quai de la Charité, on résolut de rejeter le fleuve du côté de la ville, en coupant aux eaux le passage dans le bras de la Guillotière.

Ce fut à la fin de 1837 que l'on commença le travail, qui qui ne fut à bout qu'en 1839. Et c'en fut un, de travail! Des fenêtres de la maison d'Herculais on voyait de nombreux ouvriers s'agiter comme des fourmis noires. Ce qu'on jeta d'énormes blocs de rochers, ce qu'on noya de bateaux tout chargés, un pape lui-même n'en saurait bénir davantage. On avançait la digue des deux côtés, et plus on avançait, plus le fleuve emportait tout. A la fin, ce n'était plus un courant, mais une cascade.

Aujourd'hui tout s'est perfectionné. « Le monde sont devenus si savants! » Au lieu d'avancer la digue par les deux bouts, rétrécissant de plus en plus le passage, au rebours on démolirait au plus bas tout ce qu'il y aurait de digues déjà faites, pour « tapisser » ensuite le fond peu à peu, et élever la nouvelle chaussée tout à la fois, étalant ainsi la masse du courant sur la plus grande largeur possible. — Mais au temps du petit gone, on en était encore au courant et au suffrage restreints.

Pourtant, à force de s'y reprendre, à force de recommencer à noyer des penelles, l'on finit par voir se baiser les bouts des deux digues. Enfin la chaussée fut élevée, derrière laquelle s'étendait une lône d'eau paisible et claire. Il y avait des îles, des presqu'îles boisées, pleines de fraîcheur. Même les plus béjaunes se peuvent souvenir que, bien des années après, les ponts Napoléon étant faits, on passait d'abord le pont du Rhône, puis une longue chaussée, puis un second pont, court, sur la lône, où il fallait repayer. Ce ne fut que dans les dernières années de l'Empire que l'on combla tout à fait la lône. Quant à la digue de 1839, devenue le quai du Prince-Impérial, elle avait été élargie de dix mètres pris sur le Rhône, lors des grands travaux de défense qui suivirent les inondations de 1856.

Mais que nous voilà loin de 1833! En cette année on conduisait de fois à autres, l'hiver (l'été l'on habitait Sainte-Foy), lorsqu'il ne faisait pas mauvais, lorsque le petit n'était pas malade, lorsqu'on avait le temps, le petit gone chez un maître d'école qui s'appelait le père Clément et qui demeurait sur le quai de Retz, vers les Cordeliers.

Le père Clément était un magister de l'ancien régime. Une longue redingote noire touchait ses talons ; sur sa tête, un bonnet de soie noire ; sur son nez, des besicles ; à la main, une gaule de deux aunes. Est-ce par souvenir du célèbre duc de Vendôme, qui donnait ses audiences sur sa chaise percée, le père Clément, fanatique du « Remède de Leroy » (c'était la tisane Bochet du Serpent de ce temps-là (1), et qui se purgeait, lui et sa femme, six jours sur cinq, faisait réciter les leçons, l'alcôve entre-bâillée, lui étant dedans, à la Vendôme. Le papa prétendait que le père Clément et sa femme étaient morts tous deux, non d'avoir trop pris, mais tout le contraire. Le remède emporta la femme la première. A cette occasion, M. Clément eut un mot à la Plutarque. Le père d'un élève lui étant allé faire visite et composant déjà sa figure : « Monsieur, dit l'autre en s'inclinant, est-ce une visite de condoléance ou une visite de félicitations que j'ai l'honneur de recevoir ? »

Le jeudi, le père Clément menait promener ses élèves, toujours en compagnie de sa grande gaule. Bien entendu que le petit était trop petit pour y aller jamais. Et quand il rencontrait l'école, en chapelet d'oignons, sur quelque quai, il se félicitait de se promener plus à son aise avec sa bonne, qui n'avait pas de gaule.

(1) Comme aujourd'hui des Shakers, naturellement.

⁎⁎⁎

Pour aller du quai Monsieur jusqu'à l'école, il n'y avait que des quais bas, sans arbres, sauf avant que d'arriver au port Charlet, qui descendait en pente douce jusque dans l'eau. Là, il y avait un bout de promenade ombragée, en face d'une enseigne, vers la rue Maurico, qui représentait les quatre fils Aymon, vêtus à la romaine, avec des casques gigantesques, faisant carousse autour d'une table. Cette enseigne jetait le petit gone, qui ne connaissait les quatre fils Aymon que par un vague ouï-dire, dans des imaginations extraordinaires. Mais plus encore que l'enseigne, c'est les arbres qui étaient beaux! Il eût passé la journée à les admirer, à entendre le vent dedans, à regarder couler l'eau dessous, n'était que la bonne n'avait pas les mêmes goûts. Jusqu'à une enseigne qui l'émotionnait : AU PEUPLIER, *Sanaoze sert à boire et à manger.* Comme c'était poétique! — M'est avis que j'ai aussi raconté cela quelque part. Tant pis pour ceux qui l'auraient déjà lu. C'est partie essentielle de mon discours, comme les mouvements d'éloquence dans les plaidoiries des avocats.

Il n'y a pas grand nombre d'années que l'on avait restauré le tableau des quatre fils Aymon. Mais ce n'était plus cela. Le petit gone se connaissait déjà trop en peinture. Il n'y avait plus les mêmes arbres sur le quai. Enfin, quoi! la poésie était partie.

Plus loin, vers le bateau des Bains du Rhône, qui n'avait pas encore gourdé, et par ainsi n'avait pu être rebâti avec luxe par le père Benoît (1), descendait une berge en pente douce, avec pelouse, par laquelle on accédait à la passerelle sous des arbres à feuillages fins et tremblotants. C'est lui, le petit gone, qui aurait aimé à aller jouer sous ces arbres ! Mais on ne le laissait point approcher du fleuve. Lorsque, dix-huit ans plus tard, il retrouva au bord de l'eau, sous le quai du Louvre, en aval de la Samaritaine, quelque chose d'un peu ressemblant, quoique moins beau, il en éprouva une émotion.

✳

Le petit gone vécut-il autant que Mathieusalé qu'il n'oublierait jamais le mercredi 9 avril 1834, encore qu'il n'eût alors que sept ans. Le père et la mère étaient dehors, l'un pour faire visite au curé Jordan, en qualité de fabricien de Saint-Bonaventure (il l'était encore, quoique n'habitant plus la paroisse), l'autre, pour ouïr la messe d'onze heures à la Charité. Tout d'un coup la bonne et le petit entendent des décharges de mousqueterie. Arrive la mère, défaillante, demandant son mari. Heureusement il montait derrière elle, en dépit du bon curé, qui avait voulu à toute force le retenir, l'assurant que « cela ne serait rien ».

Le bruit de la fusillade augmentait sans cesse. Le canon s'y mêle. A la tête du pont de la Guillotière était venu stationner un peloton de dragons. Par un hasard fatal, on avait travaillé au pavé, la veille même, sous les fenêtres de la maison. Toutes les boutiques, fermées. Plus de passants.

(1) On sait qu'après avoir été transformé en fabrique de chocolat, il a « regourdé ».

Seuls, quelques ouvriers sans armes stationnaient auprès d'un monceau de pavés. Un brigadier des dragons se détache pour leur intimer l'ordre de vider la place. Altercation. Le brigadier faisait voltiger sa latte autour de la tête de son interlocuteur, sans pourtant le frapper, tandis que les autres ouvriers se saisissaient des pavés. Le sang allait couler. Mais l'officier des dragons, qui avait l'ordre de ne pas engager le combat, revint au galop chercher son subordonné.

Le canon grondait de plus en plus. On sentait la lutte grandir partout. Vers les trois heures, il fut décidé que l'on irait se réfugier à la campagne. Et de faire en hâte un paquet de l'argenterie et de quelques hardes, dont on chargea la bonne. On savait assez que le quartier Saint-Jean était barré, car un frère aîné du petit gone, qui était clerc d'avoué sur la place Saint-Jean, n'avait pu passer le pont Tilsitt, et avait dû fuir à Saint-Just pour rentrer par Choulans. On résolut donc de prendre la Quarantaine en passant le pont Chazournes, qui franchissait la Saône au droit du cours du Midi.

Arrivés sur le cours, on le trouve occupé par de l'infanterie. Officiers et soldats gardaient un silence de mort. Ils n'arrêtèrent point la famille, qui allait enfiler le pont, lorsque partent des coups de feu tirés des bâtiments du Petit-Bicêtre, de l'autre côté de l'eau, sur la troupe qui occupait le cours. On se hâte de fuir, et, changeant de plan, l'on décide d'arriver à Sainte-Foy par le pont de la Mulatière, si toutefois le chemin n'est pas encore coupé.

Justement, lorsqu'on atteignait le quai du Rhône, vint à passer un de ces immenses omnibus du chemin de fer de Saint-Étienne qui transportaient les voyageurs de la rue du Peyrat à Oullins, où était le point de départ de la ligne. On appelle le cocher. Il secoue la tête négativement sans s'arrêter. Un deuxième omnibus, un troisième, un quatrième : même déception. Heureusement, le cocher de celui-ci fait signe de son fouet derrière lui, montrant le dernier omnibus, qui reçut la famille dans l'effroi.

**

On descendit au bout du pont de la Mulatière et l'on s'engagea dans un grimpillon tournant, d'où l'on atteignit le chemin de Fontanières, puis, par la Fournache, Sainte-Foy, et le petit Sainte-Foy, au lieu dit Bel-Air, où était la modeste campagne.

Mais l'émeute continuait en grandissant. Le lendemain, les troupes évacuaient le fort de Saint-Irénée. Il fut occupé par les insurgés, qui mirent en état de service les pièces qu'on avait enclouées. La petite maison n'était guère loin du fort. On craignit que la bataille ne s'étendît jusque-là et l'on résolut d'aller demander l'hospitalité au vieil abbé Julliard, ancien curé de Saint-François, qui avait eu son instant de notoriété par des écrits de casuistique sur le prêt à intérêt, et qui, assisté d'une bonne grosse demoiselle, Mlle Genou, tenait une providence, à laquelle depuis a succédé un couvent, sur le chemin qui conduit aux aqueducs de Beaunant et dessert le cimetière actuel.

On demeura là deux ou trois jours dans bien des angoisses, sans nouvelles positives. Puis, ne voulant pas abuser plus longtemps de l'hospitalité de l'abbé Julliard, on revint à la campagne du Petit Sainte-Foy.

⁎

Un matin, la neige tombait, ce qui eût bien amusé le petit gone, si l'effroi qu'il voyait sur tous les visages ne lui en eût communiqué beaucoup à lui-même.

Enfin, le sixième jour, l'insurrection était à peu près domptée. Mais on ne savait rien de l'étendue des désastres.

De Sainte-Foy l'on vit un escadron de cavalerie parcourir au grand trot le cours Perrache. Par la lunette on reconnut des dragons, qui prirent le pont de la Mulatière. Comme il n'y avait alors point de quai aux Étroits, l'on conclut qu'ils rentreraient en ville par le grand chemin de Sainte-Foy. Cela ne laissa pas d'inquiéter. On ferma les volets sur le chemin, et même les baies sur le jardin, comme si la maison eût été inhabitée, et l'on se tint dans une demi-obscurité, attendant les évènements.

Tout à coup dans le chemin retentissent des cris : « Aux armes ! Aux armes ! » On sonne à la porte avec violence, à coups redoublés. Au loin, on entendait le trot des chevaux. On ne se souciait point de se mêler aux affaires des émeutiers, et ce que l'on savait déjà des évènements de Lyon autorisait à penser que les dragons, pourchassant les fuyards, pourraient fort bien passer au fil de l'épée tout ce qu'ils rencontreraient devant eux. On se tint donc coi. Mais on avait compté sans le fameux Jean Brunier, qui fut

ouvrir. Deux hommes se précipitent dans le jardin.....
Deux minutes après, le trot lourd et précipité des dragons
retentit sous les fenêtres. Ils passèrent sans s'arrêter.

Le lendemain, le père fut à la ville. Il trouva la façade
de la petite maison qu'il possédait dans la Grand'rue de
l'Hôpital renversée par un pétard, comme on appelait les
fougasses posées par la troupe.

Dans cette vie aisée, réglée par les bonnes lois de nature,
les leçons ne tenaient pas une place démesurée. La majeure
part du temps du petit gone se passait tantôt à lire, tantôt
à s'amuser. La bibliothèque n'était pas énorme. Elle se
composait de quelques livres de piété et des prix obtenus
par les « aînés », comme on disait, au pensionnat des
Hirondelles, tenu par MM. Aynès et Sauvignet, et qui fut
acheté il y a quelque vingt années (1) par l'abbé Planque,
pour y loger la congrégation des Missions Africaines (2).
Les prix portaient en grosses lettres sur la reliure l'inscription du temps de la Restauration : Dieu et le Roi, qui
indiquait assez la pureté des opinions du pensionnat.

Là se trouvaient les *Chiens célèbres*, les *Lettres édifiantes
et curieuses*, Homère, traduction de Bitaubé. Le petit gone
lut avec avidité l'*Iliade* et encore plus l'*Odyssée*. Les scènes
rustiques lui causaient un plaisir incomparable ; il était
ému avec Ulysse lorsque celui-ci revoyait la fumée des

---

(1) Il y en a aujourd'hui une quinzaine de plus.
(2) Avant que d'être aux Hirondelles, le pensionnat Aynès et Sauvignet était à Saint-Just.

toits d'Ithaque. Les *Aventures de Télémaque* le saisirent moins. Il y avait là-dedans trop de choses dont il n'avait cure ; puis il était exigeant et voulait que tout fût d'accord. Il ne parvenait point à faire concorder Homère et Fénelon. Mais *Philoctète dans l'île de Lemnos* et surtout les *Aventures d'Aristonoüs* le jetèrent dans une sorte de ravissement poétique. Quant à l'*Iliade*, il ne lui reprochait qu'une chose, de manquer de conclusion, et toujours il attendait un autre volume. Pour lui, le nœud de l'affaire, c'était de savoir si Troie serait prise, et c'est précisément ce que l'on ne disait pas.

L'*Ami des Enfants* n'eut pas l'effet qu'on en aurait pu attendre, sauf je ne sais quelle histoire d'un mari séparé de « son épouse », qui, au moment où il va pour se réconcilier, entend les cloches sonner pour l'enterrement de celle-ci. Alors, le petit pleurait. Tout ce qui était émotion intime et tendre le touchait encore bien plus que les aventures.

Aussi ce qu'*Adélaïde de Wistbury* lui fit verser de larmes eût suffi à faire tourner un moulin. — Seulement, elle était aussi par trop bête de se laisser mourir pour ne pas vouloir montrer son genou au médecin ! Que diable cela pouvait-il bien lui faire ?

La *Morale en action* l'intéressa de façons fort diverses suivant les chapitres. Le plus beau de tous était *Jean et Marie*. Qu'y avait-il dedans, je n'en sais absolument rien. Je sais seulement que c'était le plus beau.

Le *Combat spirituel*, les *Paraboles du Père Bonaventure Giraudeau*, le *Magasin des Enfants* le laissèrent froid. Froid aussi, les *Oraisons funèbres de Bossuet* et autres. Pourtant un des « *Chefs-d'œuvre oratoires* » l'émut. C'était le plaidoyer de Lally-Tollendal pour son père. Le petit gone ne comprenait pas très bien, mais il voyait que ce pauvre Lally avait été si injustement condamné à mort.

Un livre lui causa je ne sais quelle impression étrange mêlée de terreur. C'était le *Pèlerinage d'un nommé Chrétien*, traduction du *Pilgrim's progress*, de John Bunyan, le célèbre puritain du xviie siècle. La lecture de cette sorte de *Divine Comédie* barbare, à l'anglaise, l'oppressait. Aussi, tandis qu'il recommençait les autres dix fois, il ne relut guère celui-là.

Il eût dévoré jusqu'aux papiers de l'épicier, et cela lui arriva plus d'une fois, quand sa bonne rapportait du poivre. Il consomma consciencieusement deux volumes dépareillés de l'*Histoire des Révolutions d'Angleterre*, et connaissait à fond Cromwell, Fairfax, Monk, et leurs portraits à la dix-septième siècle dans des médaillons en ellipse. Il goûta, malgré l'aridité des détails techniques, les quatre volumes du *Voyage autour du Monde, de l'amiral Anson*, et savait par cœur et le nom de chaque bâtiment de l'escadre et le nombre de canons qu'il portait, et le nombre de tonneaux qu'il jaugeait. Il ne lui manquait que de savoir ce que c'est qu'un tonneau.

Mais l'intérêt de ces volumes était bien dépassé par celui du *Supplément*, contenant le récit du *Naufrage du Wager* et des aventures de l'équipage révolté contre le capitaine Cheap. Tout ce que fort longtemps il a su de géographie lui venait de l'amiral Anson.

Je ne crois pas que l'on se rende communément bien compte de la puissance de certaines représentations figurées sur l'imagination des enfants. Dans le *Voyage d'Anson*, une grande planche donnait une vue de l'île inhabitée de Tinian, où aborda le vaisseau amiral le *Centurion*, après une traversée terrible, les hommes tous malades du scorbut, sauf l'amiral (le petit gone ignorait ce que c'était que le scorbut, mais il jugeait qu'on en devait être bien fatigué). Là, l'équipage trouve des bois, de l'eau, des noix de coco, des légumes frais, bref, se repose et se rétablit. Cette grande planche avec ses arbres, ses clairières, ses prairies, ses petits hommes qui se promenaient, était-ce beau ! On ne savait pas où était le paradis terrestre ? — Hé, braves gens, à Tinian !

**

Pour aimer à lire, le petit gone ne dédaignait point de s'amuser. Le badinage qui, du plus lointain qu'il se souvînt, l'avait fait davantage palpiter, c'était une *crèche*. Il ne s'agit point de la Crèche de la rue Ferrandière, dont les représentations avaient certes bien leur prix, mais de quelque chose de plus extraordinaire en son genre.

A Noël, et de loin en loin, lorsque le petit avait été bien sage, on allait chercher une espèce de caisse en bois mince, recouverte de papier coloré, sauf une grande face vitrée, qui se posait verticalement.

Or assurez-vous que, derrière cette vitre et remplissant la caisse, était un merveilleux paysage en relief, chef-d'œuvre probablement de quelques expertes religieuses du xviiiᵉ siècle. Tout y était bleu. Des rochers bleus escaladaient les uns sur les autres, mais en laissant d'étroits gradins, de jolis sentiers semés de poudre d'or. Puis des arbres, dont le feuillage, en papier frisé, était bleu toujours. Des mousses en grains bleus, brillant comme du mica, tapissaient les rochers d'où s'échappaient des cascades d'argent. Au fond, les rochers bleus atteignaient le ciel, lavé de minces nuages étirés.

Un vol de petits anges blancs et roses se balançait dans l'air. Par les sentiers, les escaliers, dévallaient des bergers portant leurs agneaux, des bergères en jupon court portant leurs panetières, des laitières portant leurs bertes. En bas, sous une grotte, la sainte Vierge, le petit Jésus, le bon vieux saint Joseph, un bœuf tacheté, un âne rouge, et des bergers adorant, qui étaient arrivés les premiers. Tout cela faisait un paysage appartenant à un monde qui ne serait pas le nôtre, à un monde tout bleu, où les objets se seraient vus, non dans le jour, mais dans une nuit lumineuse, céleste. Quel privilège mystérieux avait cette couleur de transporter le petit gone dans une sphère enchantée? Ce n'était pourtant pas là une impression purement personnelle, car ne sait-on pas que tous les Lyonnais disent : « bleu comme un paradis », ce qui prouve d'abondant que le paradis est bleu.

Il y avait beau temps que le petit gone avait lu Homère, et l'amiral Anson, voire choses encore plus sérieuses, que la *crèche* lui donnait le même plaisir divin, et, s'il la revoyait, il en éprouverait encore.

Mais, la crèche rentrée, comment badiner, toujours tout seul, sans petits camarades? Hé, bonnes gens, n'ayez souci! — Est-ce à la ville? D'abord que l'on a vu sur le quai du Rhône les mariniers faire avancer leurs barquots à l'aide de leurs longs arpis, ce n'est pas malaisé d'en faire autant dans une chambre carrelée, pour peu que l'on ait d'ême. Vous retournez sens dessus dessous un cabelot. Alors, vous vous asseyez, non plus dessus, mais dedans, rassemblant vos pieds, et vous prenez la canne de feu grand-père (Dieu ait son âme), longue d'une aune, avec un bout pointu, comme elles étaient sous le Directoire. Parbleu, voilà votre arpi! Piquez entre deux carreaux et poussez. Le cabelot s'avance, et vogue la nacelle! Joint que vous ne courez pas fortune de vous noyer.

Si la « salle » est grande comme quatre pièces de la rue de l'Impératrice, et avec cela qu'il y ait la cuisine au bout, aller et retour fait un voyage au long cours, pour le moins. Outre que vous pouvez virer de bord, gouverner, appuyer sur tribord ou bâbord, aller charger le miron dans un coin, cause, par après, de grandes difficultés pour la navigation, partant, de plus de mérite. Enfin, naufrage à part, vous pouvez vous procurer à peu de frais toutes les émotions de la vie maritime.

Êtes-vous à Sainte-Foy? Que c'est encore plus facile de s'amuser! Je ne parle pas même des feux en plein air, avec les « truffes » qu'on fait cuire sous la cendre, ou bien dans des fours en terre, avec voûte et cheminée, ni du lard qu'on met à la broche et qui, par la graisse rissolée, se couvre comme de cheveux, ni des cabanes de feuillage, ni des salades qu'on plante et pour fumer lesquelles on va ramasser du crotin sur le chemin, avec un panier. Mais vous pouvez plus simplement encore, comme le petit gone, jouer aux boules toute la journée. Trois boules pour vous, trois boules pour Jacques, Pierre ou Garguille, ou tout autre, à votre choix. Partant de là, si vous avez la conscience du petit gone, vous pouvez faire à vous tout seul les parties les plus palpitantes, vu que les deux joueurs sont exactement de même force. Et quand vous aurez fait quarante-cinq parties, il vous sera loisible d'aller étudier quelque méchante demi-heure.

Enfin, il y a mille manières de s'amuser tout seul; sans compter qu'on ne se dispute jamais.

Le petit gone avait failli mourir à trois ans de je ne sais quoi, puis, plus tard, d'une typhoïde, puis d'autre chose. Il avait épuisé la série imaginable des maladies : rougeole, fièvre rouge, et le reste. Est-ce d'être potringue qu'il avait gardé l'habitude de ne point faire nono à l'heure, comme les autres enfants qui, communément, dorment à poings fermés dès lors qu'ils ont, suivant notre expression nautique, piqué une tête dans la paillasse ? Est-ce tout simplement la légère excitation cérébrale qu'il se donnait ?
— Aussitôt couché, il se mettait à composer un roman

magnifique dont il était le héros. Il lui arrivait toute espèce d'aventures, même des aventures d'amour, encore qu'il ne sût pas trop bien ce que c'était. Mais on n'est pas obligé de comprendre les choses pour en avoir le goût. Au surplus, il était le premier cavalier, le premier marcheur, le premier nageur, le premier joueur de boules. Tout ce qu'il arrêta de chevaux emportés sur le pont Tilsitt, de bœufs furieux au marché de Saint-Just, tout ce qu'il sauva de belles jeunes filles qui se noyaient dans le Rhône ou brûlaient dans les incendies, dépasse en nombre les graviers des balmes de Saint-Clair. Il s'endormait quelquefois au milieu de l'évènement le plus extraordinaire, mais le lendemain, au coucher, il reprenait la suite de son feuilleton, juste au point où il l'avait laissé la veille. Jamais au matin. Le grand jour n'est pas propice aux belles imaginations.

Comme cela, le roman ne finissait jamais. Et ne croyez mie que ces heures de veille fussent les plus désagréables ! — Mais, plus tard, cette faculté créatrice l'abandonna tellement, qu'il n'aurait pas su seulement inventer l'histoire du roi, de la reine et de la gaine, qui est pourtant si courte !

Les intermittentes allées à l'école du père Clément avaient cessé. C'était trop loin. L'été était toujours consacré à jouer aux boules, mais l'hiver on menait le petit dans un établissement qu'on appelait du nom distingué « d'externat », tenu par un M. Faure, en rue du Plat, au numéro 8. C'est la superbe maison Delglat, bâtie par Bugniet. Le quai Tilsitt n'existait pas, et la Saône battait le pied de la façade. Le petit pensait qu'il eût été bien plus agréable de pêcher à la ligne par les fenêtres de la classe, que de conjuger le verbe *amo*.

Ce M. Faure, plus tard, abandonna son externat pour fonder un pensionnat en rue de Trion, où je crois qu'il était assisté par son fils Ludovic, l'ancien camarade du petit gone dans la maison Delglat. Je ne sais ce que tout cela est devenu. Les établissements ecclésiastiques ont tué la plupart des institutions privées.

*_**

En 1836, dans la neuvième année du petit gone, survinrent des évènements importants, si importants qu'il vaut mieux les lui laisser dire :

Lyon, le 18 janvier 1836.

Mon cher frère (1),

Si tu m'as devancé dans tes souhaits de bonne année, à présent c'est mon tour. C'est pourquoi je te souhaite une bonne année, une bonne santé et tout ce que tu peux désirer.

Voilà, mon cher frère, un compliment bien court et qui n'a pas de belles phrases, mais sois sûr que je te parle avec sincérité.

Pour les études, tu sauras que je traduis le *De Viris*. J'en suis à *Fabii trecenti sex*, et j'entre pour sûr aux Minimes à Pâques, et j'espère pouvoir y entrer en septième. Tant qu'aux leçons (2), j'en suis aux noms de matière : *Vas ex auro*.

(1) L'aîné des frères du petit gone, alors étudiant en droit à Paris.
(2) *Tant qu'aux*, pour *quant aux*, lyonnaisisme formé par métathèse, extrêmement répandu.

Je m'en vais tâcher d'apprendre vite par cœur tout le rudiment, afin de pouvoir, comme je te l'ai déjà dit, entrer aux Minimes en septième.

Pour les cadeaux du jour de l'an, le papa m'a donné *Robinson Crusoé,* en deux volume in-8°; la maman, une pièce de dix sols; ma cousine Victorine, deux livres in-douze, intitulés Les *Petits Béarnais.* C'est une famille riche qui perd sa fortune, et le grand-père de cette famille les secourt et les emmène dans sa campagne, et c'est le récit des aventures de cette famille. Ma tante m'a donné deux livres intitulés *Petite Galerie des hommes célèbres.* Enfin ma marraine, une grande boîte par laquelle on apprend la géographie par la peinture.

Je me hâte de finir cette lettre, qui est si longue qu'elle pourrait bien t'ennuyer.

Ton très humble et très obéissant frère.

Et te oro accipere meam amicitiam.

Je trouve cette lettre, dont l'original ne contient que deux fautes d'orthographe, trop d'un petit homme, pas assez d'un gone. C'est peut-être la faute de l'éducation solitaire.

Je fais aussi cette remarque singulière qu'il n'y a pas l'ombre de ponctuation quelconque. Pas un maître n'en avait parlé ni n'en parla oncques au petit gone, non plus que des règles relatives à l'emploi des majuscules. A l'époque c'eût été considéré comme luxe pur, et le petit gone croyait fermement que la ponctuation n'était que pour les imprimés.

Il n'y a guère de temps qu'un journal voulut faire une malice en publiant telle quelle une lettre d'un personnage politique non sans quelque importance, où l'on trouvait des majuscules à tous les mots et une ponctuation imaginaire. L'auteur n'est certes pas un ignorant et il a sans doute des lettres, puisqu'il est de l'académie de Lyon (1), mais il appartenait à la génération du petit gone, voilà tout.

*_**

De toutes les étrennes qu'il reçut dans sa vie, le petit gone ne se rappelait que celles de cette année 1836. Il est vrai qu'elles étaient si belles! Lorsqu'il retrouva dans de vieux papiers la lettre à son grand frère, il avait perdu depuis longtemps le souvenir de la « boîte de géographie », mais les livres, il n'aurait pu les oublier.

La *Petite Biographie des hommes célèbres,* qui était l'œuvre d'un nommé Bolo, notaire à Limonest, auteur de *Pauliska ou la Chaumière du Mont-d'Or,* fut jugée détestable par le petit gone. Pas n'est besoin de dire si *Robinson Crusoé* l'enchanta ! Ce pour quoi ce livre séduit tant, c'est un grand air de sincérité, presque de candeur, qui donne de la vraisemblance aux choses. Mais le petit gone n'en goûtait bien que le premier volume. Il estimait (non peut-être sans raison) que l'ouvrage était fini quand Robinson avait quitté son île. Les voyages en Russie, les poursuites des loups, etc., étaient des superfétations d'un intérêt médiocre au respect de ce qui les avait précédés.

Mais qui emporta la palme, ce furent les *Petits Béarnais.* On sait peut-être que c'est l'œuvre d'une protestante,

---

(1) C'était M. D., mort depuis.

l'auteur de beaucoup de livres pour l'éducation de la jeunesse : Mme Julie Delafaye-Bréhier. Rien ne saurait peindre l'émotion que lui causa cette histoire. Le soir, dans son lit, il en pleurait d'attendrissement, et il oublia pour bien des jours de poursuivre le roman de sa composition. Pourtant il n'y avait pas de quoi pleurer. L'histoire finissait bien. La famille retrouvait sa fortune. — Oui, mais à quoi bon, puisqu'il fallait quitter la campagne, et l'antique château de Coaraze, et les promenades à Gavarnie, et la douce Félicie, et le bon M. Silvère, pour rentrer dans une grande ville odieuse et, qui sait même, aller en pension !

Cette préférence du petit gone pour les *Petits Béarnais* sur *Robinson* ne fait pas, pensera-t-on, l'éloge de son jugement littéraire. Elle ne prouve pas, en effet, que Mme Delafaye-Bréhier soit un romancier supérieur à Daniel de Foë. Mais elle dit quelque chose de la nature du petit gone. Pour lui, le monde des *Petits Béarnais* était un monde non imaginaire, où il entrait de plain-pied. Puis, il y avait dans le livre quelque chose d'intime, de bon, d'aimant qui le pénétrait. Robinson, c'était l'extraordinaire. L'extraordinaire intéresse, il n'émeut pas ; et l'émotion est quelque chose de supérieur à la satisfaction de curiosité qu'on nomme l'intérêt.

Hélas! le petit gone avait mangé sa miche la première. Le moment d'entrer aux Minimes approchait. A dire le vrai, il n'avait jamais été enthousiasmé à l'idée d'aller en pension. Une seule maison lui aurait possible convenu. L'été on allait souvent le dimanche à la grand'messe à Saint-Just. Là, il se trouvait des fois tout à côté du pensionnat Reynaud, « un pensionnat de demoiselles », auquel a succédé depuis, naturellement, un couvent enseignant, que l'on nomme « le couvent des Oiseaux ». L'entrée donnait sur la rue des Farges, dans un passage au bout duquel était une grille. Au travers des barreaux on apercevait des pelouses (chose inconnue à Sainte-Foy), vertes, avec des arbres et des fleurs. De là, l'on devait avoir une bien belle vue, dominant toute la ville ! Les demoiselles étaient habillées en frais costumes d'organdi, moins frais encore que leurs visages. Le petit gone trouvait qu'elles avaient l'air bien sages, bien douces (il ne les voyait qu'à l'église).

Or donc le petit gone pensait, à part lui, qu'il n'eût pas été si fâché de faire son éducation au pensionnat Reynaud, et qu'il aurait bien aimé ses camarades, d'autant qu'il avait rêvé une belle nuit qu'on l'y avait mis, dans ce pensionnat, et, ma foi, il ne se trouvait pas trop mal.

Malheureusement, c'était aux Minimes qu'il fallait aller.

※

Tarde qui tarde, arriva Pâques. Fort attristé, le petit gone prenait pourtant son parti en brave, ne voulant point paraître fille. On l'encourageait d'ailleurs beaucoup. Le directeur, le professeur promirent de lui prêter des livres. On lui faisait envisager que l'on entrait dans la période des grands congés, qui, en effet, se montrèrent fort agréables par comparaison. Ce jour-là, l'on était éveillé, non par l'affreuse cloche, mais par les turlututus et les tarataras de la musique de la maison. Au lieu d'entrer en étude, on partait pour la « campagne des Minimes ». Les deux en tête de la chaîne d'oignons étaient toujours les mêmes, deux frères, les Germain de Montauzan, de Lacenas, dont l'un est mort récemment notaire à Saint-Étienne. La « campagne » était aux Massues : immense clos plat, sans vue, avec une salle d'ombrage terminée par un rond-point, où, sur un tertre de gazon, s'élevait une statue de la sainte Vierge. On passait là le demeurant de la journée. Si tous les jours il y eût eu grand congé, la vie eût été supportable — et encore peut-être ; — tout cela était si loin de la moindre partie de boules à Sainte-Foy !

Entré en septième, selon sa promesse, le petit gone y prit le plus souvent le troisième rang. C'est la place qu'il occupa communément dans les écoles qu'il a traversées. Le numéro deux était un nommé Mercier, qui fit plus tard un étudiant en médecine, distingué, dit-on ; faillit périr d'une piqûre anatomique, et finalement mourut de la poitrine, en 1846 ou environ. Le numéro un, le premier en tout, s'appelait Catenod ; d'où, je ne sais plus. Oncques depuis ce temps n'en ouït parler le petit gone. Voilà quasi tous ceux dont il se souvient, plus X..., surnommé le « Roi des latrines », sans doute parce qu'il n'était pas d'une propreté poussée à l'exagération.

Les Minimes, alors, n'occupaient qu'une bien faible partie de leur emplacement actuel. Il n'existait trace des beaux bâtiments à portiques construits par Bresson, ni de la belle grille, ni des vastes préaux. On était relégué autour de la chapelle, dans de vieilles bâtisses irrégulières, qui avaient fait partie de l'ancien couvent. Depuis lors, l'établissement s'est agrandi non seulement d'une caserne qui lui était contiguë au nord, mais encore de la maison des sourds-muets à la suite.

Au dehors, sur la place, il n'y avait rien des verdoyants jardins d'à présent. Tous les Lyonnais se rappellent les trois terrasses superposées, avec le marché des bœufs et, parlant par respect, des habillés de soie, qui se tenait sur celle d'entre-deux. De l'intérieur du pensionnat, on pouvait des fois entendre le chant harmonieux des rossignols à glands.

L'âme féminine de la maison était la bonne Claudine, préposée à la lingerie et à l'infirmerie, et que tout le monde, parents et élèves, aimait beaucoup. Elle est morte, mais il n'y a pas dix-huit ans qu'existait encore aux Minimes, à l'état de retraitée, la vieille Marie, la borgne, portière au temps du petit gone.

Celui-ci n'avait point été accoutumé à l'éducation commune et n'était guère fait pour ses rudes frottements. Encore bien que le professeur fût assez quinteux et bizarre (c'était un jeune abbichon, nommé Landwehr, que le petit gone avait aussitôt baptisé *M. l'Ane vert*), le gone susdit aimait cent fois mieux ses maîtres que ses compagnons, parce que ceux-là étaient plus doux et surtout plus justes. Le professeur d'humanités était l'abbé Compte-Calix, le frère du peintre. Le petit gone l'avait choisi pour confesseur, parce que sa figure douce et blonde, allongée, lui revenait, et, de fait, son caractère ne démentait point sa figure. Il est mort grand vicaire du diocèse d'Alger. Sa nomination à l'évêché d'Oran arriva qu'il venait de mourir. Le préfet, l'abbé Gourd, était gentil, pas méchant. Il retroussait sa soutane et jouait à barres ou au ballon avec les élèves. Ce mélange des maîtres avec les disciples, une surveillance plus intime, la direction de l'âme jointe à l'enseignement des connaissances, un je ne sais quoi, qui fait des maîtres ecclésiastiques un peu comme de grands enfants, comme des camarades plus âgés, tout cela rend la vie bien plus douce dans les établissements congréganistes que dans les lycées de l'État (1).

Le professeur de sixième, l'abbé Vernet, était aussi un bon zig, aimant à rire. Le petit gone soupirait après le moment où il arriverait en sixième, mais voyez le malheur, juste quand il y passa, M. « l'Ane vert » y passait aussi ! Le père Vernet devint curé de Thurins. Trente ans plus tard, il fut un jour dîner chez le petit gone, encore plus gausseur, plus jovial, prenant encore plus la vie par le bon bout qu'au temps des Minimes.

(1) C'est avec une véritable stupéfaction que, quarante-cinq années plus tard, le petit gone lut, dans les *Souvenirs littéraires* de M. Maxime Ducamp, la description des cachots du lycée Louis-le-Grand. Rien de pareil n'a jamais existé aux Minimes ni n'existe certainement dans aucun établissement ecclésiastique.

Quant au supérieur, le père Détard, c'était un vieux, vieux ; un crâne comme un œuf d'autruche, avec une petite couette toute blanche par derrière, et une immense calotte qu'on eût dit de cuir bouilli. Brusque et bonhomme. Malgré son grand âge, il avait un creux terrible, qui faisait résonner les voûtes. Il avait gardé du soldat, l'ayant été sous Napoléon. On racontait, mais je n'étais pas à l'aventure, qu'un jour, blessé d'un coup de sabre au ventre, il s'en fut laver la plaie dans un ruisseau voisin. Passe le général sur son cheval : — Que fais-tu là, grand lâche, au lieu de te battre ? — Mon général, je ne peux pas, je rince mes boyaux.

Le petit gone n'était guère heureux. Facilement les choses lui faisaient regret. Au réfectoire, où l'on sentait cette affreuse odeur fade de la cuisine de caserne, qui n'est comparable qu'au faganat des dortoirs, il avait pour vis-à-vis un sale gone de huitième qui ne se mouchait jamais. Cela donnait à chaque instant des envies de rendre son royaume. Pour le bon poids, si on lui disait quelque chose, le sale gone, qui était méchant comme un derne, vous allongeait de toute sa force, par dessous la table, des coups de pied sur le coupant des jambes.

Du côté de la réfection de dessous le nez, le petit gone n'éprouvait pas non plus grand enthousiasme. Lui qui n'aimait déjà pas tant la soupe chaude, on n'avait au déjeuner du matin qu'une soupe aux deux tiers froide, que ces grossiers élèves nommaient la « soupe du c.. », sous-entendu de la marmite, parce qu'ils prétendaient que c'était le restant de la soupe de la veille au soir. Alors le petit prenait du lait, coût deux sous, que fournissait assez la maman. Mais quoi! il croyait que ce lait allait ressembler à celui de la maison, chaud, épais, crêmeux, bien sucré! Ah bien oui! C'était un lait froid, sans sucre, clair comme de l'eau de roche, avec un large cercle bleu tout autour. Quand on l'avait bu, cela faisait grou, grou, dans le ventre. Encore quelqu'un du carré le lui volait-il toujours. La balle au pain passait-elle, chaque élève se précipitait pour avoir un « groton », qu'on léchait vite tout autour pour en dégoûter celui qui serait tenté de le voler. Pouah!

Pour la salade, qui était si bonne à Sainte-Foy, si fraîche, si craquante, si grasse, avec un œuf dur et un anchois dedans, que l'on ouchait, que l'on fatiguait bien avant de la servir, le petit n'en revenait pas de voir ce Rhône de vinaigre et d'eau au fond du saladier. Si l'on avait eu le malheur de tomber dedans, c'eût été comme à la Mort-qui-trompe. Enfin, bref là-dessus, il n'y avait guère de bon que les truffes frites, et encore à peu près. Toujours n'y en avait-il que peu.

Passe encore pour la mangeaille. Assez souvent avait-on répété au petit gone, quand il faisait trop le difficile, que, parlant par respect, « cayon délicat ne vient jamais gras ». Mais les camarades ne valaient pas même la cuisine. On lui faisait de vilaines farces. Il avait un drôle de petit habit en queue de merluche, vu que les rondins étaient proscrits comme indécents. Un vendredi, de bons apôtres eurent bien le courage de se priver de leurs œufs à la coque pour les lui glisser doucement dans ses poches de derrière. Il n'était pas accoutumé aux politesses qu'on lui faisait ce jour-là, pour l'inviter à s'asseoir sur un beau tas de sable, qui servait communément à jouer au roi détrôné. Il ne s'aperçut de l'attrape que lorsque, deux heures après, il voulut tirer son mouchenez tout englué. Ses basques, transpercées, s'étaient arrapées à sa culotte.

Puis, on le regardait comme une bête curieuse. De grands imbéciles se disaient : « Viens donc là-bas voir un petit qui a lu Homère ! » Un grand lui emprunta huit sous qui servaient au petit gone pour acheter des cabrillons pour son goûter, lui promettant de les lui rendre dimanche après la visite de ses parents. Quand le petit redemanda ses huit sous, l'autre lui ricanait au nez, le gueux ! Le petit, qui avait toujous entendu dire au papa que, lorsqu'on devait deux liards, il fallait coucher sous la pendule, crainte de laisser passer l'heure de les rendre, trouvait ce manque aux engagements de la dernière infamie. Il serait bien tombé à bras raccourci sur l'emprunteur, mais celui-ci était deux fois plus grand et plus fort que lui. Le petit ne douta pas un instant qu'un gone si peu scrupuleux ne dût finir sur les galères du roi. L'autre n'a point fini aux galères et passe même pour un gentil compagnon, mais il a tant et si bien emprunté qu'il y a beau temps qu'il n'a plus besoin de poêle, ayant tout fricassé. — Et puis dites que Dieu n'est pas juste !

※

Le petit, d'ailleurs, il le faut bien confesser, n'avait pas un caractère fabriqué exprès à la Grenette. Sa mère disait qu'il n'était point méchant, mais qu'il se rebiffait comme un jicle. Il n'endurait guère d'être gaussé. Habitué à parler poliment et à ce qu'on lui parlât poliment, il avait en horreur les manières de ses camarades. Les occasions de dispute arrivaient facilement. Il n'était pas terre molle à faire de beaux trous dedans. De là, recours à l'épée de Couzon : souvent rossé, mais quelquefois rossant. Ses condisciples, qui se chauchaient aussi entre eux, ne l'aimaient guère, pour autant qu'il ne savait pas comme eux être chemise et culotte cinq minutes après la gourmade. Ses instincts bataillards ne l'abandonnèrent point quand, plus tard, il passa par d'autres écoles ou des ateliers. Il s'y faisait communément un ou deux amis qu'il adorait, détestant tous les autres. Il était peu tolérant, avait la repartie méprisante. Tout cela n'était pas pour le faire chérir. Plus tard encore, quand depuis longtemps il ne combattait plus ni du poing ni de la langue, il aimait à combattre sur le papier. Dans sa plume toujours on sentait quelque chose de la pointe du fleuret. Ce ne fut que dans la plénitude de l'âge mûr qu'il put entrer tout à fait dans la région sereine où les contradictions n'offensent ni n'altèrent, et où l'on trouve plus commode de se taire que de relever ce qu'on croit une sottise. Pour le surplus, il garda toute sa vie l'éloignement des foules ; se plaisant avec peu, mais avec ce peu se plaisant beaucoup ; ne faisant plus de parties de boules tout seul, mais pouvant facilement penser tout seul.

Du reste, de tempérament si violent dans son enfance, qu'une fois, dans une altercation au jeu de boules, il lança une boule à l'un de ses grands frères, qu'heureusement il n'atteignit pas. Il faut que la volonté ait une puissance dont on peut malaisément mesurer la portée, car il parvint plus tard, à force d'énergie, à une telle maîtrise de soi-même, qu'il pouvait passer pour un modèle de flegme, et que, durant trente années, il ne trouvait, dans ses souvenirs, même en cherchant bien, la trace d'un seul emportement. Mais quand il fut trop affaibli par l'âge et les maladies, il n'eut plus le poignet assez solide pour se tenir lui-même bien en main. Il ne lui restait que la ressource de fuir quand il sentait le cheval s'encapuchonner. Tant pis alors pour qui n'avait pas la sagesse de le laisser fuir.

Je ne sais à quel quantième de quel mois tombait Pâques en 1836, mais je sais bien qu'en mai déjà le petit gone était malade. On l'emmena à Sainte-Foy, où il demeura trois semaines. Il trouva que la maladie avait été bien courte.

Enfin vinrent les vacances. Heureusement qu'il était encore potringue et ne put rentrer que quinze jours après les autres. La veille de sa rentrée, c'était un de ces beaux jours d'automne. Le soleil se couchait rouge. Le vent faisait pirouetter les feuilles séchées des beaux marronniers de chez le père Thierry, sous lesquels on jouait aux boules, pour boire du vin blanc par après, et manger des gâteaux. Ah, que c'était triste !

✲

Ce dut être en décembre que survint un évènement qui faillit encore envoyer le petit gone demander logement à saint Pierre, mais cette fois en bonne compagnie.

On venait de se coucher : le petit gone au fond du dortoir, sauf un lit après, occupé par Vignat, de Saint-Étienne. Surpris d'entendre des cra, cra, cra, cra, très forts, qui se succédaient au-dessus de sa tête à intervalles rapprochés, le petit gone appela sur ceci l'attention des voisins. Or, dans chaque dortoir il y avait, outre l'abbé, un élève choisi parmi les plus raisonnables, pour exercer la surveillance. Le surveillant ici était un nommé Ricard Francisque, ou mieux Ricard *secundus,* ou mieux et plus court Cico. C'est le fils du Ricard qui a bâti l'immense maison de ce nom, en haut du Griffon, en 1826. Tel était Cico ce jour-là, tel il est encore en 1895, représentant, à mon estime, le type le plus parfait de l'élève des Minimes. Avec cela un tour canut, fort comique, non prémédité, que je ne sais où il a pu prendre, s'il n'est quelque extraordinaire effet d'atavisme.

Donc, on arrêta Cico à son passage, récitant le chapelet à l'accoutumée, auquel répondaient les élèves, et on lui fit part de la chose.

Cico, prudent, s'en fut chercher l'abbé dans la cage qui à celui-ci servait de chambre. C'était un petit abbichon, haut comme quatre écuelles, face d'incarnat, entre la cerise et la rose, professeur de neuvième. Il fut plus tard aumônier de l'Hôtel-Dieu. Aujourd'hui, très sourd, chapelain de Fourvières.

L'abbé vint, haussa un peu son lumet ; comme bien s'accorde n'y vit goutte, n'y comprit pas davantage, et dit jovialement : « Ce n'est rien, quand vous serez morts vous viendrez me chercher. »

Il faillit dire vérité pour la première moitié de sa proposition. Le petit gone dormait comme un plot, lorsqu'il fut réveillé en sursaut par un fracas et une secousse épouvantables. Il ouvre les yeux, qui s'emplissent de poussière. Il comprit que le plancher supérieur s'était écroulé, et comme il n'était pas écrasé lui-même, il en conclut (ne connaissant guère la construction) que le plancher était tombé d'un côté, restant engagé par l'autre bout, et sa première pensée, terrible, fut qu'un de ses camarades, nommé Amable, le petit-fils du père Thierry, ayant son lit contre le mur de ce côté, avait péri.

Il se dresse sur son lit, et dans l'obscurité veut prendre ses habits qu'il avait placés sur la chaise à côté. Il s'en saisit, tiraille en vain. Ils étaient engagés sous un de ces énormes sommiers de jadis, qui était tombé exactement dans l'étroite ruelle entre le lit de Vignat et celui du petit gone, qu'il remplissait tout entière, ayant cassé seulement un pied du lit de ce dernier et écrasé la chaise.

Quelle succession de miracles fallut-il pour que le petit gone ne fût pas aplati comme un matefaim, lui et les autres ? Par quelle précision extraordinaire les deux lits voisins se trouvèrent-ils disposés de telle façon que la poutre tombât juste dans l'entre-deux? Comment se fit-il que le poids énorme d'un sommier, tombant de si haut, n'enfonçât pas le plancher inférieur? Enfin, ce qui renverse toutes les idées, comment le sommier qui soutenait le plancher supérieur étant supprimé, le plancher lui-même resta-t-il en l'air?

Les enfants ne cherchent à rien approfondir ; mais plus tard, en y réfléchissant, le petit gone, devenu grand, ne trouva d'autre explication sinon dans ceci, que les tras posés en travers de la poutre étaient sans doute, par très extraordinaire, d'une seule pièce pour deux travées, et que, leurs extrémités portant sur des points résistants, ils n'étaient point solidaires du support placé dans leur milieu. Soit ; mais comment ces longs tras livrés à eux-mêmes avaient-ils pu résister à la charge de la terre, du carrelage, des lits, etc., car, sur ce plancher était le dortoir des grands? C'est l'inexplicable.

Quant à la poutre elle-même, on aura déjà compris qu'elle était fusée dans ses prises.

Tout cela, c'est pour les architectes. Revenons aux gones.

※※

Le petit, sans s'inquiéter davantage de la décence, sauta en chemise de lit en lit jusqu'à la porte. Les autres en firent autant. Arrivaient les professeurs plus morts que les élèves. Un d'eux courut faire évacuer le dortoir d'en haut, recommandant de marcher le plus doucement possible. On fit l'appel. Grâce à Dieu, personne ne manquait. Claudine mit la lingerie au pillage pour vêtir les gamins, qui grelottaient. Enfin, on dressa des matelas par terre partout où l'on put. Sept élèves, dont le petit gone, se trouvèrent réunis dans la chambre de M. « l'Ane vert ». Jusque-là le petit gone s'était comporté bravement. Une fois couché, il faiblit, et se détendit en pleurs, trouvant que c'était bien triste d'être dans des pensions où les planchers vous tombent sur la tête. Il se disait que, s'il avait été son papa, il se serait gardé auprès de lui.

Au matin, l'on réunit les élèves à la chapelle. Le père Détard fit un grand sermon, où il montra que la sainte Vierge avait fait un miracle spécial en faveur de l'Institution des Minimes, qui lui était chère. Si persuadé que fût le petit gone, il ne se pouvait retenir de penser à part lui qu'il eût encore mieux valu qu'il n'y eût pas de miracle, et que la poutre ne tombât pas.

Puis le père Détard raconta qu'il était déjà allé faire visite à l'archevêque, alors monseigneur de Pins (d'ailleurs un saint homme), qui lui avait raconté qu'au moment de l'accident, trois heures du matin, il était à prier pour ses séminaires. Confirmation du miracle.

Quelque peu après, le petit gone, qui avait dû faire encore visite à l'infirmerie, sortit, à sa grande joie, pour passer à la maison les courtes vacances du jour de l'an.

Mais ce fut bien autre affaire, lorsqu'en route la bonne qui l'était allé chercher lui annonça, en grand secret, qu'il ne devait pas rentrer aux Minimes. Ses parents voyant que, décidément, sa santé ne se pouvait accommoder du régime de la vie collective, avaient résolu de le garder avec eux. Quelle fut sa joie, je ne vous le saurais dire. Devinez, si vous pouvez.

Environ cinq mois de séjour effectif aux Minimes, ce fut donc toute son instruction scolaire.

*
* *

Pour faire son éducation, on lui devait donner des maîtres à la maison. Le premier fut un nommé M. Malfroy, qui, juste la veille de la première leçon, par un verglas qui fit beaucoup travailler les rhabilleurs, tomba en face de la Poste de Bellecour et se cassa le bras. Ce petit gone avait toutes les chances.

Le maître à la maison, quelle bonne invention ! On donnait bien des devoirs, mais il n'y avait pas de punition. Le petit gone ne travaillait que quand il voulait, et il voulait rarement. Il était si diligent que sa journée était souvent finie avant que d'être commencée.

Comme on destinait ses grands frères à des professions libérales, on avait résolu de leur faire achever leur éducation classique. Pour lui, on l'avait voué au commerce, et il avait souvent entendu dire à son père que, pour un marchand, l'excès de latin était inutile, sinon peut-être nuisible. Le petit gone était tout à fait du même sentiment.

*
* *

Malheureusement il ne travaillait pas beaucoup plus au reste qu'au latin. On lui fit commencer l'étude de l'anglais. Il y prit bien d'abord un peu de peine, mais bientôt après il se lassa. Cela n'allait plus du tout. C'était l'été, d'ailleurs, et l'on comprend qu'à Sainte-Foy il y avait trop à faire pour perdre son temps à travailler.

Le maître lui donnait à traduire, dans l'intervalle des leçons, quelques lambeaux du *Vicar of Wakefield*, que le petit ânonnait ensuite, regardant la pendule à cha-minute, voir si la leçon serait bientôt finie, lorsque, tout d'un coup, changement.

Il avançait péniblement, quand il arriva au moment où la famille, ruinée, change de résidence. L'histoire commençait à lui inspirer de l'intérêt. Au lieu de quelques lignes, il en lut bientôt quelques pages. Pour traduire il lui fallait un effort monstrueux, un peu semblable à celui du savant qui s'efforce de déchiffrer des hiéroglyphes inconnus. Quand il ne pouvait expliquer les mots il cherchait à deviner le sens. Retrouvant plus loin la même tournure, le même vocable, la comparaison finissait par le fixer. Notez qu'il n'avait qu'un infime vocabulaire de poche, et qu'il lisait dans une méchante édition lyonnaise, criblée d'incorrections. Mais aucun obstacle n'arrête, dans ces moments-là. Il ne quittait plus le livre, se levant de grand matin, prolongeant la veille. Dieu! versa-t-il de larmes, lorsque le père retrouve son Olivia dans une auberge, malheureuse et déshonorée! — Mais voilà : pourquoi donc était-elle déshonorée ? — Il comprenait bien qu'elle avait été méchante, de fuir de chez un si bon père, mais déshonorée ? — Enfin, qu'importe ? Elle n'en était pas moins touchante.

Et lorsque fondent les malheurs, lorsque le père est dans la prison !... Et ce discours attendrissant à ses compagnons de captivité !... Le petit gone en bavait comme un magnan. La nuit il ne rêvait que d'Olivia. Je ne sais pourquoi Olivia, la pécheresse, Livy, suivant ces charmantes abréviations qu'affectionnent les Anglais, était pour lui bien autrement attirante que la sage Sophia.

Il y avait jusqu'à des mots qui à eux tout seuls attendrissaient le petit. *My darling*, qui revient souvent dans la bouche du père parlant de ses enfants, lui semblait d'une douceur inexprimable, et plus encore quand il s'appliquait à Olivia. Cette autre expression : *the little ones*, pour désigner les deux derniers petits, comme qui dirait deux lui-même (à la maison, on l'appelait communément le *petit*), lui paraissait charmante, malgré son incroyable bizarrerie grammaticale : *les petits un* (1). Certains mots lui coûtaient de vains efforts. L'interjection *Mary!* entre autres, qui vaut en français comme *Sainte-Vierge!* et qu'il ne trouvait nulle part dans son vocabulaire, l'intrigua beaucoup, d'autant que l'édition imprimait *Marry* comme *marry*, marier.

Enfin, obstacles vaincus, tournés ou laissés, durant les trois jours qui s'écoulèrent entre deux des leçons, le

(1) Après tout, ce n'est pas plus extraordinaire qu'en français la locution les uns et les autres.

Vicaire de Wakefield fut dévoré. Aucun livre ne fit jamais au petit gone impression semblable. Ce n'est possible pas le plus beau qu'il ait lu, mais aucun n'arriva aussi à point. Tout, dans la vie, est une question de moment.

Les criantes invraisemblances de l'histoire, il ne s'en aperçut point. Les rencontres les plus extraordinaires lui semblaient ordinaires. L'âme de l'enfance est tellement apte au merveilleux qu'elle y entre de plain-pied, comme dans les réalités de la vie.

* * *

Après cela, il savait l'anglais, en tant du moins qu'il s'agit de traduire. Car qui a pu lire un livre, il en peut lire dix, qui en peut lire dix en peut lire cent. Il lut avec la même ardeur, sinon avec le même attendrissement, environ tout Walter Scott. Celui de ses romans qui lui fit le plus de plaisir, ce fut le premier, qui se trouva *Guy Mannering*. Dur à traduire, car besoin fut de déchiffrer tous les gaëlicismes des dialogues, dont rien n'était au vocabulaire. Il le lisait à l'automne. Le soir, quand le vent sifflait dans les fentes des volets, sur le coin de la table de la chambre de la maman, il suivait Brown dans les rochers et les bruyères des Highlands. Ces sites sauvages habités par des personnages à demi-fantastiques comme Meg Merrilies, la sorcière, il les retrouvait dans ses rêves de la nuit. Il voyait la lune se lever entourée de nuages, et lancer des rayons pâles sur les lacs des montagnes. Peut-on bien comprendre ce que sont ces choses pour une imagination d'enfant ? Lui-même aujourd'hui ne peut plus ressaisir l'impression envolée ; il se rappelle seulement quelle était sa puissance.

Il lut aussi Cooper, qu'il jugea inférieur à Walter Scott, parce que le monde qu'il décrit lui était plus étranger. Bulwer aussi l'intéressa moins. En général, plus le roman se rapprochait d'un milieu analogue à celui qu'il pouvait connaître, plus son imagination en était fortement imprimée.

*
* *

Le petit gone n'était plus sans camarades. Il s'était lié avec des voisins de campagne, les petits Empaire, dont le père, plus tard, fut deux fois président du Tribunal de commerce.

Les petits Empaire étaient bien élevés, doux, polis. Avec eux, jamais de grossièretés, jamais de disputes à redouter. Comme le petit gone, ils aimaient Sainte-Foy, les arbres, le vent, l'automne. Ils étaient beaucoup plus à leurs études que lui, mais il ne leur en voulait pas.

Je crois que sur les petits Empaire, comme sur le petit gone, on peut suivre les effets, très différents suivant les natures, d'une même éducation : l'éducation solitaire.

Je ne pense pas que le petit gone, devenu grand, ait précisément ressemblé à ses deux camarades d'enfance, mais je crois que, tant eux que lui, eussent été absolument différents d'eux-mêmes s'ils eussent été élevés au dehors.

Tout ce que le petit gone a pu avoir de bon ou de mauvais, mais de personnel, de particulier, il le tint de cette éducation solitaire, libre, oisive, et qui fut encore pour lui beaucoup plus sans contrainte que pour ses petits compagnons.

A cette éducation, il lui dut d'abord de vivre, c'est bien quelque chose. Dans un lycée ou un pensionnat, il fût mort. Il lui dut ensuite d'avoir passé une enfance absolument heureuse. N'est-ce pas énorme, et pour influer sur toute la vie ! Enfin, il ne fut pas jeté dans le moule. C'est aussi quelque chose. Il sut beaucoup moins que ceux qui avaient passé par les collèges, mais il sut autrement. Dans une telle éducation ou, si mieux aimez, dans telle absence d'éducation, l'âme est constamment repliée sur elle-même. Elle n'est pas sans cesse emportée au dehors, distraite. L'habitude de la réflexion se développe. On se fait des idées, on ne les reçoit pas toutes faites. Les défauts s'accroissent, il est vrai, manque de goyarde pour émonder les gourmands, de tuteurs pour diriger les bonnes branches. Mais les qualités naturelles s'accroissent aussi. Les pousses du sauvageon sont les plus drues. Je ne sais si l'on n'est pas moins homme, mais certainement l'on est plus un homme.

Le sûr c'est que, de cette éducation, l'on garde toute sa vie la faculté heureuse ou fâcheuse — je crois plutôt heureuse — de pouvoir vivre seul, ce qui est insupportable à tant de mortels.

Ce n'est pas à dire que cette façon d'élever n'ait ses défauts, et graves. Elle vous tire, pour ainsi parler, de la société. Elle rend quelquefois épineux, dur à approcher les autres et à se laisser approcher dans le commerce de la vie. On ne supporte que ceux que l'on aime et qui vous aiment. Peut-être cette éducation fait-elle moins des citoyens que des Robinsons. Enfin, et c'est un malheur, on n'arrive pas dans la vie sociale armé d'un ensemble de connaissances acquises régulièrement. Il faut ensuite les arracher par lambeaux, à la force des commodes. L'on se sent comme incomplet jusqu'à la fin de son existence.

Plus d'une fois l'ancien petit gone, à ce réfléchissant, se disait que, s'il eût eu un petit gone à élever à son tour, il eût tâché à combiner les deux modes d'éducation. Il pensait que possible par le régime de l'externat on eût satisfait à ces deux conditions : le maintien de l'influence si bienfaisante de la famille, l'acquisition de certaines qualités sociales que donne l'éducation en commun. Mais il ne put jamais se décider à croire que se débarrasser des enfants en les fourrant dans des casernes appropriées fût le dernier mot du progrès pédagogique.

*
* *

Souventefois cette habitude de la réflexion emportait le petit gone dans de longues rêveries. Un dimanche, on était allé à la grand'messe à Saint-Just, qui n'en finissait plus. Le petit gone se prit à penser à sa mère, et combien elle l'aimait, et comme elle l'avait soigné durant ses éternelles maladies ; et comme elle lui parlait toujours avec douceur, et comme elle s'était toujours privée d'un bon morceau pour le lui donner. Il se jugeait peu digne de tant de bontés, ingrat, et ne savait de quelle façon témoigner quelque retour. Cependant on sortit. En ce temps-là les dames n'avaient point de poches, et, au lieu et place, portaient suspendu au bras un petit sac, où l'on mettait le mouchoir. Les inventeurs avaient nommé la chose, de l'antique, *réticule*, d'où, par un singulier exemple de corruption, l'on fit tout de suite *ridicule*, qui se répandit si bien que les dictionnaires l'ont adopté. Jamais le petit gone n'avait eu la pensée de porter le ridicule de sa maman. Cette fois il le lui demanda. Que voulez-vous? il avait beau chercher, pour le moment il ne trouvait rien autre pour exprimer son dévouement.

*
* *

La campagne où l'on passait les étés se composait d'un petit fonds de sept bicherées et d'une humble maison, qui avaient été achetés dans le siècle précédent par l'arrière-grand-père maternel du petit gone, Pierre-Aymé Durafor, de son vivant maître ferblantier, qui reposait sous les dalles de l'église de Sainte-Foy, d'où ses ossements furent dispersés lorsqu'en 1839-1840 on rebâtit l'église.

Au premier, la maison avait à l'orient un long balcon formant comme une sorte de loggia, sur laquelle ouvraient les quatre pièces composant le logement, et d'où la vue était une merveille, s'étendant sur toute la plaine du Dauphiné jusqu'aux Alpes, depuis le Mont-Blanc, à gauche, jusqu'au Grand-Veymont, dans le Vercors, à droite. Par le vent du midi, on voyait ces cimes neigeuses dans une éblouissante clarté. Cette plaine de Saint-Fons et de Vénissieux n'était point encore le laid échiquier de murs et de maisons que l'on connaît. Elle était tout en cultures, et Perrache lui-même à moitié en brotteaux et en vourgines.

Mais le plus beau, c'était cet immense Rhône bordé de saules et de peupliers, que l'on suivait dans ses détours jusqu'à Irigny, où il fuyait derrière le coteau. Quand le petit gone était tout petit, et qu'il n'avait pas encore une idée bien exacte des distances, il pensait que c'était là derrière qu'était Marseille.

Rien ne dira jamais ses éternels ravissements en face de ce paysage, ou seulement lorsque, se réveillant le matin, il voyait un rayon de soleil glisser sous la porte du balcon. On entendait bourdonner les insectes au dehors. Il allait ouvrir en hâte. Dans la chambre un flot de lumière aveuglante se précipitait, qui lui faisait fermer les yeux avec ses poings, mais il en eût poussé des cris de joie tout de même.

*
* *

En suivant une allée de vieux buis séculaires, hauts d'une aune et taillés régulièrement carrés, avec de grosses boules de temps en temps, selon la symétrie géométrique affectionnée des jardiniers des xviie et xviiie siècles, on arrivait à ce que l'on appelait le perron, sorte de balcon en terrasse, garni de deux lilas et de deux genêts d'Espagne, et d'où le prospect était, non plus étendu, mais encore plus beau, pour ce que, de là, l'on voyait à ses pieds la Saône, toute diaprée d'émeraudes par les arbres verts qui s'y réfléchissaient. Au matin, le soleil semblait se baigner dans le flot tremblotant. Cela donnait au petit gone une émotion qui ne pouvait être dépassée, si ce n'est peut-être lorsque, le soir, la lune, se levant à son tour, jetait sur le Rhône ses nappes d'argent pâli, qui se glissaient entre les saules des bords. Cela le jetait dans je ne sais quel rêve élyséen. Pour n'en rien perdre, lorsque, à l'accoutumée, le père de famille faisait à haute voix la prière du soir, entouré de tous les siens, le petit gone, lui, se mettait à genoux devant la porte vitrée qui donnait sur le balcon, et cette vue n'était point une distraction de la prière, mais une association à la prière.

Longtemps après ces choses, le petit gone, ayant pris le poil gris et revoyant les mêmes paysages, s'étonnait qu'il les eût trouvés si merveilleusement clairs et limpides, et, de bonne foi, il croyait que le ciel n'était plus celui de son enfance. Il pensait que le climat s'était détérioré, que des brumes plus épaisses qu'autrefois jetaient un voile sur les formes et les couleurs. Un jour, des lunettes, sans lui rendre exactement les aspects de jadis, lui apprirent cependant qu'il se trompait. Ainsi, dans la vie, croyons-nous souvent que les choses changent, tandis que ce ne sont que nos yeux; parfois ceux du corps, parfois ceux de l'âme.

L'ancien gone, en y réfléchissant, s'est demandé si ce ne serait pas la raison pourquoi la sénilité s'accuse presque toujours plus tôt chez les peintres que chez les écrivains. Les peintres font toujours comme ils voient; par malheur, ils ne voient plus comme les autres. Certain jour, dans l'atelier d'un peintre de beaucoup de talent, mais âgé, l'on montra au petit gone, devenu vieux, un paysage qui lui parut parfaitement harmonieux. Il chaussa ses besicles. Incontinent tout devint cru, dur, blessant au regard. Comme lui, tout à l'heure, le peintre, en faisant son tableau, l'avait vu tel qu'il n'était pas. Un être mieux doué physiquement (on en peut supposer), à lunettes naturelles supérieures, verrait peut-être tout autrement que nous ce que nous croyons des chefs-d'œuvre. Hélas! est-il donc bien vrai que, pour nous, les choses ne sont jamais comme elles sont, mais comme nous sommes?

*
* *

Mais il y avait bien mieux que l'humble héritage des parents du petit gone, bien mieux encore que la campagne contiguë, cinq ou six fois plus grande, où il s'amusait avec les petits Empaire, il y avait Chavril!

Chavril (1) était une belle propriété, à la distance de quelque trois cents mètres, mais sur l'autre versant du coteau, de telle façon qu'elle avait la vue du couchant, comme Bel-Air avait la vue du levant. L'habitation avait grande tournure. C'était une sorte de château à pavillon central et à pavillons latéraux, recouverts en tuiles vernies en écailles, à la lyonnaise. Le tout, dans le large style du xviiie siècle, datait de 1735. La propriété, soigneusement entretenue, avait, sur le chemin des Arcs, une salle d'ombrage, faite d'épais marronniers, dont le feuillage ne pouvait être traversé du moindre rayon. A l'une des

(1) De *capra*, chèvre, avec le suffixe *il* comme dans *courtil, chenil, planil*. Chavril était donc primitivement un parc ou une étable à chèvres.

extrémités une chapelle, à l'autre une remise, toujours dans le style du temps. L'ombre était si intense qu'en regardant l'extrémité de la salle d'arbres, où se dessinait la porte de la remise, l'enfant éprouvait une sorte de tristesse craintive. Après plus de soixante années, revoyant les lieux où rien n'avait été changé, l'ancien petit gone sentit se réveiller cette impression de façon étrange. Il lui sembla en même temps que son père et le père Thierry allaient apparaître, et lui, qui n'a peut-être pas pleuré trois fois en sa vie, sentit son cœur se resserrer.

*
* *

L'habitation était aussi pour impressionner le petit gone. L'étage d'honneur était élevé de quelque huit ou neuf pieds au-dessus du sol extérieur. On y accédait par un degré avec balustrade en style de Louis XVI. Un petit vestibule introduisait dans un immense salon, dont les boiseries à moulures contournées avaient leurs panneaux tendus de soie rouge et verte brochée. Ils étaient surmontés de bas-reliefs légers en plâtre, représentant des scènes antiques, mais dont les formes étaient adoucies et affinées dans le goût de l'époque. Ces figures faisaient rêver le petit gone. Le pavement était en petites carriches rouges octogones, amincies sous les pas de façon à n'avoir plus que l'âme. Rien n'avait été changé depuis la construction.

Conformément aux mœurs de ce vieux temps, toutes les pièces, sans exception, se distribuaient par le salon, que l'on considérait comme l'on ferait aujourd'hui un *hall*. Si l'on avait besoin de se retirer, des paravents pouvaient former des pièces intimes.

A droite et à gauche du vestibule d'entrée, deux cabinets, l'un consacré à des outils de menuiserie, avec un tour; l'autre, garni de livres du haut en bas. On y retrouvait toute la collection des romans du xviiie siècle dans les jolies reliures du temps. Là, le petit gone, déjà grandet, lut *Tom Jones*, *Numa Pompilius*, etc., etc. Il n'eût tenu qu'à lui de lire *Clarisse Harlowe*, mais il recula devant les dix tomes.

En somme, l'aspect relativement grandiose de cette habitation donnait au petit gone, habitué aux méchants logements, l'idée d'une vie différente et bien plus belle.

*
* *

Le propriétaire de Chavril était le père Thierry. En voyant ce gros homme court, à ventre un peu proéminent, toujours sans gilet l'été, veste et pantalons de nankin, d'ailleurs trop courts; ce visage en largeur encadré par de petits favoris gris, une grosse pipe suspendue aux lèvres, vous n'auriez guère deviné qu'il avait été un vaillant, et que ce vaillant avait pour ainsi dire senti sur son cou le froid de la guillotine. Il avait seize ans lorsque survint le siège de Lyon. Il prit les armes avec son frère aîné, jusqu'alors séminariste. Pierre, le nôtre, servit dans l'artillerie.

Une nuit, vaincu par une fatigue trop forte pour son âge, il dormait sur un affût. Un boulet renverse la pièce. Pierre tombe avec elle, sans bouger. On le croit mort. Il dormait encore ...

※

Lorsqu'eurent succombé les Lyonnais, Thierry l'aîné, sur la dénonciation d'un tailleur, nommé Bridet, fut arrêté, jugé et condamné à mort par la Commission révolutionnaire, le 23 frimaire an II, avec quarante-trois de ses concitoyens. Ils furent fusillés aux Brotteaux.

Avant de marcher à la mort, Thierry écrivit à son frère une lettre d'adieu, le priant de ne pas chercher à le venger et de faire comme lui, qui pardonnait à ses juges, à ses bourreaux et à son dénonciateur. Il lui envoyait sa montre comme un dernier souvenir.

Au reçu de la lettre, Pierre Thierry ne fait qu'un bond chez Bridet, et le somme, sur des menaces terribles, de sauver son frère. L'autre, en ricanant, lui dit qu'il n'est plus temps et que son frère n'a pas plus de vie que le morceau de drap qu'il vient de couper. Pierre en fureur tire son couteau et fond sur Bridet. Une lutte s'engage, des voisins accourent, et Pierre est saisi, entraîné à la Cave de l'hôtel de ville, puis livré à la commission révolutionnaire qui le condamne à être guillotiné sans délai...

※

Le père de Pierre, Amable Thierry, était un admirable type de soldat. Originaire de la Touraine, il s'était engagé dans le régiment de Royal-Roussillon, fit les campagnes du Canada sous le marquis de Montcalm, et, pénétré de la haine de l'Anglais, retourna combattre en Amérique sous les ordres de Lafayette. Le petit gone ne l'a point connu, mais il a vu souvent son portrait habilement peint, et le représentant dans sa vieillesse avec des yeux pétillants sous la poudre, ses lèvres minces et son nez fin et aquilin. C'était une physionomie toute de feu. Les parents du petit gone l'ont entretenu cent et cent fois de cet excellent homme. Il chantait de façon mâle, et il paraît qu'il était absolument superbe, lorsque, dans un dîner, tous les convives ayant crié : « La Chasse ! La Chasse ! », il se levait, se redressait, et, étendant le bras portant le verre, il entonnait sur un *largo maestoso* splendide, que le petit gone entend encore dans ses oreilles, tellement on le lui a répété de fois :

> La chasse de nos Français
> Est une chasse royale !
> La chasse de nos Français
> Se fait à coups de boulets !!

*
* *

Averti que son fils venait d'être condamné, Amable Thierry court à la Cave de l'hôtel de ville, force toutes les consignes, bouscule les gardiens et parvient jusqu'à Pierre qu'il trouve les cheveux déjà coupés. Telle est l'influence de l'initiative et de l'énergie dans les temps révolutionnaires qu'on le laisse conduire de nouveau son fils à la Commission qui venait de le condamner et qui siégeait dans l'hôtel de ville. Là, il reproche avec véhémence aux juges leur ingratitude envers un vieux soldat de Lafayette et de la liberté ; leur montre que Pierre n'a pas agi comme contre-révolutionnaire, mais comme un frère au désespoir.

« Vous avez tué un de mes fils, s'écrie-t-il, et vous voulez encore tuer le seul qui me reste ! » Puis, au paroxysme de la fureur, il saisit l'un des deux sabres croisés sur la table du prétoire et déclare qu'il le passera au travers du corps du premier qui touchera à son fils, pour lequel il réclame un ordre d'élargissement.

Les brutes féroces qui formaient le tribunal furent-ils touchés de quelque pitié, voulurent-ils éviter une bagarre dangereuse, sauf à prendre leur revanche plus tard, le fait est qu'ils signèrent la pièce demandée.

Le père prend son fils par la main, l'entraîne, et, prévoyant bien que les juges ne tarderaient pas à revenir sur leur décision, il ne rentre pas à la maison avec lui, mais le fourre dans un fourgon en partance pour la Savoie, où il avait des parents, en lui remettant pour viatique tout ce qu'il avait sur lui : six écus de six francs. Des six écus deux furent dépensés pendant le voyage. Les quatre autres sont encore pieusement conservés comme reliques par les petits-fils de Pierre Thierry.

Quelques heures après le départ, des émissaires du tribunal révolutionnaire se présentaient au domicile du père pour arrêter son fils...

*
* *

Plus tard, les temps calmes étant enfin revenus, Pierre Thierry épousa Mlle Anne Triquet, dont le père, Philippe Triquet, avait pris part aussi à la défense de Lyon. Il commandait une redoute établie à la place du fort Sainte-Foy actuel.

La famille Triquet-Thierry et la famille du petit gone étaient intimes de vieille date. Elles avaient supporté ensemble les malheurs de la Révolution. Après la mort du grand-père maternel du petit gone, Clément Durafor, le 10 prairial, an VI (30 mai 1798), Philippe Triquet avait été nommé subrogé-tuteur des deux filles que laissait Clément : Marie-Sybille et Françoise. Marie-Sybille mourut fille. Françoise fut la mère du petit gone. La bonne Mme Thierry devint sa meilleure amie. Cette maman Thierry, c'était l'âme de la maison. D'une bonté, d'une bienveillance inépuisables, d'un bon sens exquis, accueillante, pieuse sans l'ombre d'étroitesse, ou de catollerie, ou de fanatisme, ou de mysticisme; toujours de bonne humeur, gaie, sans nervosité, ordonnant sa maison avec une sagesse également éloignée de la prodigalité et de la mesquinerie. Je crois bien qu'il ne se fait plus de femmes comme cela.

*
* *

Chavril était une grande attirance pour le petit gone. On y allait habituellement avant le coucher du soleil plusieurs fois par semaine. Le cœur s'allégeait quand on annonçait le départ. Il y avait, le long du chemin qui y conduisait, des plantes d'une espèce de menthe sauvage que le petit gone froissait avec délices dans ses mains, s'enivrant à la fois du parfum et du plaisir promis. Quand il rencontre de ces plantes, il trouve encore un étrange plaisir à les respirer.

Le plus souvent, il n'y avait pas à Chavril de camarades avec qui jouer, quoique, le père Thierry ayant eu un fils et une fille, celle-ci, Mlle Mathilde, devenue Mme Bros, lui eût donné trois petits-fils. Amable, l'aîné, s'était trouvé avec le petit gone dans le dortoir des Minimes lorsque tomba la fameuse poutre. Pris d'une maladie de langueur, pour laquelle on fit en vain le voyage de Nice, afin de lui faire prendre des bains de mer, il finit par succomber, un jour de beau printemps. Pétrus, le second, plus jeune que le petit gone, n'y était que pendant les vacances, et le troisième, Alphonse, ne vint au monde que lorsque le petit gone avait déjà quelque dix ans.

Mais le petit gone ne redoutait pas la solitude. Il y avait à Chavril suffisamment pour se promener et pour admirer. La propriété étant close de murs, on n'avait guère de vue que du premier étage de la maison. Toutefois le mur de clôture au couchant la séparait d'un pré-verger qui faisait partie du domaine, et où l'on se trouvait en pleine campagne. Et quelles cerises dans ce verger ! Non, il ne fut jamais cerises pareilles ! Et quelles délices de se rouler dans cette herbe si haute ! Non, il ne fut jamais herbe si douce !

On n'allait au verger que les jours d'exception, mais, suivant la coutume de nos pères, une vaste grille en fer contourné s'ouvrait dans le mur bien dans l'axe de la grande allée qui divisait la propriété dans le sens de sa longueur. Par cette grille on avait une vue merveilleuse. A gauche, sur un mamelon, le château de Ruolz s'adossait à un vaste bois de sapins ; en face, les vallons de Francheville, tout verts, semés de maisons blanches ; puis la plaine et ses cultures jusqu'aux grandes montagnes de Saint-Bonnet, d'Yzeron et de Saint-Martin-en-Haut. Au coucher du soleil, l'automne, ces montagnes, enveloppées d'une vapeur violacée, se profilaient sur un ardent brasier qui tenait la moitié du ciel et se fondait au zénith dans un vert transparent. Le petit gone, collé contre la grille, les yeux sur ce spectacle, se sentait envahir par une tristesse très douce, vague, une sorte de rêve dont il ne parvenait pas à expliquer la raison. Il lui semblait que là-bas, derrière ces montagnes, dans ces abîmes de feu, devait s'ouvrir quelque chose d'extraordinaire, peut-être le ciel lui-même.

*
* *

D'ailleurs, s'il n'y avait pas toujours de camarades à Chavril, il y avait souvent de beaux dîners. Oncques ne fut maison si accueillante, si hospitalière, si largement hospitalière ! Quels dîners dans cette salle à manger Louis XVI, avec ses deux fontaines à l'antique mode ! Quels dîners, Seigneur !

Il y avait aussi les parties de boules. Chaque semaine le père Thierry réunissait de vieux amis retirés de leurs commerces, dans une partie de boules monstre, où était admis le petit gone. Il y avait là le père Dufeu, qui portait des boucles d'oreille ; le père Gagneur, tout gravé ; le petit père Mésoniat ; le bon père Rey, à face apoplectique ; les frères Treynet ; le père Blanchon, père de Joannès Blanchon, de l'*Écho de Fourvières*. Agile, sec, maigre comme un cent de clous, c'était un tireur incomparable qui vous bauchait une boule en place comme pas un. Seul, l'abbé Lavaure, des Chartreux, aurait pu tenter de lui disputer la palme, et encore !

Après la partie de boules on allait prendre un goûter avec des poires grosses comme des citrouilles, des raisins de la terre promise, des tourtes, des gâteaux, de la charcuterie, de la volaille froide, et l'on y buvait à longs traits d'un vin blanc pétillant. Mon Dieu, qu'il était bon, ce vin blanc !

*
* *

Le fils du père Thierry avait été, au pensionnat Aynès et Sauvignat, le camarade des frères aînés du petit gone. Un jour, un jeune professeur s'étant oublié jusqu'à frapper brutalement Thierry, Barthélemy, l'aîné, indigné, s'avança hors des rangs et fit au professeur une verte semonce, le menaçant, s'il touchait encore l'élève, de lui lancer l'encrier de plomb qu'il tenait à la main.

Thierry, resté fort lié avec les deux frères aînés, était aimé de tous ceux qui l'approchaient. Plein de verve comique, les relations étaient avec lui très agréables. Il dissipa toute une belle fortune en obligeant des amis, en commanditant des entreprises malheureuses, en exerçant des commerces où lui seul apportait tout l'argent à perdre. Ce qui faisait dire d'un ton de regret à un brave homme qui l'aimait : « Dire que ce pauvre garçon a mangé sa fortune sans seulement s'être soûlé une fois ! »

Il finit par s'établir photographe à Paris, et je ne sache pas un Lyonnais qui, passant par la capitale, n'ait rapporté un portrait de la main de Thierry.

Mais il se fait quasi temps, n'est-ce pas, de revenir de Chavril (1) à Bel-Air ?

*
* *

A l'époque dont je parle, le large et commode chemin qui conduit de Lyon à Sainte-Foy et qu'on nomme l'avenue Valioud n'existait pas encore. La propriété des parents du petit gone n'était close de murs, ni même de haies, presque sur aucun point, et comme l'on était bien avec les voisins, on pouvait se promener dans un vaste périmètre : grand avantage. « Au fond du clos, » comme l'on disait, et à peu près à mi-pente entre le chemin d'en haut et celui de Fontanières, il y avait une terrasse dont les hauts murs étaient chargés de lierres épais, et qui était plantée de quatre gros tilleuls. Une fois là, loin de toute maison, on était au désert.

Sur un des grands tilleuls le petit gone avait élu domicile. Il y passait des journées à lire, ayant eu soin de faire au pied, cachée derrière une haie de lilas, une petite cabane de feuillage où il déposait une cassette qu'il avait goudronnée pour la défendre de la pluie, et qui renfermait une réserve de livres. Il aurait bien voulu avoir quelque système de contrepoids, une façon d'ascenseur,

(1) La propriété de Chavril appartient aujourd'hui à M. Alphonse Bros, l'un des petits-fils du père Thierry. Il y a fait faire de grands embellissements, et conserve avec un soin pieux tous les souvenirs de famille.

pour monter sur l'arbre plus commodément, mais il n'eut jamais l'esprit inventif, ni ne fut bien adroit de ses mains, et, tout compte fait, l'échelle d'Adam se trouva la meilleure. Là-haut, il se plaçait au départ de deux branches, contemplant le paysage s'il ne lisait pas, ou se laissant rafraîchir par le vent. C'est à l'automne, quand les feuilles commençaient à sécher, que les arbres de Fontanières prenaient des couleurs de jaune intense et d'orpin rouge, que le ciel était plus vif, que le Rhône brillait davantage, que le vent du midi secouait les branches, c'est alors que c'était beau !

* * *

Au « perron », il y avait un mur à hauteur d'appui, avec des cadettes par dessus, toutes tigrées de lichens. Dans les joints poussaient des sédums blancs. Sur cette pierre chaude, qu'il faisait bon s'étendre les soirs d'été, le visage tourné vers le ciel, contemplant ces étoiles innombrables, et le chemin de Saint-Jacques jetant dans le firmament une traînée laiteuse ! Là, le samedi soir, l'on entendait les cloches de toutes parts : Saint-Just, Saint-Irénée, Sainte-Foy. Chaque clocher avait, comme les gens, son timbre de voix : Sainte-Foy, sentant les champs (1) ; Saint-Just, plus assourdi, qui berçait ; Saint-Irénée, en mineur, d'une douceur infinie. Le son de certaines cloches avait le privilège de jeter le petit gone en extase. Il en garda longtemps le goût ou mieux la passion. Voire que, devenu jeune homme, on l'en gaussait beaucoup. On

---

(1) Ne pas confondre avec la sonnerie actuelle.

racontait que, rencontrant un jour un camarade sur le
pont Tilsitt, il lui serra la main en hâte : « Bonsoir, bonsoir, vous me feriez manquer les cloches de Saint-Jean ! »

✽✽✽

Jusqu'à de certains parfums qui éveillaient des impressions inouïes. Au bas du perron était un pied de sauge toute-bonne *(salvia sclarea)*, à l'odeur pénétrante, dont il avait l'habitude, en passant, de froisser les fleurs ou les capsules séchées, suivant la saison. Il ne pouvait rencontrer nulle part de cette plante sans fermer aussitôt les yeux, et sans revoir le perron, Sainte-Foy et, avec les lieux, tous ceux qu'il aimait.

✽✽✽

Partout il y a une lieue de méchant chemin. A Sainte-Foy on ne menait pas toujours une vie purement contemplative. Au temps des pêches, on allait les ramasser par les vignes avec le papa. Puis il fallait les ouvrir, les peler, les ranger sur de longues planches à rebords, que le père avait fabriquées lui-même ; puis les faire sécher au soleil, pour l'hiver. Cette besogne manquait de poésie. La ressource de manger les pêches était insuffisante. On n'en avait pas seulement consommé quatre à cinq quarterons qu'elles n'étaient plus bonnes.

Ou bien l'on soutirait le vin, on le mettait en bouteilles. Il fallait aider à laver les bouteilles au plomb, à les rincer, à les mettre dans des balles à lessive, le goulot en bas, à les emplir, à les boucher, à les empiler dans de la paille.

Ou bien encore c'était la lessive de la maman, communément de quelque huit cents à mille pièces. On aidait à étendre, à étirer les serviettes, à plier les draps. A cela pourtant était une consolation. La charrette qui rapportait le linge, dont on était obligé d'étendre une partie chez le père Thierry, était d'habitude tirée par une saume. D'où, promenade agréable sur la saume. Mais comme le clos était en pente, si la bardelle trottait tant soit peu à la descente, le petit gone ne faillait jamais à passer d'abord des reins sur l'encolure, puis de l'encolure par dessus la tête.

Somme, le petit gone ne se plaignait pas trop. Qui a la farine, il faut pourtant bien qu'il ait aussi le son.

D'autres fois le petit gone piochait, ou mieux chapusait quelque peu. On avait un atelier complet de menuiserie. Mais il se flanquait toujours des coups sur les doigts. Ses grands frères, eux, étaient adroits. Ils s'étaient fabriqué une magnifique massue de cerisier, fortifiée de clous de charrette, tout à fait digne de figurer sur l'épaule d'un hercule de la bande de Bourg-Neuf. Le petit gone, qui en hérita après les vacances, ne la trouva pas assez terrible encore et, tournant longtemps dans une marmitée d'étain fondu, il fit au bout de la massue une énorme gangue de métal. Pour une belle arme, c'était une belle arme.

Or le petit gone, qui voulait se rendre courageux, s'imposait le devoir de faire chaque soir, à la nuit close, le tour de l'héritage. Il y allait, quel que fût le danger ! Mais, pour se précautionner contre les voleurs, il s'habillait en arsenal. Chargé d'armes, chargé de peur. Avec sa massue, il était invincible, et il eût du coup aplati un voleur comme une bardane. Mais voilà : la question était de lever la massue, et ça, c'était une affaire.

*_**

Mais quand fut-il heureux, c'est vers douze ou treize ans, lorsque le papa, qu'il avait quelquefois accompagné à la chasse dans le clos, servant de chien, lui fit présent d'un petit fusil à piston, à un coup, qui ne faisait pas merveille, car le piston se relevait à chaque fois, et, de la charge, il en partait communément la moitié par devant, la moitié par derrière. A telles enseignes qu'un jour, la capsule s'en retournant, déchirée, lui fit une belle croque au front. C'est égal, c'était plaisir d'aller dans les brouillards matineux d'octobre, descendre à la posée quelque lardène, quelque becfi, quelque pireglorieux, en patois *pirogloriot*, quelque derne, en patois *dernayat*, ou encore *tire-langue*, pour autant qu'aussitôt tué, il faut prendre le soin de lui arracher la langue (faites état qu'il n'y a aucune comparaison entre un derne qu'on met à cuire avec sa langue, et un derne qu'on met à cuire sans elle (1); voire dans les grands jours un merle ou une grive, oiseaux qui ne se laissent point facilement placer un grain de sel sous la queue.

Après le café au lait, on retournait en chasse, mais vite arrivait neuf heures. Le soleil avait dissipé les brouillards ; parfois le vent s'élevait et nettoyait promptement le ciel,

(1) C'est du reste par erreur que nous confondons le derne avec le torcol, qui est le véritable tire-langue.

devenu tout bleu. Alors on mettait le fusil contre un des tilleuls, et, étendu sur le gazon brûlé, le petit gone se plongeait dans un livre, laissant en paix les oiseaux du ciel, et ne se remuant guère que pour aller raisimoler quelque raisin à demi-confit, oublié sur la souche. — Ah, la bonne vie !

**

En 1840, l'on habitait dans la rue Belle-Cordière, au n° 17. Comme à l'accoutumée, on était descendu de la campagne aux entours de la Toussaint.

Voilà que de grandes pluies survinrent. Les rivières se mirent à grossir, grossir. L'on racontait que le Rhône avait rompu ses digues et s'était répandu aux Charpennes, à Vaulx, aux Brotteaux. L'eau déboucha par les gueules des égouts. La rue Basseville, la rue du Pas-Étroit, le port Charlet étaient inondés. On ne parvenait à l'église de la Charité qu'en bateau. A la maison du petit gone, l'on prit peur. On voyait déjà la rue envahie, les chemins coupés et l'on songea à user de la ressource accoutumée dans toutes les fâcheuses occurences, qui était de fuir à Sainte-Foy.

Telle était la hâte, qu'on prit à peine le temps de dîner. Il y avait un reste de café, plus du lait approvisionné à l'avance, selon l'habitude, pour la journée du lendemain. Un des grands frères, qui était à la maison, ne les voulut point laisser perdre, mais la peur était si grande que l'on n'entendit à rien. On poussa tout le monde dehors, et l'on ferma la porte. Le grand frère, point sot, emporta le café au lait, qu'il mangeait paisiblement assis sur une marche, enfonçant la cuiller et le poing dans un immense tupin de grès, à la stupéfaction de la famille en face de tant de sang-froid !

Le petit gone, lui, trouvait que les inondations, c'était bien malheureux, mais enfin, puisque l'on n'y pouvait mais, c'était toujours une bien bonne chose de remonter à Sainte-Foy.

De la campagne, c'était un spectacle vraiment terrible. Le Rhône couvrait les Brotteaux les Charpennes, Vaulx, Saint-Fons, la Guillotière. De temps en temps, du sein des eaux s'élevait une fumée blanche. C'était une maison qui venait de s'écrouler.

Sur cette vaste plaine d'eau, le ciel formait comme une coupole noire. Une étroite bande brillante, à l'horizon, ajoutait au sinistre de l'aspect.

Le bruit du fleuve était énorme. La nuit, c'était un fracas à empêcher de dormir.

Le Rhône, ce fut l'affaire de quelques jours. Mais la Saône montait sans cesse. On racontait tous les désastres. Vaise était détruit. Les maisons du pont de Pierre, fissurées, avaient été évacuées. Le pont Seguin était emporté. Aussi la passerelle Saint-Vincent. Le pont de la Feuillée avait été retourné, mais il n'avait pu être entraîné, disait-on, à cause d'une médaille miraculeuse qu'on avait clouée dessus.

Perrache était sous l'eau. Les flots jaunes roulaient sur le cours Rambaud quasi jusqu'au pont de la Mulatière. Ce pont était bâti avec des piles de pierre et des arches de bois, à la mode du pont d'Ainay. Le petit gone était sur le perron lorsqu'il entendit un bruit énorme et tourna la tête de ce côté. Une pile avait disparu. Au-dessus tournoyait lentement un nuage de poussière. Au bout de quelques minutes, il vit une seconde pile s'abîmer, puis une troisième.

Le pont Chazournes, ai-je dit, était un pont de bois, fait à la façon du pont Morand, et placé droit en face des allées du Midi. Il avait été bâti par un M. de Chazournes, avocat, dont la famille est si connue à Lyon. Étant à son poste d'observation accoutumé, le petit gone aperçut tout d'un coup une plate qui s'était détachée des bords de la Saône, vers le pont d'Ainay. Sur la terrasse d'étendage l'on voyait trois hommes s'agiter avec désespoir. Le petit gone mit l'œil à la lunette, qui était toujours disposée sur son pied. Ses genoux tremblaient. Il vit la plate heurter avec violence la deuxième pile du pont Chazournes, tellement submergé que la terrasse du bateau venait à la hauteur du tablier du pont. Un des hommes en profite pour enjamber le parapet, et donner la main à un second, qui la donne au troisième. Ils s'élancent du côté de terre. Ils atteignaient le bord, lorsque, ébranlé par le choc, le pont s'effondra tout entier. — Ils étaient sauvés !

On avait cru monter à Sainte-Foy pour trois ou quatre jours. Il y fallut rester trois semaines. Quand on descendit, Lyon avait l'aspect d'une ville ruinée.

Le petit gone avait pris treize ans. L'heure était venue d'une éducation professionnelle. On le mit dans ce qu'on appelle à Lyon une école de théorie, c'est-à-dire où l'on apprend à décomposer et à recomposer les étoffes, où l'on démontre le mécanisme du tissage, etc., etc.

Le maître était une bonne physionomie. Ancien canut, devenu commis chez le père Moinecourt, fabricant ; puis, de commis transformé en professeur de théorie. C'était le père de cet abbé Maugis aux longs cheveux, qui fut fabriqué *monsignore* par Rome, et que l'on a vu si longtemps promener à Lyon ses bas violets.

Le père Maugis n'était pas le vieux canut, simple et bonhomme, de la Croix-Rousse. Bien au contraire, c'était un père de l'Église, et qui participait de l'infaillibilité pontificale, lors même qu'elle n'avait pas encore été proclamée. Je ne sais si le cours participait aussi de l'infaillibilité. Le premier chapitre débutait ainsi : « Le ver à soie est un petit *animal bourru...* »

Le petit gone approfondissait sans grande ferveur les mystères du lisage, du remettage et de l'empoutage. Son registre d'échantillons, avec la décomposition en regard, n'offrait pas l'aspect de perfection calligraphique de quelques autres. Enfin, quoi ! le petit gone n'était pas un astre aveuglant parmi les cinq ou six élèves qui fréquentaient le « cours ».

C'est aussi qu'il avait martel en tête. Depuis assez longtemps déjà, il prenait des leçons de dessin d'un digne homme, qui lui faisait faire un nez au trait, et à côté, le même nez « ombré ». Le petit gone ne savait pas grand'-

chose, et de ce peu il dut même plus tard désapprendre beaucoup. Mais n'importe : il n'en nourrissait pas moins une flamme malheureuse pour les arts, ne rêvait que peinture, et connaissait par cœur les noms et les ouvrages de tous les peintres. Pour courir au musée, plus d'une fois il lui arriva de « faire peter le cours ». — On ne vole point des mêmes ailes pour sa fortune, que l'on fait pour des choses frivoles et de fantaisies, dit un sage...

Après la « théorie », la « pratique ». De chez le père Maugis il fut chez le bonhomme Capelin, à Perrache, où on le mit apprenti canut. Venu l'été, on le trancana chez le père Gaudin, à Saint-Irénée, pour autant que c'était plus voisin de Sainte-Foy. Celui-ci était un vrai canut, à boucles d'oreilles. Les canuts qui n'ont pas de boucles d'oreilles ne sont pas de vrais canuts. Le petit gone, s'il n'eût été Lyonnais par ses parents, le serait devenu par l'excellent père Gaudin.

Le 28 janvier 1843, une catastrophe si terrible frappa la famille, qu'aujourd'hui encore l'on n'aurait pas le courage d'en retracer ici les douloureuses circonstances. Le fils aîné, professeur dans une académie étrangère, périt d'une mort accidentelle, affreuse. Bien qu'il fût plus du double plus âgé que l'enfant dont il a été question dans ces pages, celui-ci avait pour lui une affection profonde, et sur le moment il fut littéralement abîmé par la douleur. Durant plus de trente années, il ne s'écoula pas de mois qu'il ne revît son frère en rêve, toujours revenant d'une terre lointaine où, par erreur, on l'avait cru mort. Cette affliction soudaine avait déterminé une crise religieuse intérieure qui eut sur lui une influence considérable et prolongée. On n'a pas à continuer au delà, car on a voulu dire ici un peu de l'histoire du petit gone, et le petit gone avait disparu.

LES VENDANGES

Le matin, de bonne heure, le petit gone était réveillé par un grand bruit : de grosses voix qui criaient toutes à la fois, la table qu'on tirait ; les chaises qu'on remuait ; de gros souliers ferrés qui traînaient sur le carrelage. Cela dans la cuisine, à côté de la petite chambre où il couchait.

C'étaient les billious qui arrivaient et se disposaient à manger la soupe aux choux, dans laquelle plongeaient de gros trocs de lard fumant. Puis une croûte de gruyère et un grand coup de vin pour donner du cœur à l'ouvrage.

Il se levait en hâte et, se frottant les yeux, allait ouvrir sa porte, qui donnait au levant, sur la galerie. En ouvrant, il ne se pouvait tenir d'avoir le cœur serré. La ville, à sa gauche, était enveloppée de vapeurs d'où émergeait vaguement le dôme de l'Hôpital. Sur Perrache et sur toute l'immense plaine au delà du Rhône, flottait un brouillard blanc, épais, semblable à une mer sur laquelle on allait naviguer. Par-dessus, se levait un gros soleil rouge, sans rayons. L'air était humide, froid. Tout était triste. Les tilleuls n'avaient déjà plus que quelques feuilles sèches et requinquillées, car sur ce coteau au sol compact, cailloux enfoncés dans la glaise, dès août, les tilleuls, amis de nos pères qui en plantaient beaucoup, sèchent et s'alanguissent.

Hélas ! c'était l'automne, c'est-à-dire le retour prochain dans ce Lyon triste, noir, fumeux, où il fallait passer sa vie entre quatre murailles. Adieu ces matinées claires, ces grands jours interminables de l'été. Aussi dès qu'apparaissaient ces longues fusées de grandes mauves rouges et violettes, qu'on appelle à Paris, je ne sais pourquoi, roses trémières, commençait déjà la tristesse. Le petit gone se disait que déjà l'été s'avançait et que chaque jour emportait un morceau du trésor qui lui restait encore. Aux vendanges, c'était bien pis. C'est à peine si, à douze ou treize ans, le plaisir d'aller dans la rosée tuer quelqu'un des grives ou des merles qui venaient manger les raisins le détournait de cette pensée terrible, persistante, comme chez l'homme qui réfléchit un peu, la pensée de la mort : il faut retourner à Lyon !

Cependant on devait se hâter pour n'être point en retard. Déjà le père et la mère étaient levés. Les billious, debout, finissaient leur fromage et buvaient le dernier coup. Vite un bol de café au lait et l'on court à la vigne. Quand le petit était petit, on lui donnait à « suivre » une chaponnière, c'est-à-dire une rangée de ceps, ainsi nommée des chapons. Chapon, c'est sarment pour bouture, ou bien jeune vigne qui n'a pas encore produit (1). Les billious, forts, suivaient deux chaponnières chacun. Le jour où le petit gone eut aussi deux chaponnières, ce jour-là il se crut un homme.

Vendanger, il semble que cela ne soit rien, ou qu'un plaisir, mais la terre ne se laisse rien ravir sans fatigue. Les citadins qui vont en vendanges pour la première fois ne se doutent pas combien même vendanger est rude, quand le corps n'est pas plié à la peine. Sans compter que la cueillette est monotone. On a beau se bourrer de raisins, quand on en a mangé sept ou huit livres, on en est dégoûté. Puis ce sont des noirs : raisins démocratiques, épais, solides, mais un peu grossiers.

Dix heures sont venues. Un chaud soleil a pompé les brouillards. Au loin, ses rayons jettent sur le large Rhône de longues traînées tremblotantes de diamants. L'horizon est clair. Vus de la vigne en levant la tête, le coteau déjà jauni par l'automne, le perron et ses pierres tachetées, les touffes de genêts d'Espagne et de lilas qui, hélas ! depuis beau temps ont perdu leurs fleurs, se découpent sur un ciel bleu, bleu, à la fois foncé et plein de lumière. C'est d'une douceur inexprimable. Avec cela, les reins font déjà mal ! — Une fois au bout de la chaponnière, si, pour se délasser, on « faisait un peu les benots » ?

---

(1) Inutile de dire que chapon n'a pas ici le sens allégorique de chantre de la chapelle Sixtine, mais le sens de bout, de tête de sarment, de *caput*.

⁎⁎⁎

Pour vendanger, chaque billiou a, qui son panier, qui sa seille, qui son jarlot. Jarlot est le diminué de gerle. Gerle est une cuve de bois où généralement l'on met couler la lessive. Mais les billious ne peuvent, à chaque fois qu'ils ont rempli leur jarlot, le porter au benot, qui, lui, est le diminué de benne, mot qui nous vient de nos pères les Gaulois.

Donc le benot se place à quelque distance en avant de la bande de billious, au milieu. Le faiseur de benots a charge, aussitôt qu'il entend : — « Eh, faiseur de benots! » — de courir, franchissant les chaponnières, chercher le jarlot ou le panier. Il le vide dans le benot, pitrogne la vendange du revers de ses deux mains, pour la bien serrer, et rapporte le jarlot au plus vite.

Le petit gone aimait mieux ce métier, exigeant agilité et vivacité, mais en somme moins pénible que celui du cueilleur, au corps ployé en deux comme un U renversé. Puis c'est moins monotone. Encore aujourd'hui on se demande pourquoi le faiseur de benots est mieux payé que le simple billiou. Voici quels étaient les prix en 1860, la dernière année, hélas ! que l'on tint registre :

Cueilleur : 20 sols.

Faiseur de benots : 30 sols.

Porteur de benots : 40 sols.

Depuis bien des années les prix ne changeaient plus. Peut-être parce qu'on n'avait pas l'habitude de prendre des billious sur la place publique. Jadis, en effet, il y avait un cours variable, suivant l'offre et la demande. Je vois qu'en 1805 on paya les cueilleurs dix-huit sous ; en 1806, quinze sous ; en 1815, douze sous. Les salaires, on le voit, ne suivaient pas la progression d'aujourd'hui.

Je ne sais si, depuis 1860, la journée du vendangeur nourri a augmenté, l'habitude s'étant introduite, paraît-il, de prendre des vendangeurs à la grande journée, c'est-à-dire sans les nourrir. Je constate seulement, sous cette forme, une augmentation sensible des salaires, de 1854 à 1878. En 1854, par exception, on prit les vendangeurs à la grande journée. Les cueilleurs et le faiseur de benots furent payés trente sous et le porteur trois francs. En 1878, pour la même propriété, on a payé les cueilleurs quarante-cinq sous, plus une demi-bouteille ; le faiseur de benots cinquante sous et la demi-bouteille ; le porteur quatre francs et une bouteille. Cela représente une augmentation moyenne de trente à cinquante pour cent, sans compter le vin.

Il fut un temps, et cela certainement pas plus loin que le xviie siècle, où le vendangeur était payé cinq sols. Nous en avons pour témoin la vieille chanson des billious :

> Allons in vindême
> Per gagna cinq sous,
> Coutza sur la paille,
> Ramassa de poux.

Pardon pour le dernier vers, qui est un peu naturaliste. Paille ne rime peut-être pas non plus de façon assez riche avec vindême. Théophile Gautier et Théodore de Banville nous ont gâtés à cet égard. Vindême c'est du latin tout pur : *vindemia*. Le français vendange en vient aussi, mais il a changé davantage en route.

※
※ ※

Je m'aperçois que je parle toujours des billious, sans avoir encore dit ce que c'est. On aura bien compris que billiou, c'est vendangeur.

La récolte du raisin, comme toutes les récoltes qui ont besoin d'être levées rapidement, se fait en général à l'aide de bras loués. Les gens des montagnes du Beaujolais, du Forez, descendus de chez eux, s'assemblent à la piquette du jour sur la place du bourg. C'est là que les propriétaires les vont louer. Les choses se passent exactement comme dans l'Évangile, il y a tantôt deux mille ans :

Le royaume du ciel est semblable à un père de famille qui sortit de grand matin afin de louer des ouvriers pour travailler à sa vigne ;
Et étant demeuré d'accord avec les ouvriers qu'ils auraient un denier pour leur journée, il les envoya à sa vigne. (Math. 20).

Ce n'est que dans le Lyonnais que vendangeur se prononce *billiou*. Dans les marches du Beaujolais, confins du Lyonnais, paroisses de Cogny, Lacenas, Denicé, Rivolet, Liergues, Ville, Jarnioux et dans tout le fief des Guénardes, le billiou s'appelle *Cavet*.

Les *Cavets* sont proprement les habitants du Revermont et des collines qui avoisinent Bourg. Les femmes sont dites *Çavettes*. Comme tous les sobriquets de pays à pays, ce n'est pas un terme absolument tendre. Dans une déclaration d'amour l'on ne dira pas « ma petite *Ponaude* à une fille du Puy; « ma petite *Bedaude* » à une fille du Vivarais; « ma petite *Gagatte* » à une fille de Saint-Etienne; « ma petite *Bardouse* » à une fille des plaines dauphinoises, et « ma petite *Cavette* » à une fille de Treffort ou de Saint-Amour.

*_**

Le mot de billiou ne se dit que du nomade loué sur place. Chez le père du petit gone, les vendangeurs étaient de bonnes gens de la voisinée et du bourg. Si, entre eux, ils se nommaient constamment billious, c'était par manière de rire. Le père, fidèle aux vieux us, et désireux de ne pas se faire malvouloir, ne prenait jamais des « culs-rouges », c'est-à-dire des soldats de la garnison des forts, que l'on n'avait pas l'embarras de nourrir, que l'on payait à l'heure, très bon marché, et qui, jeunes et alertes, abattaient chacun de la besogne comme trois billious. Concurrence naturellement peu goûtée de ceux-ci.

Donc on avait des voisins, des connaissances, qui en amenaient d'autres, et ceux-ci d'autres, et ainsi de fil en aiguille. Il y avait quelques jeunes filles. Les jeunes filles aiment beaucoup à vendanger. On rit, on jase, on mange du raisin, on dîne un peu bruyamment. Pour la jeunesse, faire du bruit c'est s'amuser. On a de la peine à comprendre cela plus tard; mais il ne faut pas oublier que dans son temps on le comprenait.

Dans nos campagnes du Lyonnais, la race est belle. C'est peut-être Condrieu qui en donne la fleur. Sans avoir toujours les traits d'une régularité parfaite, ces filles ont l'essentiel : une belle charpente, de belles proportions, de beaux cheveux bruns, un beau teint rose, quelque chose de sain qui fait plaisir à voir. Parmi les vendangeuses, il y avait souvent une assez belle bôye, façon Condrieu, qui se nommait Toinon ou plutôt Touainon.

Or sachez, vous qui l'ignorez, que chez nous bôye signifie fille, et que lorsqu'on dit : une belle bôye, cela ne veut pas dire un joli minois furet, mais bien une forte chrétienne bien membrée, et dont la poitrine n'a aucun rapport avec les plaines de la Crau.

Or donc Touainon pouvait passer pour une belle bôye et, en sa qualité de faiseur de benots, le petit gone mettait beaucoup d'empressement à la servir.

Cependant midi sonne. C'est l'heure du dîner. Il fait chaud. Peu d'appétit : histoire d'avoir trop mangé de raisins. Le petit gone attendait pourtant ce dîner depuis longtemps, car c'était le seul jour de l'année où l'on mangeât du lard aux choux, à la façon des billious ; et le lard aux choux, c'est, ma foi, très bon ! Avec le lard, les billious avaient régulièrement un immense plat de haricot de mouton. Comment appelle-t-on cela maintenant dans les restaurants ? — Je n'en sais rien, et il est assez singulier que dans le Midi tout entier le mot soit complètement inconnu. Mais dans le Lyonnais, et dant tous les pays de langue d'oïl, personne n'ignore qu'un haricot de mouton c'est un canard aux navets, le canard en moins et le mouton en plus. Haricot veut dire que la viande est coupée en petits morceaux. Quelquefois, faute de navets, le haricot est aux truffes, c'est-à-dire aux pommes de terre, vu que nous les appelons truffes. Puis, un autre plat, toujours immense, de fiageôles, qu'à Paris ils nomment *flageolets*, odieuse corruption venue probablement de ce que le gros populaire y aura vu l'analogie rabelaisienne des haricots et des instruments à vent. Il faudrait en effet dire *fageolet*, comme nous disons *fiageôle*, également venu de *phaseolus*.

※
※ ※

Le dîner passé, on se remettait à l'ouvrage. Mais on était moins vaillant. L'ardeur était épuisée. L'enfance, d'ailleurs, n'aime pas la perpétuité des mêmes occupations. Adieu les chaponnières, adieu même le métier de faiseur de benots. Le petit gone prenait place assez tristement aux côtés de son père qui, un panier au bras, suivait les vendangeurs pour les surveiller, et aussi pour « raisimoler », c'est-à-dire glaner les raisins oubliés.

Lorsqu'en raisimolant, on rencontrait des aigrats, on avait grand soin de les laisser. Un *aigrat*, c'est un raisin (pardon, on doit dire une grappe de raisin, je ne l'ignore pas, mais du moment qu'on ne fait pas les fautes par ignorance, c'est tout ce qu'il en faut), un aigrat, c'est un raisin qui, pour une cause quelconque, n'a pas mûri avec les autres. Le vieux français *aigras, aigrin, aigrun*, signifiait fruit aigre, verjus.

Les aigrats sont en effet des gâte-vendange. Tous les

fins vignerons, comme on sait, s'attachent par dessus tout à ne mettre que du raisin mûr dans la cuve :

> *Primus humum fodito, primus devecta cremato*
> *Sarmenta, et vallos primus sub tecta referto ;*
> *Postremus metito.*

« Sois le premier à labourer, le premier à brûler les sarments enlevés ; le premier à rentrer les échalas ; le dernier à vendanger », dit le sage Virgile.

Et Olivier de Serres : « Il ne faut à son escient vendanger les raisins avant le temps, dans l'espérance de mieux garder le vin ; mais attendre leur parfaite maturité avec tant de patience, que rien ne leur manque pour estre au point désiré. Et bien que nous voyons notablement deperir quelque portion de nos raisins, par larcin, par le bestail, par le temps ou par autre occasion se deschoir, pour cela nous ne laisserons pas de persister constamment en cette résolution : avec asseurance, qu'au lieu d'un plein panier de raisins qui se perd, deux corbeillées dans la cuve. »

C'est à l'importance de vendanger le raisin mûr que le même agriculteur rapporte l'usage si étrange du ban de vendanges, une des rares choses de l'ancien régime que la Révolution n'ait point absolument emportées, et qui contraste tellement avec le droit de propriété, garanti par toutes les constitutions, c'est-à-dire (suivant la définition) d'user et d'abuser de ce qui est à soi : « Tout cet ordre n'étant que pour avoir abondance de bon vin », dit le *Théâtre d'agriculture.*

Il faut plutôt y voir, je suppose, un privilège féodal pour le Seigneur, qui n'entendait pas que personne eût le pas sur lui. Le ban de vendanges n'était point d'ailleurs une simple mesure de police prise comme aujourd'hui par le magistrat municipal. C'était une chose solennelle. Pour que l'on pût commencer à vendanger, il fallait une ordonnance du juge, avec publication. Il paraît qu'il y avait beaucoup d'abus, car, en 1561, un arrêt du Parlement de Toulouse jugea que cette publication devait être précédée d'une information faite par experts, « sur la commodité ou incommodité de l'avancement ou retardement des vendanges ». Tout particulier ayant vignes était sujet au ban des vendanges, aussi bien que les villageois. Enfin le droit de publier les vendanges n'était rien de moins que de Haute-Justice, et n'appartenait point au moyen justicier.

Aujourd'hui le ban des vendanges est à peu près tombé en désuétude. Cependant on voit encore apparaître de temps en temps un arrêté de quelque maire fantasque, mais je doute qu'on pût facilement lui donner une sanction.

Le poste que le petit gone et son père occupaient, à la suite des vendangeurs et pour les gouverner, n'était point sans dangers. Je voudrais indiquer ce genre de danger sans blesser le bon goût ni les bienséances. Chose difficile. Rabelais seul pourrait vous dire sans rougir quelle témérité c'est de marier, comme les billious, force raisins à foison de fiageôles. Le raisin tout seul serait déjà inquiétant, s'il en faut croire la nomenclature des espèces, que donne ce bon Olivier de Serres, sans s'inquiéter mie de pruderie : « Nigrier, Pinot, Pique-poule, Meurlon, Brumestres, Piquardant, Vignes-Caunes, Samoyran, Ribier, Beccane, Poumhete, Rochelois, Bordelois, Beaunois, Maluoisie, Mestier, Marroquin, Bourboulenc, Colitor, Voltoline, Corinthien, Marinenoire, Grecs, Salers, Espagnols, Augibi, Clerette, Prunelat, Goüest, Abeillane, Pulceau, Thesseau, Lombard, Morillon, Sarminien, Chatus, la Bernelle, *Foirard*... »

C'est en conduisant les billious que l'on peut apprendre combien le commandant d'armée est souvent moins exposé à la tête de ses troupes qu'en se tenant lâchement à l'arrière-garde.

Cependant les benots s'accumulent dans la cuve, à l'énorme robinet cadenassé. L'homme robuste qui les porte a sur sa tête un sac garni de paille, dont la toile, entourant son front, lui fait comme une bandelette de prêtre d'Isis, cependant que la paille, amassée au fond du sac, forme sur ses épaules un coussin gonflé pour amortir le contact du benot. Le métier est rude. C'est tout un coteau roide à gravir, qui ferait déjà souffler sans fardeau. Le raisin est fortement écrasé et serré, pour autant qu'il en tienne davantage et qu'il ne puisse rouler du benot par-dessus la tête du porteur. De quatre à cinq benots, suivant la qualité de la récolte, et un peu aussi selon la poigne du faiseur de benots, suffisent à rendre une ânée

8

de vin. Une ânée, c'est la charge d'un âne. La mesure, ce semble, doit varier avec les ânes. Je ne sais quelle était exactement, jadis, la valeur de l'ânée, mais aujourd'hui, par cette tendance qu'on a toujours à établir des rapports exacts entre les anciennes mesures et les nouvelles, elle équivaut à une cenpote, qui équivaut elle-même à très peu près à un hectolitre (de 104 à 105 litres) (1).

Le porteur vide son benot dans la cuve, puis, de la pointe de son couteau, il grave une raie sur la porte du cuvier ou tenailler. C'est la comptabilité. Tenailler, exemple frappant de la corruption des mots, quand ils ont avec d'autres, tout opposés de sens, quelque relation de consonnance, est ici pour *tinailler*, endroit où l'on place les tines (de *tina*, vase vinaire). Une tine, mot inusité dans le Lyonnais, c'est un benot. *Benot* est le mot gaulois ; *tine* est le mot latin. On l'emploie en Beaujolais, où la fête de Saint-Jean-Porte-Latine est l'occasion d'une dévotion particulière. Sous ce vocable il existe une chapelle où l'on va en « remuage » (mot venu du provençal *roumeyage*, de *roumieu*, pèlerin). Ce mot de remuage peint assez bien ce genre de dévotion, que nous autres Lyonnais appelons la dévotion de Saint-Trottin. Si vous demandez pourquoi la dévotion et la chapelle, je vous dirai que c'est parce que «· saint Jean porte la tine ».

(1) L'ânée de grains était de 4 bichets. Le bichet lyonnais est aujourd'hui de 33 litres, mais au xvie siècle il aurait été, d'après Cotgrave, de 70 à 80 livres (24 à 28 litres), et au xviie siècle, d'après du Cange, de 60 livres (21 à 24 litres).

Dans le premier cas, l'ânée de grains était donc de 96 à 112 litres, et, dans le second, de 84 à 96 litres.

Ne riez pas trop de cette dévotion fondée sur un calembour qui s'ignore. Il y en a plus d'une comme cela. Saint-Clair guérit des maux d'yeux; Saint-Cloud, des furoncles. L'intention pieuse fait tout. Quand la pyrale envahit le Beaujolais, on ne sut d'abord à quel saint se vouer. On n'en avait naturellement que pour les fléaux anciens. On pensa que le patron de la paroisse de Saint-Igny-de-Vers devait être excellent pour les *vers,* et on y fit un pèlerinage, devenu inutile depuis qu'on emploie l'eau chaude.

Bien entendu, le mode de porter n'est pas le même dans toutes les localités. Dans les marches du Beaujolais, dont j'ai déjà parlé, mon ami le seigneur des Guénardes m'explique qu'on a coutume de suspendre le benot par deux anneaux d'ambre tressée, et qu'on nomme cordées, à un long bâton appelé brevier. Pour plus de clarté, il m'envoie un dessin figurant deux hommes qui ont chacun sur l'épaule droite un bout du brevier. Le second porteur repose sa main droite sur le bord du benot pour que celui-ci ne balance pas trop sous les secousses de la marche. Dans le fond on aperçoit le profil de la maison forte de la Guénardière.

Quand le cuvier est éloigné de la vigne, on ne se sert plus du brevier, on charge les tines sur des chars.

Tarde qui tarde, venait le soir. Généralement on avait

pris assez de vendangeurs pour que la cueillette pût être faite en un seul jour. A la tombée de la nuit, le plus souvent, les billious arrivaient de la vigne dépouillée. Ils se lavaient les mains, et s'aiguisaient l'appétit par force gausseries. Touainon avait accoutumé de choisir ce moment pour se laver les jambes, ce dont le petit gone s'ébahissait fort, car enfin elle n'avait pas ramassé les raisins avec ses jambes ! Elle se tenait un peu à l'écart, et, dût-on rougir un peu, il faut bien avouer que, sans le savoir, pour sûr, elle jetait le petit gone dans un trouble fort étrange, dont il ne se rendait pas d'ailleurs un compte bien exact.

Quand elle avait lavé ses jambes que, sans trop de peine, on aurait pu comparer à celles de quelque déesse, taillées dans le marbre pailleté de Paros, Touainon revenait se mêler aux groupes, et comme son humeur n'était point « mélancolifiée » ni son frais visage « saupoudré de tristification », elle riait beaucoup, plaisantait. On se barbouillait réciproquement, et, si le petit gone eût été poète, il ne tenait qu'à lui, avec un peu de bonne volonté, de prendre Touainon pour Lydé :

> Quand le faune moqueur, sorti du bois voisin,
> Sur sa joue a broyé le grain noir du raisin.

Et il se disait que, s'il était bien hardi, il l'embrasserait. Il faut décidément, comme disait cette grande dame à son confesseur, que les vices soient d'institution divine et les vertus d'institution humaine seulement, car les premiers sont bien plus naturels que les secondes. Dieu sait, en effet, si le petit gone était corrompu, et s'il avait jamais embrassé personne! — Quoi qu'il en soit, lorsque venait le moment de réaliser sa folle pensée, il fléchissait des genoux, et il n'osait...

.*.

A Bel-Air, le jour des vendanges ne se ressentait pas précisément de la bacchanale antique. C'était le jour d'une corvée, à laquelle on se résignait par devoir, rien de plus. Il n'en était pas partout de même. Depuis le paganisme, il est toujours resté attaché à la cueillette des vendanges une idée de fête. Dans ce monde de petits propriétaires, qui tient une sorte de milieu entre le bourgeois et l'ouvrier, les vendanges sont une grande partie de plaisir. Le maître de maison invite tous les amis et connaissances à vendanger. Où il faudrait quatre cueilleurs, on est vingt. Riant, chantant, on enlève le travail en quelques heures. Le restant de la journée on dîne, on s'amuse, on danse, on fait les fous, et il est d'usage que chaque invité emporte un panier de raisins.

Même des vendanges moins pour rire ne sont pas exemptes de gaîté. Le fils du brave père Thierry râclait assez proprement le boyau. Il ne faillait point, à chaque année, de prendre son violon et de faire danser jusqu'à minuit les billious de Chavril, déjà mis en belle humeur par quelques pots de vin. Puis c'était le gendre qui était un homme versé dans la poudre. Le soir, il faisait partir un feu d'artifice avec fusées, serpenteaux, pétards, soleils, bouquet, et tout le tremblement! Les billious ouvraient de grands yeux, poussaient des cris de joie. Ils étaient enthousiasmés, mais ils ne purent jamais prononcer autrement que « feu d'articifle »! — Bel exemple, pour un philologue, de la transposition spontanée des consonnes!

Pour le petit gone, la tardée venue, après une journée un peu fatigante, il était agité dans son lit, et il se traitait, non sans raison, d'imbécile; car il est probable que Touainon, malgré le jeune âge de l'amoureux ou à cause de son jeune âge, ne lui en eût point voulu pour si mince chose qu'un baiser. Et il se promettait bien d'être plus hardi l'an qui vient. Puis, il s'endormait tristement, en songeant que c'était encore un jour de moins avant de rentrer dans cette odieuse ville, et des fois, durant son sommeil, il rêvait de Touainon... et de ses jambes.

LA TIRÉE DU VIN

La vendange est renfermée dans la vaste cuve, bien cerclée de fer. On a soigneusement serré la porte du tenailler (1), et tourné deux fois l'énorme clef qui, pour la tournure et la grosseur, remémore assez bien celles dont saint Pierre a garde pour la porte du paradis.

Déjà l'on a supputé sur les planches disjointes, d'après le nombre de raies tracées par le porteur de benots et représentant lesdits benots, la quantité présumable d'ânées de vin. Demain matin, à la piquette du jour, l'on viendra écouter si déjà bout la vendange.

Vrai qu'on la soigne, cette vindème, comme la maman soigne son nouveau-né ! Bien a-t-on raison ! Que de choses

(1) Le *Tenailler*, de *tine*, vase vinaire, est le lieu où sont renfermées les cuves ; en Beaujolais c'est le *tenneri*, en Mâconnais le *tinalier*. Le Bugey a le même mot que le Lyonnais.

en effet, dans cette cuve, si quelque habile chimiste, tel que ceux, par exemple, qui analysent les culottes des assassins, voulait prendre la peine de vous les montrer au fond de son alambic !

Voici les crêtes, les pompons, les boutons, les bourgeons, les bubelettes, les améthystes, les rubis qui étincelleront sur le nez du buveur ; et les riches teintes court-bouillon, lie de vin, laque violette, carmin, fuchsine, sur lesquelles se détacheront les gemmes précieuses, comme au sein d'un écrin de velours ! Et les jabots de coq d'Inde, flottants, irisés, panachés, lourds, pendant au nez, comme celui du père Lafrance, le crocheteur (une merveille lyonnaise) : armoiries parlantes, vivantes, marchantes. Ainsi Lafrance portait parti de gueules et de pourpre à beaucoup d'étoiles d'or, jusqu'au jour où notre célèbre chirurgien, M. Ollier, lui eût sculpté un nez dans le goût de ceux des passeports !

— Mais quoi ! dans notre cuve, à côté de tant de trésors, et tels, voici la goutte cruelle, hôtesse discourtoise des prélats et des financiers, les nodosités, les doigts crispés, requinquillés, les articulations ankylosées, les sables rouges, gris, les urates, que ne parviennent point à balayer Vals et Contrexéville ; et les odieux calculs dansant dans la vessie ou cheminant péniblement en déchirant les uretères ! Dans ce coin, sous la grappe, siège l'oubli de tous les maux : oubli du terme de Noël qui s'approche, du protêt du créancier, du lendemain qui sera la ruine, jusqu'à l'oubli (le comble !) des criailleries de la femme ! enfin tout le vol des songes roses ; mais tout à côté et les touchant, les lourds sommeils agités, les « cœur sur les lèvres », les maux de tête, sourds, déchirants, lancinants, et jusqu'aux attaques et aux paralysies hébétées. Ici, les tendres épanchements, les confidences aux amis d'une heure, les larmes à l'œil, les serments de fidélité éternelle aux beautés de rencontre, toutes les folles ivresses du cœur et des sens, tous les enthousiasmes de la jeunesse; et là, les cris, les bêtises, les injures, les querelles, les battures, les « mauvais coups », — *rixas et insanos amores* — les fronts dépeignés, les yeux de poisson mort, les ignobles torpeurs, outrage à Vénus et aux Grâces! Enfin, il y a tant « d'affaires » dans cette cuve que le mieux est de les y laisser!

⁎

Faire le vin, matière grave! Fonction sacrée, digne de toute l'attention! Quand on songe que ces journalistes outrecuidants appelaient le journalisme un sacerdoce! Qu'eussent-ils donc dit de faire le vin? — Sa récolte n'est pour entrer en comparaison avec aucune. Ainsi que judicieusement l'observe un vieil auteur, les récoltes de tous autres fruits produits par la terre se peuvent faire par procureur. Si tu es trompé, comme à bon droit tu le peux craindre, du moins n'est-ce que sur la quantité, demeurant toujours la qualité semblable à elle-même. Mais en cet endroit on peut être gouré en l'une et en l'autre. « Mesme, dit le livre troisième du *Théâtre d'agriculture*, c'est chose non seulement très difficile, mais presque impossible que le père de famille soit satisfait, touchant la qualité de ses vins, si de l'œil il abandonne les celiers et les caues, tans que ses vendanges dureront, pour en laisser l'entier gouuernement à ses gens : n'estant pas une charge qu'on doiue commettre à personnes dont le goust est semblable à la rudesse de l'entendement. Aussi ce n'est pas en la caue du grossier paysan, quoy que situé en pays de bon vignoble, que communément l'on trouve les plus précieux vins, mais chez les gens de bon esprit, lesquels en rapportent cette loüange : Que celuy est estimé homme de bien qui a de bon vin. »

Telle est la cause pourquoi nous voyons, vienne septembre, s'éloigner les présidents, conseillers, juges, procureurs de tout grade, magistrats de tout ordre, avocats, avoués, greffiers, voire les huissiers et autres notables gens de bien, à seule fin de faire leurs vendanges, vu que le bon vin est matière autrement d'importance que les invitations, citations, sommations, significations, notifications, dénonciations, conclusions, oppositions, expéditions, défenses, grosses, interrogatoires, grimoires, exécutoires, interlocutoires, ordonnances, requêtes, enquêtes, rapports d'experts, saisies immobilières, saisies conservatoires, saisies mobilières, saisies-gagerie, saisies-brandon, saisies foraines, saisies-arrêt, saisies-exécution, saisies-revendication, jugements en matière ordinaire, vulgaire, élémentaire, extraordinaire, appels, pourvois, mémoires, arrêts, arrêtés, décisions, et tout ce qui se griffonne sur un papier moins timbré encore que les plaideurs.

Tout se doit prévoir. Au fond de la cuve, contre le trou de la bonde, on a placé un gaviot destiné à empêcher la râfle du raisin d'obstruer le trou. Le *gaviot*, de *cavellum*, poignée, javelle, est un petit paquet de sarments liés ensemble. Lorsque le gêne, après avoir été pressé, sera rejeté dans la cuve pour y faire de la piquette, on remplacera le gaviot par un bouchon de paille assujetti par une grosse pierre, d'autant que le raisin étant alors « dégrené », il faut un tamis plus fin pour laisser passer le liquide. Le bouchon se nomme une panarette.

Autour de Lyon, nous jetons dans la cuve la vindême telle qu'elle sort du benot, mais dans beaucoup de pays, notamment dans le Midi, on foule le raisin à fur et mesure qu'il arrive de la vigne. Pour ce faire, on use du fouloir. Le fouloir, en provençal *chiouchiaoure* ou *chouchiavoure* (*calcatorium*), est une espèce de plancher mobile, à rebords hauts de huit à dix pouces. Sa forme est celle d'un rectangle prolongé en pointe sur l'un des côtés. Cette pointe est elle-même tronquée pour laisser place à une saillie carrée, en façon de bec, au milieu de laquelle on a percé une ouverture ou trou, aussi carré. Le fouloir est placé un peu incliné, le bec avancé sur la cuve. On jette le raisin dans la partie large du fouloir, où il est trépigné par deux hommes en jambes nues. Le jus, suivant la pente naturelle, s'écoule dans le trou au-dessus de la cuve, par lequel, ensuite, on précipite la grappe.

C'est, encore pratiquée, la façon dont usaient nos pères les Romains. Sur le tombeau en porphyre de sainte Constance, à Rome, qui date du IVe siècle, sont figurés, cueillant le raisin, des garçonnets mignons, avec des ailes aux épaules, beaux à merveille. Trois autres, les fouleurs, écrasent de leurs pieds délicats la vindême dans le *calcatorium*. Le vin s'échappe par la gueule d'un muffle de lion et coule dans des amphores.

Cependant on regarde avec attention si le chapeau se forme. Le chapeau, c'est la manière de coupole aplatie, façonnée par la grappe, qui s'élève au-dessus du vin quand celui-ci est entré en fermentation. A la maison, presque d'heure en heure, on examinait la cuve. On écoutait curieusement le bouil. Trois, quatre, ou cinq jours écoulés, si l'on apercevait qu'il se ralentit, vite on « entrait ».

En quoi cela consiste, nul ne l'ignore. Le vigneron, nu et plus ou moins sommairement nettoyé (le bouil du vin est comme l'intention, il purifie tout), entre dans la cuve, et en fait le tour, foulant la grappe et la mêlant au moût. D'habitude, chez nous, il avait de la vendange jusqu'à la poitrine.

Au préalable, on a « venté » la cuve en agitant des linges au-dessus pour chasser l'acide carbonique. Venter, au sens actif, mot très expressif, manquant à la langue française, obligée d'employer une longue périphrase. Il a donné lieu à une pittoresque locution. « Un vent à venter des capucins » est un vent terrible. Je le crois bien! Les capucins, du moins ceux du temps du proverbe, qui sustentaient, mieux que ceux d'aujourd'hui, la fragilité de leur humanité, étaient si lourds! Chaque pays a ses termes de comparaison. En Provence on dit : « Un vent à décorner les bœufs. » Un mien compagnon, méchant plaisant, prétendait que celui qui ne décornait que les bœufs n'était pas encore le plus fort.

Quand on a chassé l'acide carbonique à grand renfort de coups de linge, on fait descendre dans la cuve, à l'aide d'une ficelle, une chandelle allumée, voir si elle s'éteindra. — Mais vainement la cuve a-t-elle été ventée ; vainement a-t-on fait descendre la chandelle, vainement le fouleur, qui dépasse la hauteur du bord de la cuve d'au moins toute la tête, a-t-il soin de tenir celle-ci penchée en dehors, malgré ces précautions il respire péniblement, son cerveau s'alourdit, et il ne se passe pas d'année, dans nos campagnes du Lyonnais, qu'il n'y ait plusieurs accidents. Ce n'était jamais sans trembler que le père du petit gone faisait entrer dans la cuve, et il se tenait toujours à portée, sur une planche placée *ad hoc*, prêt à saisir le vigneron, si celui-ci venait à se sentir défaillir.

On « entrait » une fois au plus. Une autre fois on « barrait », c'est-à-dire qu'avec une barre on chauchait fort et ferme le raisin. Enfin, on n'oubliait pas, de temps à autre, de tirer de l'anche quelques arrosoirs de vin que l'on versait sur le chapeau pour le tenir bien humecté.

Les derniers jours, on allait d'heure en heure vérifier l'état de la cuvée. On pressait l'oreille contre le bord de la cuve. On tirait un peu de vin dans une « tâte » en argent ; on le goûtait ; on l'aspirait : hphhhh ; puis on s'en rinçait la bouche : bch bch bch ; puis on faisait claquer la langue contre le palais : clac ; puis, t'quiou ! (t'quiou !

c'est le bruit du crachat). Faut croire qu'en crachant cela donne plus de goût. A la tâte d'argent succédait un verre. On regardait le vin par en haut, puis par en bas, puis au travers du jour ; on tapait du plat de la main par-dessus le verre en le faisant tourner en rond ; après quoi on le sentait ; puis on recommençait à le regarder, à le goûter, à l'aspirer : hphhhh, etc.

Finalement, quand le vin s'était « dépouillé », qu'il était clair et de couleur rouge franc, qu'il avait perdu son goût doux et sucré pour prendre un peu de feu, le moment suprême approchait, et si le bouil s'abaissait tant soit peu, vite on tirait. Quelquefois, c'est à minuit, une heure du matin que l'on commençait l'opération. Le vin avait cuvé de cinq à sept jours.

Les précautions excessives dont j'ai parlé avaient toutes pour cause la crainte que le chapeau ne devînt acide et ne gâtât toute la cuvée. C'est pour cela qu'une fois entré dans la cuve, on n'attendait guère, pour faire la tirée, au-delà de douze heures, à moins que l'on n'y rentrât, ou que l'on ne barrât. Un simple retard d'une heure suffirait pour que le chapeau, qui conserve une chaleur plus grande que celle du vin lorsque l'ébullition commence à se calmer dans la cuve, contractât l'acidité que l'on redoute.

Dans le Midi l'on ne s'inquiète mie de cette acidité et l'on n'entre jamais dans les cuves. Aussi n'y entend-on point parler des accidents si communs chez nous. Puis, si les Méridionaux s'amusaient à entrer dans les cuves, où prendraient-ils le temps d'aller ouïr M. Louis Blanc et M. Blanqui (1).

Le fait est que leur « chapeau » devient aussi aigre que la prose d'un journal radical. Seulement nos paysans lyonnais n'ont point porté attention qu'il n'aigrit qu'une simple couche de trois pouces d'épaisseur, ou à peu près, celle qui est en contact avec l'oxygène. Cette couche sert d'abri au reste de la grappe, et le moût ne court aucun risque de s'aigrir à la condition, bien entendu, de ne point remuer le chapeau. Aussi, les vignerons du Midi, loin d'arroser le marc avec du moût, se gardent bien de verser dans la cuve même le contenu du verre qu'ils en ont tiré pour goûter. Le vin reste à cuver en paix sous sa chaude couverture, et on ne le tire plus qu'à la convenance d'un chacun. Il n'est pas rare que, dans le Midi, du vin cuve six semaines ou deux mois. Ceux qui ont trop affaire ailleurs renvoient à Noël pour le tirer : travail d'hiver, comme d'écosser les fèves.

La méthode méridionale a cet avantage de coûter infiniment moins de soin et de peine, ce qui est beaucoup dans le goût des naturels du pays. Elle explique en même temps pourquoi les vins du Midi sont de peu de garde, le tannin, qui est le principe conservateur, étant tout entier renfermé dans la grappe. Olivier de Serres, qui connais-

---

(1) Au moment où ceci était écrit, M. Louis Blanc et M. Blanqui voyageaient dans le Midi pour le placement de l'amnistie, des réformes sociales et autres articles de même genre. Les commis-voyageurs ont changé, mais l'article est toujours le même.

sait les deux modes de façonner les vins, estime que ceux tirés d'une vendange non foulée en cuve, mais seulement dans le fouloir, sont plus délicats.

Dans certains pays on ne foule pas les vins dans la cuve, mais on couvre celle-ci d'un couvercle en bois, à seule fin de conserver au-dessus de la grappe l'acide carbonique, lequel forme ainsi un matelas préservatif contre le contact de l'air, et, par conséquent, empêche le chapeau de s'aigrir. Le procédé des Méridionaux atteint le même but avec moins de peine. Mais il faut avoir grand soin, si l'on veut faire de la piquette, ou du second vin, comme ils disent, d'enlever toute la couche de marc aigri avant de jeter l'eau dans la cuve.

Quelquefois on a trop rempli celle-ci, et la grappe, soulevée par la fermentation, menace de déborder ; ou bien l'on trouve qu'il y a excès de rafle par rapport au liquide, ce qui pourrait donner au vin quelque dureté. Alors, chez nous on « lève un recollet », c'est-à-dire une partie de la grappe, que l'on presse, et dont on rejette le vin sur la cuvée en attendant de la tirer. *Recollet*, dérivé de *recolligere*. Dans nos campagnes et pour nos opérations de culture, le latin est partout ; bien plus que dans notre langage urbain. C'est que les villes, l'industrie, ont changé ; la campagne et la culture, bien peu. Virgile et Columelle, à plus d'un égard, sont encore nos contemporains.

Quelques jours à l'avance on a préparé les « pièces » : foudres, pièces de quatre ânées, bareilles, mâconnaises, beaujolaises, bordelaises, cenpotes, feuillettes, bariquots, caquillons, etc. Les bareilles, chez nous, sont ordinairement de deux ânées, soit quelque deux cent vingt litres. Bareille, mot tout lyonnais, paraît être le même que le gaëlique *baraill*.

On lave les pièces à grande eau, en même temps qu'on y « passe la chaîne ». La grosse chaîne de fer gasse dans la pièce, pendant qu'on lève celle-ci tantôt sur un fond, tantôt sur l'autre, patati, patata, et détache la lie desséchée, qui s'est arrapée aux parois. J'ai dit *gasser*. Si vous ne connaissez point ce mot, levez votre couvre-chef : il est issu de « gentilhommerie et damoiselleté ». Ce n'est point du latin rustique comme la plupart de nos mots. C'est pur Virgile : *quassare*, agiter. *Siliqua quassante*, disent les Géorgiques.

L'eau, abondante, a pour objet non seulement de laver, mais aussi de resserrer le bois de ceux des tonneaux qu'une trop longue sécheresse aurait eclénés. Un tonneau ecléné, c'est celui qui perd l'eau. Terme répandu dans tous les dialectes du Midi et de l'Est. Du fond de la Provence au fond du Jura on dit *ecléna*. Au figuré, « je suis ecléné », pour dire « je meurs de faim, je n'en puis plus, je vais défaillir », ou je « tombe en douelles », comme le tonneau dont les douves asséchées ne tiennent plus ensemble.

Louis-Philippe prétendait comprendre tous les patois de France. Se promenant un jour avec M. de Montalivet, qui était de Montmeyran, joli village des environs de Valence, il le pria de prononcer quelques mots du patois du bas Dauphiné. M. de Montalivet lui dit cette phrase :

N'ai d'heu trézi, sieù tout eccléna ; vo cherre en douya.

ce qui veut dire : « Je n'ai rien pris d'aujourd'hui, je suis tout ecléné ; je vais tomber en douelles. »

Louis-Philippe ne put traduire la phrase, cependant facile, si l'on se sert de la comparaison avec le vieux français : *heu* est pour *hui* (*hodie*); *cherre* pour *choir*; *douya* pour *douve*. Seul le mot *tréẓi* est pour intriguer. Il se retrouve dans le Forez, où il veut dire boire (1).

Les bareilles passées à la chaîne, on fait bouillir de grandes marmitées d'eau et de feuilles de pêcher. On jette le liquide bouillant dans les fûts et on les lave de nouveau, à celle fin de les assainir et de leur donner bon goût. Cela fait, et les tonneaux ayant reposé deux jours sur le bondon pour se sécher, on les « mèche », au moyen d'un petit carré de forte toile enduit sur les deux faces d'une couche épaisse de soufre. Cette sorte de mèche est fixée au bout d'un long crochet en fil de fer, portant à l'autre extrémité un bondon en bois. On introduit la mèche enflammée par le trou de la bonde, que l'on bouche avec le bondon en bois, et on laisse consumer le soufre. On dit que cela enlève à la bareille le goût de moisi qu'elle pourrait avoir contracté par l'humidité de la cave.

Enfin tout est prêt. Les bareilles ont été gerbées dans la cave. La première du rang a déjà reçu dans sa bonde

---

(1) En Beaujolais, le seau dans lequel on tire le lait s'appelle *tréẓu*. Dans le Lyonnais, on nomme *tréẓuri* un grand baquet destiné à recevoir le vin qui coule du pressoir. Tous ces mots sont évidemment des dérivés de *tracere*, *traire*.

le vaste entonnoir depuis longtemps noirci par l'effet du vin. L'heure sacramentelle est arrivée. On tourne le robinet de cuivre ou la grosse anche de buis, et un large flot de beau vin rouge, d'un vin loyal, s'échappe joyeusement ! L'air est saturé de vapeurs vineuses qui vous prennent au nez et au cerveau, et, dans la benne, le sang du raisin, en tombant, fait une écume bouillonnante.

⁎

Cependant, à la longue, les bareilles se sont remplies. La grappe s'est lentement abaissée dans la cuve, dont les flancs sont devenus sonores. Le vin ne coule plus que par un mince filet. On enlève la grappe avec une fourche, et on la charge sur la table bien lavée du pressoir. Cette table s'appelle la *maie*, de *magida* pour *magidem*. Le pétrin, lui aussi, s'appelait *mait*. Dans le curieux inventaire des biens de Jean de Bellora, curé de Vaise, mort en 1374, inventaire publié par le docte Vital de Valous, se trouve *unam mait*.

Rabelais emploie le même mot pour pétrin, qu'il orthographie mal à propos *mect*. Il s'agit de savoir pourquoi Frère Jean des Entommeures a le nez si grand : « Selon vraye philosophie, c'est parce que ma nourrice avait les tetins molletz ; en la laictant mon nez s'y enfondroit comme en beurre, et là s'eslevoit et croissoit comme la paste dedans la mect. »

Deux hommes, pieds nus, montent la trouillée sur la maie. Le marc tassé, bourré, arrangé avec art, s'élève sous la forme d'un cube, aux flancs comme dressés à la règle, et mieux d'aplomb que les murs de nos maçons. *Trouillée*, dérivé de *torculum*, pressoir.

Sur la trouillée bien nivelée, on place le lourd « manteau » de chêne, sorte de plancher relié et roidi par trois fortes traverses sur chant, puis un, deux, ou trois marchons (1), suivant que la trouillée plus ou moins basse, laisse d'intervalle entre elle et le chapeau du pressoir, et on dispose pour presser.

Le pressoir (je ne parle pas des petits jouets compliqués d'aujourd'hui, où le raisin est comme dans un panier, où l'on met des cônes draineurs parmi la vendange, et un tas de petits affûtiaux), le pressoir à Sainte-Foy était une sorte de monument, construit sur le modèle de ceux de Pline, car c'est au temps de Pline que les Romains substituèrent, pour presser le raisin, la presse à vis à l'ancienne presse à levier.

Il n'est quasi personne qui n'ait vu de ces pressoirs. Deux poutres debout, à rainures, qu'on appelle jumelles, supportent une autre énorme poutre horizontale, percée au milieu d'un trou fileté pour recevoir une grosse vis, longue de trois ou quatre pieds. A la vis est fixée une grande roue horizontale à jantes, à laquelle est suspendue en liberté une pièce de bois horizontale qu'on nomme chapeau, et qui monte et descend avec la vis, en suivant

---

(1) Lorsqu'on n'a pas de marchons ou chantiers, on met entre le manteau et le chapeau des séries de madriers croisés les uns sur les autres. Ces madriers portent le nom de *cayons*. Le manteau, dans nos campagnes, s'appelant la *caye*, l'ensemble est censé représenter une truie qui couvre ses petits.

les rainures des jumelles. Autour de la roue est enroulée une forte corde à puits. On accroche le bout de la corde à un arbre vertical, dont les extrémités jouent, l'inférieure dans le trou d'une grosse pierre fixée dans la terre, et la supérieure dans un anneau de fer fixé au plancher de tête. Le cabestan est percé de quatre trous pour recevoir les extrémités des fortes barres; on les place, on donne le signal, et pousse donc!...

La corde se tend, la vaste roue de châtaignier s'ébranle, la vis jette de longs gémissements, le manteau craque; de la trouillée, qui lentement s'abaisse, coulent de toutes parts des ruisseaux de vin comme les sept sources des fleuves du paradis terrestre : un vin noir, transparent, pur, amical, moins doux que celui de la cuve, mais bien meilleur, chargé en tannin, et d'une stypcité joyeuse, comme dirait Rabelais. C'est le vin du « picou ». Le picou des fruits, c'est le pédoncule qui les supporte; vieux français *picouil*, manche, support; un picouil de fauteuil, un picouil de faux.

Ce genre de pressoir, tant rustique soit-il, fournit une puissance considérable. On peut facilement s'en rendre compte en songeant que la force de l'homme qui pousse est multipliée par le nombre de fois que la hauteur du pas de la vis est contenue dans la longueur de la barre, plus la longueur du rayon de la roue, qui est comme un prolongement de la barre. Nos barres pouvaient bien avoir un mètre cinquante de long, et un mètre le rayon de la roue. La hauteur du pas de vis pouvait être de quatre centimètres, et se trouvait ainsi contenue soixante fois dans la longueur du levier. La force de chacun des quatre hommes qui poussaient au cabestan était donc multipliée par soixante. Seulement il faut déduire du résultat la valeur du frottement, qui est considérable, et qu'on aura bien la bonté de me dispenser de rechercher. Si nous avions mis une vis et un écrou en fer, à pas trois ou quatre fois plus petit, nous aurions encore multiplié par trois ou quatre la valeur de notre effort. Mais bah ! nous n'étions pas si fins, et nous nous contentions d'étamper fortement en biais le pied contre la terre, d'incliner le corps en avant, de faire craquer les jarrets, en poussant de la poitrine et des bras, et en scandant lentement : ah !... hisse !... ah !... hisse !

Quand on avait bien « serré », on arrêtait l'une des barres contre le mur, dont les moellons étaient violacés comme le nez d'un ivrogne, par l'effet des vapeurs vineuses, qui, durant tant d'années, s'étaient exhalées à chaque vendange. On retirait un peu la barre de sa mortaise, de telle façon que, trop longue, et retenue par le mur, elle ne pût plus décrire le cercle, à seule fin que la vis ne remontât pas toute seule sous la réaction de la trouillée. — Sur quoi, on laissait paisiblement couler le vin du picou, et l'on allait déjeuner, dîner, goûter ou souper, suivant l'heure. Quand on a donné une forte serrée, c'est de règle, on va voir comment se comporte la fricassée.

.

La première serrée est faite. On remonte la roue avec le chapeau. Sous le poids énorme, la trouillée a bavé sur ses flancs, devenus tordus et dont la grappe déborde de toutes parts. Un homme s'arme du « couteau à trouillée », sorte de hache immense, à large tranchant, à manche très court, et pour laquelle on a pris très exactement modèle sur celle dont Barbe-bleue s'était servi pour couper le cou à ses sept femmes. On « coupe », c'est-à-dire qu'un homme, avec le couteau, retranche tout ce qui déborde de la trouillée, de façon, cette fois, à en dresser les parois non plus comme un mur, mais comme un briquetage fraîchement enduit. Les grappes coupées sont remises sur le tas, et ordonnées. On replace le manteau, tout ce qu'il peut entrer de marchons, et de nouveau aux barres !...

Quand enfin on a exprimé tout ce qu'on a pu de la grappe, la grappe a perdu son nom de grappe, elle est devenue du « gêne ». Gêne est le substantif verbal du vieux français *gehenner*, presser.

On pioche le gêne et on le rejette dans la cuve où, étendu d'eau, il va servir à faire de la buvande (*bibenda*) pour le granger. Dans quelques jours, la piquette tirée, on le transportera chez le brandevinier pour en faire de l'eau-de-vie de gêne (1), dont les gens du Jura sont tellement friands qu'ils délaisseraient pour elle toutes les fines champagnes et tous les cognacs de cent ans. En Beaujolais, dans le Midi, beaucoup de propriétaires font eux-mêmes

(1) C'est ce qu'on appelle à Lyon *la blanche*. Cette eau-de-vie, qui me paraissait râpeuse et d'un parfum peu agréable, devient à la mode.

leur eau-de-vie qui, mêlée au vin, sert à en augmenter le degré. De notre temps, on n'était point si perfectionné, et le gêne s'en allait bonnement au fumier faire du terreau.

*_**

Cependant on « ouille » les tonneaux, c'est-à-dire qu'on les emplit jusqu'à « l'œil » du bondon. L'opération se renouvelle chaque jour. On ne les bouche pas. La force de la fermentation ferait éclater le fonds. On place sur la bonde un petit cuchon de sable mouillé, que le vin, au besoin, soulèvera facilement pour s'enfuir par la bonde, s'il lui plaît. Quand le vin aura jeté sa gourme, on bouchera les tonneaux et l'on attendra les bises de mars pour le soutirer.

*_**

Dans les pays de grands vignobles, celui qui tire la dernière cuve, qu'il soit vigneron ou propriétaire, donne la « revolle », c'est-à-dire qu'il offre un repas aux autres vignerons, aux valets et à tous ceux qui ont aidé à la tirée. *Revolle* est un dérivé de *revolare* (confondu avec *revolvere*), parce qu'elle revient chaque année. La revolle a son diminutif dans « revollon », qui se dit d'une partie de plaisir. Quand je n'étais pas grand, on me menait à des revollons chez ma grand'tante Michelle, qui était ouvrière passementière de son état. Le revollon se faisait avec des marrons rissolés, craquants, brûlants, laissant apparaître leurs flancs roux au travers des crevasses de leur cuirasse noire, lesdits arrosés de vin blanc, clair, pétillant. Oncques depuis champagne ni mets raffinés ne me parurent comparables. Et puis, de voir ces beaux galons d'or et d'argent, ces échantillons que mon trisaïeul, Benoît du Puitspelu, passementier, et, à la vieille mode lyonnaise, « faisant des pièces pour son compte », en 1752, avait laissé à ses enfants ! Aussi le mot de revollon m'est toujours resté aimable à l'ouïr.

Le fond des revolles campagnardes est le gigot, les saucisses, les châtaignes, etc. En Beaujolais, on y ajoute un plat de courge au lait, qui porte le nom singulier de *chamourre*.

Tout cela, largement arrosé, l'essentiel, et parsemé de chansons, voire de danses. Hélas, les vieilles chansons patoises et gauloises ont été remplacées par les ordures des cafés chantants ! De loin en loin, pourtant, quelque vieillard bon vivant, traits accentués, tête chauve, qui rappelle la tête des vieillards de Boissieu, se souvient d'un refrain de sa jeunesse. Ces chansons sont très naïves, presque enfantines, et l'on peut précisément mesurer leur âge à leur degré de naïveté. En général, sur quatre vers, il n'y en a que deux qui riment ou plutôt se terminent par une assonance. Il y en a même qui n'ont aucune assonance, mais seulement des répétitions, témoin celle-ci qui se chante en Beaujolais et dans le Bugey, et que le chevalier des Guénardes, à une revolle, a bien voulu relever pour votre très humble. Elle s'appelle *la Marion sur son pomi* :

> La Marion sur son pomi (pommier),
>   Que se frezolôve (frisait),
> Que se frezolôve d'iqui (d'ici),
> Que se frezolôve di là (de là),
>   Que se frezolôve !

Son bossu vint à passo,
  Que la regardôve;
Que la regardôve d'iqui,
Que la regardôve di là,
  Que la regardôve,

— Que regardo-té, bossu,
  Que regardo-t'êve?
Que regardo t'êve d'iqui?
Que regardo t'êve di là?
  Que regardo t'êve!

Si te vô que siei ta mie,
  Faut que t'cop' ta bosse;
Faut que t'cop' ta bosse d'iqui,
Faut que t'cop' ta bosse di là,
  Faut que t'cop' ta bosse!

— Si faut que je cop' ma bosse,
  Faut donc n'en crêvi!
Faut donc que j'en crêvi d'iqui!
Faut donc que j'en crêvi di là!
  Faut donc n'en crêvi (1)!

Cætera desunt.

Et laissons-là le vin, la revolle et le reste. Hélas, les revolles n'ont pas dû être gaies cette année! Courte vinée, et ce qui en est, vraie piquette, vin de ginguet comme disaient nos pères. Les cieux ont été incléments, la terre marâtre, et le phylloxéra avance toujours. Mais bah! l'année qui vient sera meilleure. On annonce que ce qui restait aux Antipodes de ces braves gens qui ont si bien pillé, brûlé et assassiné en mai 1871, va revenir et qu'alors

(1) A Boën, en Forez, il existe une chanson qui est sur le même rythme et ressemble beaucoup à celle-ci. Elle s'appelle la *Marion de Sant-Sarpi (la Marion de Saint-Sulpice).*

tout ira sur quatre roulettes : commerce, moissons, vendanges et la République ! Le fait est que s'il n'est guère présumable que ces gens de bien nous aident à faire le vin, on peut être assuré qu'ils nous aideront à le boire (1).

(1) Ceci était écrit en novembre 1879.

DE VIRIS ILLUSTRIBUS LUGDUNI

CELA se doit entendre des hommes célèbres dans nos carrefours.

Le plus ancien de ceux-là qui soient restés dans ma mémoire, c'est le père Thomas.

En écrivant ce nom, une réflexion vient, qui peut témoigner de la différence entre les deux époques.

Aujourd'hui le pitre, le bateleur, le montreur de curiosités, le camelot, tous les gens qui vivent de la voie publique sont d'ignobles voyous qui ont souventefois maille à partir avec la maréchaussée. Le camelot, c'est la lie de la population. Il est apte à toutes les mauvaises besognes, depuis celle de la Commune jusqu'à celle de Boulanger. Ce personnage est devenu une institution qui, à Paris notamment, a pris un développement immense. A l'échelle de cette marée montante on peut mesurer la hausse de la dégradation sociale.

Eh bien, il y a soixante ans, il existait encore à Lyon

un bateleur, bon père de famille, respectueux de la loi, payant régulièrement et son percepteur et son propriétaire, et si brave, si honnête, que ses qualités morales ont contribué tout autant que son talent comique à sa popularité extraordinaire. On l'appelait LE PÈRE THOMAS ou L'AMI THOMAS. Il faisait partie intégrante du vieux Lyon. Tout le monde l'aimait, et, après le divertissement de la Crèche, celui que les mamans promettaient le plus volontiers aux petits, quand ils avaient été bien sages, c'était de les mener voir le père Thomas, à Tivoli, au Jardin Chinois ou même simplement en Bellecour.

⁎

La première fois que je le vis, j'étais si petit que je ne suis pas bien sûr que j'eusse des culottes, même de fromage blanc. Ma bonne, me menant promener en Bellecour, s'y arrêta du côté de la rue Saint-Dominique.

Il y avait là un homme au visage ridé comme s'il riait toujours. Habit de paillasse à grands quadrilles rouges; culottes de même, tricorne et des lunettes grandes comme des cercles de barriquot. Il semble me rappeler qu'elles n'avaient point de verres.

Il tenait une trompette et se mit à jouer un air de chasse que longtemps après je reconnus :

> Allons, chasseur, vite en campagne !
> Du cor n'entends-tu pas le son ?
> Ton, ton, ton, taine, ton, ton !

Or le père Thomas était d'autant plus qualifié pour jouer de la trompette, qu'il avait été trompette-major dans le 12ᵉ hussards. Mais alors je l'ignorais, et je l'aurais su que cela m'eût été bien égal. Attirés par la fanfare, il se forma petit à petit un cercle nombreux d'auditeurs : beaucoup de militaires, des inspecteurs des pavés, surtout des bonnes d'enfants traînant leurs mamis, des bonnes femmes, foison de gones. Ma bonne se tenait au premier rang. Mais cet homme extraordinaire me faisait une peur horrible, et je m'étonnais du sang-froid de ma bonne. Pourtant je voulus mettre mon point d'honneur à ne pas crier. Seulement je serrai de toutes mes forces le cotillon de ma bonne en me cachant derrière elle pour m'abriter du danger.

C'est assez connu qu'on se familiarise peu à peu avec les plus grands dangers. Je finis par regarder et rire comme les autres, quoique je ne comprisse pas du tout pourquoi l'on riait, hormis quand le père Thomas faisait des grimaces, pour lesquelles on disait que je montrais déjà des dispositions remarquables.

Après avoir trompeté, il prit son violon et se mit à chanter un tas de chansons qui faisaient rire tout le monde. A chaque couplet il s'arrêtait pour faire des ritournelles sur son violon : ti ti ti là là ti ti ! Il raconta des histoires entrecoupées de force grimaces. Il faisait des dialogues à lui tout seul, où il faisait parler les femmes avec une petite voix fûtée.

Après mille simagrées, il quitta son habit, le plia sur un escabeau, plaça dessus sa trompette et son violon, et se mit à vendre, sur une petite table, avec force boniments, et des chansons, et des petits savons à détacher, et des pommades pour les agacins, des onguents guérissant de la « maladie de peau la plus invétérée », de la poudre à gratter, enfin toute espèce d'ingrédients dont je n'ai connu que bien plus tard les noms et la destination.

*_**

Quoique ça, la physionomie du père Thomas s'est encore plus gravée dans ma mémoire par tout ce que m'en a dit ma bonne mère que par la vision face à face. Elle savait quasi toutes ses chansons et me les chantait le soir, entre chien et loup, dans ces moments où l'on ne fait rien et où l'on attend d'allumer la chandelle.

La chanson la plus en réputation dans le répertoire était la *Belle Bourbonnaise*. On sait que cette chanson, qui avait d'abord été faite contre une courtisane en vogue, avait été tournée par le populaire contre la Dubarry, à qui elle fit plus d'une fois verser des larmes de rage. Le père Thomas remaniait, pour les rendre plus plaisantes, la plupart des chansons populaires, et il avait quelque peu embrené celle-ci :

> La belle Bourbonnaise,
> Elle est mal à son aise ;
> Elle est dessus la chaise.
> Ell' ne peut pas caga (1).
> Ah ! ah ! ah ! ah !

(1) Le père Thomas qui, avant de devenir lyonnais, d'adoption, avait beaucoup voyagé, avait emprunté *caga* au provençal:

Or sus le médecin qu'on a envoyé quérir ordonne un « remède » :

> Puis, d'une main adroite,
> Ecartant gauche et droite,
> Par une voie étroite,
> Le lavement passa,
> Ah! ah! ah! ah!

**

Il paraît avoir eu quelque éducation première et fabriquait lui-même des chansons de circonstance, voire des pantomimes et des pièces de théâtre. Quelles étaient ses opinions politiques, je n'en sais rien, mais le fait est qu'il criait tour à tour : Vive le Roi! Vive la Ligue! tout comme un fonctionnaire, car son pain dépendait de la police.

Au retour des Bourbons, il chantait une chanson de sa composition, destinée à les célébrer :

> En quatre-vingt-douze,
> Ah, comme on se blouse!
> On voyait tout rouge
> Au nom de la loi!
> Mais en l'an quatorze
> C'est bien autre chose,
> On voit tout en rose
> Sous notre bon Roi! (1)

Mais, dans tout spectacle, la police, à l'instigation de nos « bons alliés », infligeait, hélas, une allusion aux

---

(1) On voit que le père Thomas avait devancé nos jeunes symbolistes eux-mêmes dans la voie du progrès poétique, et que déjà, lui aussi, il savait substituer l'assonance à la rime!

triomphes de ceux-ci. Ma mère disait que Thomas s'en était tiré avec assez d'adresse, en renvoyant la tâche à d'autres :

> Vainqueurs magnanimes,
> Où trouver des rimes
> pour dir' vos exploits ?
> Muse trop débile,
> Laisse plus habile
> Les dire en grand style ;
> Crie : Vive le Roi !

**
* **

Après tant d'années de guerre, tant de ruines, tant de massacres, la France était affamée de repos. Il n'est donc pas pour étonner que le père Thomas célébrât les bienfaits de la paix dans la chanson suivante :

> Et gai, gai, le roi Louis
> Est de retour en France,
> Et gai, gai, le roi Louis
> Est rentré dans Paris !
>
> Mamans, les bayonnettes
> Ne tueront plus vos fils,
> Et vous, jeunes fillettes
> Vous aurez des maris !
>
> Et gai, gai, etc.

Que de fois j'ai chanté cela étant petit ; mais, par un beau phénomène d'assimilation que les philologues vous expliqueront (ils vous expliqueront au besoin tout le contraire), je n'ai jamais pu dire que :

> Mamans, les bagnognettes.

※

Mais quoi, un tour de roue de la fortune, et, huit mois écoulés, Thomas chantait la contre-partie sur le même air :

> Bon, bon, Napoléon
> Est de retour en France,
> Bon, bon, Napoléon
> Revient dans sa maison !

J'ignore la chanson qui suivit Waterloo, ni même s'il y eut une chanson. Le temps n'était plus à la gaîté.

Mais, en 1830, Thomas ne faillit point à entonner :

> En avant, marchons,
> Contre leurs canons !
> A travers le fer, le feu des bataillons.
> Courons à la victoire !

Paroles de M. Casimir Delavigne, musique de M. Auber.

Hélas, il n'a pas assez vécu pour entonner la *Lyonnaise*, en 1848 :

> Aux armes, Lyonnais,
> Egalité z'et Paix !...

※

Il chantait souvent ce qu'on appelait alors des amphigouris, c'est-à-dire des chansons sans cul ni tête, et qui avaient le don de faire rire aux larmes la génération simple de ce temps-là :

> J'ai vu Pampelune
> Qui portait la lune,
> Tout comme une prune,
> Droit à Chambéry !

> Ah, quelle merveille !
> Un chat, dans Marseille,
> Niche dans l'oreille
> D'un gros rat tout gris !
>
> Des moutons sans laine
> Paissaient dans la plaine...

Je ne m'en rappelle pas davantage. Il disait aussi le monologue connu :

> Un jour qu'il était nuit, le tonnerre en silence
> Par des éclairs obscurs annonçait sa présence :
> Les oiseaux effrayés dormaient paisiblement,
> Et les vents furieux soufflaient tout doucement, etc.

C'était d'un comique assez naïf, mais cela n'offensait pas la morale. A tout le moins ce n'était pas ignoble, comme les prétendues chansons comiques d'aujourd'hui.

Il chantait encore, sur l'air de l'*Aco d'aqui* (dont Béranger s'est servi pour sa chanson la *Messe du Saint-Esprit*), la chanson de *la Laitière*, composée par lui et qui ne manque point de verve :

> C'est le matin qu'il faut voir
> L'arrivée de la laitière ;
> C'est un éternel parloir,
> Car femme ne peut se taire
> L'un' dit ceci, l'autre cela ;
> L'une patati, l'autre patata.
> On rit, on raconte, on babille, on crie ;
> On bavarde comme une pie !
> C'est toujours à qui n'en finira pas :
> Cela réjouit le père Thomas !

Les couplets entremêlés de parlés, de grimaces et de ritournelles de violon (1).

Sa prose avait peut-être encore plus de saveur que ses vers par sa verve et sa bonhomie. Dans ses boniments il ne ménageait pas toujours son public. « Eh bien, jeunes gens, disait-il en offrant son savon à détacher, vous regardez à deux sous pour être propres ! *(amer :)* Vous aimez mieux, n'est-ce pas, les économiser pour vous soûler ou pour aller attraper quinte et quatorze ! »

Il n'était point toujours seul sur la place Bellecour. Souvent, non loin de lui, un « physicien » faisait des tours de gobelet sur une table. Celui-ci avait un chapeau à cornes qui datait du Directoire, et qui s'élevait quasi jusqu'à la hauteur d'un entresol, orné d'une belle cocarde, rattachée par une longue ganse verte. Il s'appelait DRAGON. Dragon et Thomas, loin de se livrer avec jalousie au *struggle for life*, comme tous les bateleurs lorsqu'ils sont en concurrence, faisaient bon ménage. Chacun attendait tour à tour que l'autre eût fini pour commencer le sien, de tour. Mais la foule était toujours du côté de Thomas.

Thomas n'était point en garni ou à l'auberge, comme un vulgaire ambulant. Il habitait en rue Raisin un petit

(1) Le père Thomas allait aussi dans les vogues. Un ancien du Plateau lui a vu prédire la bonne fortune moyennant un sol. Mais c'était tout des gandoises. Après avoir regardé avec une grosse loupe la main d'une fille, il lui annonçait qu'elle aurait 18 enfants ; à une autre qu'elle se marierait le jour de ses noces, etc.

appartement dont il payait régulièrement le terme, balayant soigneusement l'escalier dans la hauteur de son étage, comme c'était l'usage en ces temps où il n'y avait pas de portier.

Je ne sais comment un écrivain lyonnais a fait de Thomas le beau-père de Mourguet. Le fait est qu'ils étaient grands amis, mais des deux c'est Mourguet qui aurait pu être le beau-père. Né en 1745, il avait vingt-huit ans de plus que le père Thomas, né en 1773. Ils jouaient souvent au Jardin Chinois ou à Tivoli, dans ce qu'on appelait alors la Grande Allée, devenue aujourd'hui le cours Morand. Souvent aussi on les appelait ensemble dans les maisons d'éducation, même les maisons religieuses, lorsqu'il y avait quelque fête. Dans les entr'actes de Guignol, Thomas chantait, jouait du violon, racontait des histoires, ou faisait, me dit un spectateur d'alors (1823 et années suivantes), d'admirables scènes de ventriloquie.

※

Mademoiselle Thomas avait débuté à douze ans sur le petit théâtre de son père, aux Brotteaux, car c'est aussi par erreur que le même écrivain a cru que Thomas « n'avait de théâtre ni à Bellecour ni ailleurs ».

« Il y établit (aux Brotteaux), dit un biographe du temps, un théâtre pittoresque dont la structure était en bois et le décor en papier peint, que mettait à l'abri des injures du temps un large fragment de toile cirée, servant de toiture à tout l'édifice. » C'est dans le même jardin que Mourguet avait son Théâtre-Guignol. C'est au Jardin

Chinois, que le regretté Pétrus Violette et son camarade, l'excellent capitaine Benoît d'Apremont, vieux Lyonnais de la vieille roche, né natif en l'Hostel de la Monnoye, jouxte la rue Écorche-Bœuf, le virent souvent, en leur âge tendre, jouer à la tête de sa troupe. Pour moi, qui suis arrivé seulement après l'âge des héros, ce n'est que plus tard, et venus les malheurs de Thomas, que j'ai pu le rencontrer sur les places publiques.

*
* *

Il composait lui-même ses pièces, et, s'il en faut croire Boitel, il n'était point dénué du sens de l'observation :
« C'est le Molière des ouvriers et des cuisinières, des cons-
« crits et des bonnes d'enfants. Il représente le peuple à
« lui tout seul, il le résume en sa personne. Comme il
« l'a étudié, le peuple ! comme il nous le rend avec son
« langage et son allure, avec ses misères si profondes et
« si nombreuses, et ses joies si vives, mais si courtes !
« Il nous le montre au cabaret, oubliant tout, créanciers
« et termes à payer, grands soucis du ménage, chanson-
« nant ses maîtres, battant sa femme, plus souvent battu
« et trompé par elle, et finissant toujours par trinquer
« avec celui qui le trompe et celui qui le bat. »

Voici maintenant l'appréciation du biographe anonyme :

« Il était moins soucieux de la composition que de
« l'action dramatique. Les spectateurs, indulgents et bien
« prévenus, se mettaient fort peu en peine de l'unité de
« temps et de lieu, des mœurs générales et particulières

« des personnages ; ils ne s'occupaient que de Thomas
« seul, qui remplissait alternativement tous les rôles en
« épousant au naturel le caractère propre de chacun des
« acteurs qui auraient dû les remplir. Thomas, en même
« temps compositeur (1), musicien et acteur, représentait
« seul une pièce entière. Vingt fois il se métamorphosait
« pendant la pièce, et vingt fois on croyait voir paraître
« un personnage nouveau. »

⁎

Ce fut le mariage de sa fille qui fit le malheur de Thomas. Un funambule italien, surnommé « Roberto Diavolo, le premier voltigeur d'Europe », la demanda en mariage. Elle avait alors dix-sept ans. « Le brave Thomas, dont « le cœur simple et sans détour, dit le biographe ano- « nyme, n'avait jamais connu l'astuce italienne », l'accorda.

Boitel raconte que « le gendre, véritable Hercule, le « lendemain de ses noces, enfonce dans son ivresse deux « côtes à son beau-père et lui tue son cheval blanc ». La version du biographe anonyme n'est pas tout à fait la même et paraît plus vraisemblable. Suivant lui, « après plusieurs mois passés dans la plus parfaite harmonie, » le gendre, désireux de continuer ses tournées de ville en ville, engagea son beau-père à l'accompagner. Thomas y consent, vend son mobilier et en emporte le montant. Dans un séjour à Clermont, le gendre, en état d'ivresse réelle ou simulée, cherche querelle à son beau-père,

---

(1) Le biographe veut dire auteur dramatique.

l'abîme de coups, tue le cheval de celui-ci d'un coup de stylet, et finalement part « en emmenant son épouse » et en emportant le magot.

* * *

Thomas et sa femme durent revenir à Lyon dans le plus piteux état. Le biographe anonyme fait une lamentable peinture du retour. Après s'être adressés à plusieurs hôtelleries du quartier de la Préfecture, où l'on refusa de les recevoir, parce qu'ils ne pouvaient payer qu'en promesses, ils furent enfin acceptés dans un galetas immonde plein d'araignées, dont la fenêtre était brisée, et qui leur servit de logis six mois durant. Il reparut sur la place publique avec ses onguents et son violon, et put enfin, reprenant son ancienne existence, se procurer du pain.

* * *

Le père Thomas, de son vrai nom Lambert-Grégoire Ladré, devenu si Lyonnais dans l'âme, ne l'était point d'origine. Il était né en 1773, à Givet, gros bourg dans les Ardennes, de parents honnêtes et peu aisés, qui vinrent s'établir à Paris, alors que leur fils avait environ dix-sept ans.

Thomas paraît avoir mené à Paris une vie assez peu ordonnée. Très jeune encore il fut poursuivi par une femme de trente ans, qu'il épousa, et dont la jalousie le rendit horriblement malheureux.

Pour échapper à cette Proserpine en courroux il s'enfuit, s'engagea dans les hussards de Berchini, cachant à toute

sa famille ce qu'il était devenu. Il passa dix ans sous les drapeaux. Libéré, il rentre à Paris, court chez sa sœur, où il apprend que sa femme est morte en lui laissant un fils. Ce fut à ce moment qu'il entreprit à Paris la profession de bateleur. « Dans la gravure de la Galerie du
« Palais-Royal par Debucourt, m'écrivait Pétrus Violette
« presque à la veille de sa mort, il y a un personnage qui
« lui ressemble beaucoup. Tête, ajustement, mouvement
« du corps, tout y est. J'ai un portrait identique gravé à
« part sous ce titre : *L'Anglois de la rue Saint-Honoré*.
« C'était donc déjà un type connu avant de venir à Lyon. »

Il s'était remarié. « Celle qui fut digne de son choix, dit
« le biographe anonyme, et dont il obtint sans trop de
« difficulté la main chérie, était entièrement dépourvue
« des biens de la fortune; mais en revanche elle possédait
« des qualités rares et précieuses qui la faisaient générale-
« ment admirer, et sans un léger défaut, bien pardonnable
« à son sexe (comme ce biographe est d'une bienveillance
« aimable!), celui d'aimer le vin et d'en boire chaque jour
« à l'excès, on aurait pu la proposer pour modèle à toutes
« les femmes de Paris. »

*
* *

Ce fut avec son fils et cette « femme modèle », que Thomas entreprit des tournées en province. Suivant son biographe, il joignait à tous ses talents celui d'arracher les dents avec un tronçon de sabre. A Bordeaux, ayant confié son fils à des « artistes funambules », il eut le malheur de le voir périr des suites d'une chute qu'il fit dans ses exercices. Enfin, étant venu à Lyon, il s'y trouva si bien, qu'il s'y fixa. Sa femme, « *d'abord* après leur arrivée dans nos murs », dit une notice qui décèle son lyonnais, l'avait rendu père d'une fille.

Postérieurement à l'équipée de Clermont, sa femme étant morte, Thomas se remaria pour la troisième fois. Sa première femme était jalouse ; la deuxième, ivrogne ; celle-ci fut bonne, et il disait plaisamment qu'il aurait dû commencer par la troisième.

Ses derniers jours furent douloureux. Les émeutes de 1831 et 1834 ne prédisposaient pas la ville à la belle humeur ; le commerce n'allait pas. La police s'était perfectionnée, et par conséquent était devenue vexatoire. Elle supprima les bateleurs sur la voie publique. Par faveur exceptionnelle, elle autorisa Thomas à se tenir au coin de la place Le Viste. C'était un pauvre théâtre. De surcroît vinrent les journées d'avril où la maison qu'habitait Thomas fut brûlée. Le pauvre homme n'avait pas été coupé en bonne lune ; il avait toutes les pires chances. Il était atteint de ce que les médecins appelaient alors un catarrhe pulmonaire, et ce qu'ils nomment aujourd'hui une bronchite chronique. C'est déjà un grand progrès d'avoir changé le nom. Malheureusement les médecins n'en guérissent pas davantage.

Passer les journées en plein air l'hiver, au froid, dans les brouillards, les pieds glacés, n'était pas un bon régime pour un catarrheux. L'affection devint aiguë. On le porta à l'hôpital, où il mourut la veille de Noël de l'année 1835.

On aurait dû lui procurer une sépulture décente. Un médecin, « disciple de Gall », dit-on, se procura le corps, le disséqua, et fit cette profanation de monter son squelette, en lui donnant la pose habituelle de Thomas, et en lui faisant tenir un violon. — Qu'est devenu ce squelette ?

*
* *

La pauvre veuve tenta de se procurer quelques ressources à l'aide de la vente des petits ingrédients que tenait son mari. Sur des exemplaires d'une petite brochure de huit pages, publiée après la mort de Thomas, on lit à la fin :

> Puisqu'enfin nous avons quelques reproches à nous faire à l'égard de notre véritable ami Thomas, tâchons de réparer les torts que nous avons eus, et qui ne sont autre chose que l'effet d'un oubli involontaire, en favorisant de notre estime sa veuve infortunée ; elle la mérite à bien juste titre ; et en lui accordant notre confiance pour les remèdes que préparait son époux incomparable, dont elle possède les moyens curatifs et tous les procédés de manipulation.
> Elle est toujours visible dans son domicile, *Rue Raisin, n° 27, au second étage, à Lyon,* où elle reçoit les personnes de l'un et l'autre sexe qui daignent l'honorer de leur confiance, et qu'elle se fait un plaisir de servir avec grâce et toujours sous la réserve du plus inviolable secret (1).

Mais il était clair que, si Thomas n'avait trouvé que la pauvreté en débitant son baume sur les places publiques, sa veuve ne pouvait être plus favorisée de la fortune en attendant les pratiques.

C'était la fille de Thomas qui était propriétaire des

(1) L'exemplaire de cette brochure, que possède l'ami Vingtrinier, renferme ce passage. Il ne figure pas dans le mien. Il y a donc eu deux tirages de cette brochure.

objets mobiliers qu'il avait délaissés. Elle les fit vendre aux enchères. Sa trompette fut achetée par un nommé Georget, fourbisseur et marchand d'objets en cuivre, au coin de l'hôtel de l'Europe. En revenant de la vente, il rencontra le capitaine Benoît d'Apremont, qui le pria de lui céder la trompette, ce qu'il fit. Le capitaine la porta en son castel de Mérignat, près de Cerdon, où elle figure appendue en bonne place dans son salon, comme un précieux souvenir lyonnais. Elle porte, inscrit sur la bande : *Kreitzmann à Strasbourg*. Le très digne sieur des Guénardes, revenant du château de Pradon, ne faillit point à gravir le pic de Mérignat pour voir la relique. Il aurait désiré que le propriétaire en fît don au musée pour éviter qu'elle ne tombât un jour en des mains profanes, mais — ce qui est inexplicable — il n'y a pas de musée des « souvenirs lyonnais » ! ! Et la trompette de Thomas n'est pas une œuvre pour figurer à côté d'une dague ciselée par Benvenuto, au musée Campana.

Un « érudit » qui entend faire de la critique tant soit peu savante et « documentée », comme cela se dit au jour d'aujourd'hui, ne saurait faillir à donner la bibliographie de son sujet. Et d'abord numérotons les documents au moyen de lettres. C'est une marque infaillible d'esprit scientifique.

A. Le premier document en date est un article de Boitel dans *Lyon vu de Fourvières*, in-8°, 1833. Cet article, intitulé *Le Père Thomas*, est généralement exact. Seulement il ne donne que deux femmes à Thomas au lieu de trois. La quantité ne fait du reste rien à la qualité.

B. Au lendemain de la mort de Thomas, Boitel publia dans la *Revue du Lyonnais*, tome III, une notice nécrologique aussi sous le titre de *Le Père Thomas*.

C. A ce même moment parut une brochure de huit pages, que l'on vendit par les rues. Elle avait pour titre : *Notice historique sur la vie et les aventures de Lambert-Grégoire Ladré, surnommé le Père Thomas*, sans date ni nom d'auteur, imprimerie Charvin. J'ai déjà dit qu'il y eut deux tirages de cette plaquette.

D. L'ami Vingtrinier possède un manuscrit de quarante-quatre pages, non daté et sans nom d'auteur, écrit à la même époque, et intitulé *La Vie et les Aventures de Thomas*. Il a bien voulu me le prêter. Cette biographie, écrite sur un ton emphatique, est ornée de fleurs de rhétorique si drôles que l'on pourrait croire à une intention ironique. Il n'en est rien. L'auteur est d'une entière bonne foi. C'est un homme nourri de la moelle des auteurs au temps de la première révolution et du premier empire. J'en cite le début, qui est admirable, en respectant l'orthographe de l'auteur :

Thomas n'est plus. Muses, pleurez votre ami par excellence. Et vous, jeunes Dryades qui foulez, en bondissant, le gazon fleuri des bords enchantés de nos fleuves, pleurez le plus bel ornement de votre séjour champêtre, il était l'âme de vos joies folâtres.

Nymphes de ces contrées, suspendez vos chants d'allégresse pour ne plus faire redire aux écots que ces tristes paroles : *Thomas n'est plus*.

Mais comment est mort cet homme qui fut toujours l'ami du peuple, qui passa sa vie à soulager les maux de son semblable, à calmer ses peines, à dissiper ses ennuis, et à le distraire de ses longs et pénibles travaux par des amusements récréatifs qu'il ne cessait de lui offrir, cet homme qui n'aurait jamais du cesser de vivre et qu'une destinée impitoyable vient de précipiter dans le tombeau? Comment est-il mort? ou plutôt, comment a-t-il vécu? C'est ce que nous allons tâcher de mettre sous les yeux de nos lecteurs, en peu de mots et sans nous écarter des règles de la plus exacte vérité.

Ces deux notices, C et D, concordent à peu près dans tous les détails. D semble la paraphrase poétique de C. L'auteur, à l'exemple de Thucydide, fait constamment tenir des discours à ses héros; ces discours sont toujours pleins d'une sensibilité attendrissante. Au demeurant, il est évident que les deux auteurs avaient beaucoup fréquenté Thomas et qu'il leur avait raconté sa vie par le menu. Puis, chacun a écrit suivant son génie.

E. Il existe une chanson du temps, intitulée : *Le fameux Thomas*, par *Jⁿ Clett de Routières*. Je n'en connais que le titre.

*
* *

Qu'est-ce que l'on dirait de moi, n'est-ce pas, si, après la bibliographie, je ne donnais pas l'iconologie? Je ne serais qu'un bien pauvre « érudit » !

F. Un portrait de Thomas accompagnait, me dit-on, l'article de Boitel dans *Lyon vu de Fourvières*. Je ne le connais point. Il y a une huitaine de planches dans le volume. Une manque à mon exemplaire ; c'est celle-là, naturellement.

G. La notice historique, marquée plus haut sous la lettre C, est précédée d'un portrait sur bois, très grossier, et sans aucune ressemblance. Thomas est en costume de ville. Enorme chapeau monté, à petites ailes, arrondi par dessus ; gilet s'arrêtant sous les mamelons, et d'où pendent de grosses breloques. Il tient à la main un paquet de ses chansons.

H. Le meilleur portrait de Thomas figure dans un célèbre tableau du Lyonnais Biard. Le sujet, traité dans de petites dimensions, comme il convient, était *des Comédiens ambulants se disposant à donner une représentation dans une grange*. Tous les comédiens sont des portraits de Lyonnais du temps. Il y avait, entre autres, le peintre Genod, un M. Maigre, classé dans les élégants d'alors, et, sur le devant, Thomas, assis, extrêmement ressemblant dans son grand costume à brandebourgs, sa grosse montre et son violon. Le tableau fut exposé à Lyon, puis à Paris, où il obtint un tel succès qu'il fut reproduit par la gravure, et acheté pour le musée du Luxembourg, où il a figuré longtemps. Voilà quinze ou vingt ans qu'il a disparu, sans doute monté aux greniers pour faire de l'espace à d'autres.

La place de ce tableau, si intéressant pour nous autres, est dans notre musée des peintres lyonnais. Il est à croire qu'avec quelques démarches, on l'obtiendrait du ministère, s'il n'est pas encore mangé des rats. J'en fis la proposition à gens congrus et compétents, lorsque le tableau disparut du Luxembourg. Mais je manque à fond d'éloquence ; puis, la manière de peindre de Biard a cessé d'être à la mode, et ma proposition tomba dans le Rhône. Il serait à souhaiter que quelque vieux Lyonnais y repêchât cette affaire pour la prendre et la conduire à bonne fin.

I. Tous mes lecteurs se souviennent qu'il y a environ cinquante ans, un peintre de portraits, assez faible comme talent d'exécution, avait loué la boutique de la maison où il habitait, place Sathonay, et là, tenant la porte fermée, il avait rangé en demi-cercle, sous un très beau jour, cinq ou six de ses portraits, de grandeur naturelle, à seule fin d'attirer la chalandise.

Le premier de ces portraits, en commençant par la gauche, était celui de Thomas, et c'est le meilleur qu'ait jamais peint Castin. Ce portrait, convenablement peint, était d'une ressemblance criante. Thomas, tenant son violon, riait de son bon rire ; il allait parler. Bref, c'était plein de vie et d'expression. Ce portrait fut acheté par un amateur dont le nom ne me revient plus. Ce devait être un homme estimable et digne de mémoire.

Le dernier portrait de la série à droite était celui de Mlle Marie... Marie... tiens, tiens, voilà que je ne retrouve plus le nom de famille, maintenant. Aidez-moi donc, je vous prie !... Enfin, vous le saurez, immanquablement. Elle était âgée de cent cinq ans, et encore vigorette. On avait tiré son portrait en lithographie, et elle le colportait de maison en maison. Mais elle n'était pas de Lyon. Elle doit être morte.

L. On a encore un portrait du père Thomas, en gravure sur bois, je suppose, car il était en tête de la chanson de *la Belle Bourbonnaise*. Je ne l'ai jamais vu.

***

De Thomas aux autres marchands d'orviétan ou aux

bateleurs qui opéraient sur les places de Lyon, il y avait la distance d'Homère aux poètaillons d'aujourd'hui. D'abord c'étaient en partie tous de mauvais sujets. Il faut faire sans doute exception pour quelques fixés à demeure, comme Dragon, dont j'ai déjà parlé.

Il y avait aussi, du temps de Thomas, un célèbre et curieux personnage. C'était LE MARCHAND DE BAUME VERT. Je ne lui ai jamais connu d'autre nom. Son baume était souverain pour « les douleurs sciatiques et rhumatismales ». Par son accent, je crois qu'il était Alsacien, m'écrivait un jour Violette. Il était vêtu d'une longue lévite verte, à collet vert très clair, et coiffé d'un chapeau à cornes, avec cocarde et ganse, d'une hauteur immense. Sur sa boîte carrée en ferblanc il portait un échantillon de sa marchandise.

**

Du CAPITAINE ANKÈS je ne connaissais que le nom et la profession de pitre, lorsque le capitaine Benoit a bien voulu venir à mon secours. Dans les années qui suivirent 1830, Ankès, vêtu en Kabyle, ce qui, par la nouveauté, impressionnait beaucoup les populations, s'installait sur une place, racontait son histoire, et comme quoi il avait été capitaine dans l'armée de Napoléon, condamné à mort sous Louis XVIII, évadé, finalement pris par des corsaires et esclave du bey d'Oran. « Pour gagner sa pauvre vie », il vendait le récit de ses malheurs et de sa captivité. Il y avait pourtant des benonis qui croyaient tout ça.

Somme, vulgaire pitre de foire et « carottier *beseff* ». Il n'est pas digne de nous arrêter.

Le très célèbre crieur public LA ROSE était un fort honnête homme, et fort apprécié des Lyonnais, en ce temps où le crieur public était une institution. Il vivait au temps de Thomas, et il est mort peu d'années après lui, dans son domicile de la rue de l'Hôpital. C'était, comme Thomas, un ami de Mourguet Ier, et, pour être ami de Mourguet, il fallait avoir de l'esprit. Un de mes bons amis a donné, dans les *Vieilleries lyonnaises*, au chapitre *Cadettes*, sa fameuse et authentique annonce pour chiens perdus. Quelquefois il faisait des annonces pour rire :

« On fait assavoir..... qu'un mari..... a perdu..... sa femme, ... blonde, ... avec le nez z'en trompette..... Elle répond, ... quand on l'appelle..... Malvina..... Ceux qui l'auraient trouvée...., sont priés..... de ne pas la rapporter... Il n'y aura..... pas de récompense ! »

※

Quand j'étais petit, mon papa m'a plus d'une fois parlé du PÈRE BERLINGARD, un crieur public encore bien plus ancien que La Rose. Il était tout plein désopilatif, et ne savait pas faire une annonce sans y broder des facéties, comme la fois qu'annonçant du vin à vendre, à chaque annonce il en buvait à même d'une bouteille, en criant :
« Ah, qu'il est bon ! »

Une autre fois, annonçant l'arrivée de deux bateaux de fagots de bois à vendre, il ajoutait : « Il est très dur, et vous pourrez battre vos femmes avec, sans crainte de le casser ! »

Parmi les personnages qui se faisaient remarquer par leur costume, il faut citer Boyau, très honnête homme, membre influent de la société des Jouteurs, et cabaretier à la Quarantaine. Il avait gardé très exactement l'habillement d'avant 1793 : culottes courtes, chapeau à cornes, habit de couleur à larges basques. Son langage était aussi émaillé d'expressions tombées en désuétude, comme son costume. Il avait ainsi passé dans la vie sans subir d'évolution, comme on dit aujourd'hui. Je ne crois pas qu'il y ait plus de trente-cinq à quarante ans qu'il est mort.

Son chapeau était exactement celui de César dans *les Rendez-vous bourgeois*, et du père Vial, notre maçon à Sainte-Foy (ce n'était pas le même que le père Vial, le serpenteau, dont un de mes amis a parlé dans le *Littré de la Grand'Côte*). Tout enfant, ce grand chapeau me causait un étonnement mêlé de quelque frayeur. Le père Vial n'avait pas son pareil pour monter les murs d'aplomb, quand il ne faisait pas de vent. Dédaigneux du vulgaire fil à plomb, il se bornait à cracher au pied du mur à mesure qu'il le bâtissait. Quand il n'y avait pas de vent, le crachat tombait juste au pied, et tout allait bien. Mais des fois le vent détournait le crachat, et alors le mur était monté tout de traviole. Ce n'était pas la faute du père Vial, c'était la faute du vent.

A ce temps-là se rapporte encore Le Père Tranquille. Tout Lyon l'a connu sous ce nom, que justifiait pleinement sa placidité. C'était un modèle de patience. Fort belle tête de vieillard à grande barbe, en ce temps où personne ne la portait. Aussi posait-il à Saint-Pierre et dans les ateliers de peintre pour les Père éternel et autres sujets de ce genre. Il allait aussi dans les ateliers colporter des couleurs en vessie, que fabriquait un industriel de la Guillotière.

Trimolet en a fait un portrait admirablement ressemblant dans son petit tableau des *Saintes Huiles*, tableau très fignolé, très loué en son temps, mais au fond assez médiocre, qui figura à l'Exposition rétrospective de 1874. Il a reproduit ce portrait dans une très bonne eau-forte, que Desvernay a donnée dans son excellent recueil de *Lyon-Revue*. C'est aussi le père Tranquille qui a servi de modèle à Jacquand pour son *Thomas Morus en prison*, qu'on voit au musée des peintres lyonnais, mais le portrait est beaucoup moins bon.

Lorsqu'il n'avait pas d'ouvrage, le père Tranquille s'asseyait sur une borne de la montée Saint-Barthélemy, au passage des pèlerins de Fourvières. Comme dit Raverat, il ne mendiait pas, mais « il ne craignait pas » de recevoir un sou. Toujours placide, il souhaitait le bonjour aux passants, notamment aux femmes et aux enfants, auxquels il ne manquait jamais de dire : « Soyez bien sages, mes petits enfants, et obéissez bien à vos mamans. » Ce n'est pas lui qui eût dit comme un de ses voisins qui priait à haute voix pour tous ceux qui lui faisaient l'aumône. Un jour ma mère lui donne un sou en passant. Il commence aussitôt : « Notre Père qui êtes aux cieux, que votre nom soit sanctifié... » Puis, s'arrêtant tout à coup : « En voilà bien assez pour ton b..... de sou ! » dit-il à voix assez haute pour être entendu de ma mère.

J'ai toujours porté envie à la tranquillité du Père Tranquille ! Que ne puis-je comme lui commander à tous les mouvements de mon âme ! Heureux homme à qui la sérénité était aussi naturelle qu'à d'autres l'agitation !

*
* *

Puisque nous en sommes aux mendiants, un souvenir à l'Aveugle du Chemin-Neuf. Durant longues années, je l'ai vu là, au pied de la montée, à gauche, à côté d'un aigle dans une cage. Il y était par tous les temps. Le malheureux, les yeux crevés, le visage horriblement grêlé, peut-être par suite de quelque explosion, se tenait toujours debout à côté de son aigle, car il n'avait rien pour s'asseoir, et le soir ses jambes semblaient fléchir sous lui. La montée était très peu passante, et je ne crois pas avoir jamais vu personne lui donner. L'aigle, qui devait lui coûter à nourrir, car ces animaux mangent gros de viande, se déplumait de plus en plus. Il avait l'air aussi malheureux que son maître. Un beau jour, je n'ai plus vu ni l'un ni l'autre. L'aveugle était-il mort ? L'avait-on interné au Dépôt de mendicité, ce qui, pour ces pauvres gens est pire que tout au monde ?... Mon Dieu, quelle chose que la vie, tout de même !

*
* *

C'est après 1830 qu'apparut Bibasse, un bon drille qui

vendait « des balayettes à l'anglaise et des araignoirs à la mode de Paris » ! Ses balayettes étaient fabriquées avec des plumes de poule ou de dinde, attachées au bout d'un roseau. Les araignoirs de même ; seulement le roseau fort long. Ce commerce n'exigeait pas autant d'avances que celui de marchand de soie, d'autant que les volaillères, bonnes femmes, faisaient cadeau des plumes, et que Bibasse allait couper les roseaux par les lônes.

Qui n'a connu Bibasse et sa belle humeur ? Tout le long du jour il courait par la ville, toujours riant, échangeant avec chacun, de préférence avec les femmes, force gandoises à la lyonnaise, car c'était un gone de Saint-Georges, y étant né le 17 septembre 1801. De son vrai nom Joseph Granger. Mince, bien découplé, tout gravé comme une poêle à rissoler, barbe noire, épaisse, courte et inculte, un bonnet de police, toujours sur l'oreille, courte blouse noirâtre, toujours chaussé de sabots, voix de centaure, tel était le joyeux compère Bibasse.

Il devait sans doute ce sobriquet, sous lequel seul il était connu, et dont il se targuait du reste, à quelque lettré, qui l'avait tiré soit du radical de *bibere*, soit peut-être de *Bibax*. Le peuple eût fait *Buvasse*. Il justifiait le nom, trouvant que le vin, même trouble, ne brisait pas les dents. Heureux temps où l'on se soûlait de vin honnête, et où par ainsi les ivrognes vivaient jusqu'à nonante ans, tandis que nos alcooliques d'aujourd'hui sont fous furieux à quarante.

On avait fait sur lui une chanson, d'ailleurs sans physionomie, et dont le dernier demi-couplet me paraît renfermer une idée philosophique.

> Pour compléter mon histoire,
> Je sais n'avoir pas d'amis ;
> Aussi tout me donne à croire
> Que je suis sans ennemis.

Somme, Bibasse était le type de l'honnête bohême qui ne crève pas d'envie de voir des gens plus riches. Son métier était plus honorable que celui des gens qui se font de l'argent en prêchant dans les journaux des appels à la haine, à l'incendie et au meurtre. Je veux être étranglé si, entre s'appeler du nom de tel journaliste ou de tel orateur en vue, et s'appeler Bibasse, je n'aimerais pas un million de fois mieux m'appeler Bibasse !

Il mourut de façon déplorable. Les Lyonnais n'ont pas oublié le soir de la fête de Louis-Philippe, le 1er mai 1845. Le nouveau pont de Nemours était en construction. Après le feu d'artifice tiré sur le pont Tilsitt, la foule se précipita si tumultueusement sur l'ancien pont du Change, fort étroit déjà et embarrassé de matériaux, qu'une panique se déclara. Dix personnes périrent étouffées, et vingt à trente furent blessées. Bibasse se trouva dans la bagarre et, quoique robuste et jeune encore, il y périt.

Avec les années les types de la rue se dégradent de plus en plus. Nous voici maintenant aux éclopés du cerveau.

Jean de Bavière, né à Colmar, le 1er mai 1801, était beau à merveille ; six pouces de jambes et le reste tout de suite après ; les dits supports en demi-bugnes, immense chapeau de général avec plumes éraillées ; moustaches ; habit dont les longs pans, en façon d'habit d'officier d'état-major d'alors, n'avaient aucune peine pour atteindre les talons ; pantalons beaucoup trop longs, en craquelins, en colonnes torses, en soufflets d'accordéons, déchirés, dessempillés, dépenaillés, recroquevillés, éboyés, effrangés, en tirepilles, à bottes de boue séchée ; la poitrine couverte de décorations que lui avaient fabriquées des magnins facétieux ; à la main une énorme canne, aussi haute que lui (il avait la taille d'un chien : quatre pieds quatre pouces) et qu'il eût bien voulu remplacer par un sabre. On finit par lui en faire cadeau, d'un, recourbé, en ferblanc, qui lui battait dans les mollets.

Le pauvre Jean de Bavière était la joie des gones, mais non la tranquillité des parents. Inoffensif de son naturel, on avait, comme bien s'accorde, fini par l'emmalicer, et, quand on lui avait trop lancé de trognons de choux et de grésillons ramassés dans les équevilles, il finissait par se fâcher, et tapait comme un aveugle qui n'a pas perdu son bâton. Il était d'ailleurs un peu colérique, comme tous les petits hommes, pour autant que la tête étant trop près des jambes, la moutarde leur monte facilement au nez.

On lui baillait toutes sortes de trousses, car l'homme est un animal méchant, et qui se rit à faire le mal. On racontait, entre autres, une farce obscène et cruelle qui lui fut faite par des jeunes gens des Brotteaux, appartenant à la classe bourgeoise, et qui vivaient encore quand j'habitais Lyon. Les personnages sont au nombre de trois : Jean de Bavière, une Phryné du trottoir, payée par les jeunes gens, et un brochet, personnage muet, mais vorace. J'avais toujours rangé cette histoire au nombre des légendes, mais des personnes dignes de foi, qui ont connu les auteurs, m'ont assuré qu'elle était vraie. Tant pis pour ceux-ci.

En 1848, lorsque le prince Louis-Napoléon se présenta pour la présidence de la République, les journaux de Lyon exploitèrent certains rapprochements qui s'offraient d'eux-mêmes. Comme le prince, Jean de Bavière se déguisait en général; comme le prince, il se décorait lui-même de tous les ordres; comme le prince, il ramenait ses cheveux sur les tempes; comme le prince, il avait un accent allemand prononcé; comme le prince, il eût été mieux à cheval qu'à pied; comme le prince, il ne dédaignait point de faire frairie à l'occasion... Pour le faire court, on proposait Jean de Bavière pour candidat à la présidence de la République.

Hélas, on a tort de dire que le ridicule tue en France! Les monarchistes qui, naïvement, avaient cru faire nommer un Jean de Bavière à leur discrétion, ne tardèrent de guère à s'apercevoir qu'ils avaient fait nommer le brochet, et que c'étaient eux qui, dans la farce, tenaient le rôle de Jean de Bavière.

En 1841, on avait publié une

HISTOIRE VÉRITABLE ET MÉMORABLE
DE
PETIT JEAN DE BAVIÈRE

Sa vie publique et privée, ses mémoires, ses voyages et ses aventures surprenantes; sa gloire, ses hauts faits, ses amours et ses infortunes, ses naïvetés, saillies, lazzis, bons mots, calembourgs, etc...

LYON
BARON, RUE CLERMONT (in-12).

En 1848, on avait publié son portrait avec le titre suivant :

JEAN DE BAVIÈRE

Commissaire des chiens, baron de la Gascogne, comte pour rire, marquis d'Argentcourt ;
Prince des buveurs, roi des taupes et candidat modèle à l'Assemblée Nationale.
Né le 1ᵉʳ mai 1801, près Colmar.
A la révolution de juillet, il se distingue avec Mahieux.

Accompagné d'une romance intitulée :

LA CANNE A JEAN

Imprimé chez Lepagnez, Lithographié par Gérente frères, rue Sala.

Peu après 1848, le « Commissaire des chiens » disparut. On m'assura qu'il avait été mis au dépôt de mendicité où il avait fini ses jours.

Sic transit gloria mundi.

※

La mère Pigeon-Vole ou Comtesse Zizette faisait un peu plus tard l'ornement de nos rues. Elle était toute petite, si bien que, pour appuyer le coude sur le dos d'un fauteuil, il lui fallait lever le bras quasi jusqu'à la hauteur de l'épaule. Fort vieille, une petite loupe sur la joue droite ; sur la tête des dentelles, des floquets, des rubans, des roses à n'en plus finir, tout un attirail ; sur les épaules un petit tartan à fond blanc ; une belle robe de soie brochée, noire, cadeau d'une dame charitable, et à laquelle on avait fait une large baigneuse dans le milieu pour l'approprier à la taille de la comtesse. Au bras un cabas; à la main une petite ombrelle de couleur claire, à bec d'os. Lorsque venait la Fête-Dieu, elle échangeait sa robe de soie contre une robe blanche, et figurait ainsi dans la procession de Saint-François, sa paroisse, à la grande joie des gones. La robe blanche faisait contraste avec le visage décrépit, que l'eau ne paraissait pas avoir souillé depuis le baptême de la comtesse.

Elle se nommait du nom tout lyonnais de Mlle Bugnard; fort honnête, et s'énonçant passablement. Elle s'habillait avec les dons de dames aumônieuses, notamment de Mme Yéméniz. Elle n'était pas précisément folle, elle avait seulement un quartier de lune dans la tête. Du reste sans malice; pourtant un jour une bande de sales gones de Saint-Jean lui en fit tant, qu'elle fonça résolument dessus, tenant son ombrelle en façon de pique. Ils se sauvèrent... pour recommencer.

Elle logeait en rue Saint-Joseph, en face de la rue de Jarente. Un jour elle tomba malade. On la conduisit à l'hôpital, où elle fut inscrite sous le nom courant de comtesse Zizette, les voisins officieux ne sachant que son nom officiel. Elle avait en ce moment pour tout avoir une pièce de vingt francs. Elle lui fut volée.

Elle vivait encore vers 1855. Une personne charitable lui fit faire un jour sa photographie, très ressemblante et très bien faite. Façon d'aumône déguisée. On lui en remit un assez grand nombre d'exemplaires qu'elle colportait dans des maisons connues, où on les payait grassement.

Je suppose que la mère Pigeon-Vole a dû mourir de sa

belle mort, car les honnêtes personnes qui l'aidaient à vivre ne l'auraient point laissé mettre au Dépôt de mendicité.

Avant mon départ de Lyon, voici bientôt vingt années, je rencontrais souventefois, en rue Bourbon, une femme vêtue d'une robe de carmélite; aux pieds des pantoufles blanches; sur la tête un voile blanc très épais qui flottait par derrière et, retombant par devant, cachait une partie du visage. Point de pèlerine. Une ombrelle blanche. Son âge pouvait tirer sur les quarante-cinq. Elle marchait rapidement, très droite, sans rien regarder à droite ni à gauche. Je l'ai rencontrée aussi à l'église d'Ainay. En dépit de sa mise très bizarre, cette femme ne faisait aucun acte ridicule, ne parlait à personne, et paraissait désireuse de n'être pas remarquée.

Un jeune écrivain de beaucoup de talent, qui, à cette époque, était télégraphiste au bureau de Lyon, Irénée Avias, l'ayant rencontrée de son côté, imagina d'en faire le sujet d'une nouvelle, qui parut dans la *Revue du Siècle* en 1886, et qu'il intitula LA PRINCESSE PERRACHE. Il dépeignit à peu près le costume et feignit que, se croyant princesse, elle venait tous les jours sur la place Perrache, où elle se rencontrait avec son « intendant », aussi fou qu'elle, et son respectueux admirateur. Il broda là-dessus une histoire délicieusement écrite.

Le bon fut qu'un journal très sérieux crut que « c'était arrivé », et signala à ses lecteurs l'existence de la princesse Perrache et de son intendant.

Le vrai nom de la princesse était Méline Mathieu. Son cerveau, disent les gens qui sont informés de tout, avait détrancané à la suite de la terrible catastrophe survenue à une *mouche* en août 1864, et dans laquelle son mari et ses enfants auraient péri. Elle est morte en avril 1889.

**

Un souvenir en passant au SONNEUR DU MARCHÉ du quai Saint-Antoine, voilà quelque quarante années. Tout le monde l'a remarqué. C'était un petit nabot, affligé en outre d'une boiterie épouvantable : *dix-neuf, jamais vingt! dix-neuf, jamais vingt!* Il avait exactement le visage d'un chat très en colère. Son chapeau de cuir bouilli avait, en guise de bourdaloue, cette inscription en grosses lettres de cuivre : *Sonneur du marché.* Il marchait péniblement. Sa mission était, tous les jours, à dix heures sonnantes, de parcourir le marché en agitant une cloche énorme : drin, drin ! Et tous les coquetiers et coquetières de décaniller en hâte, sans demander leur reste. A ce métier il ne devait pas gagner autant qu'un préfet. Cela ne l'empêchait pas le soir d'aller fumer paisiblement sa pipe chez le père Gage, où il se rencontrait de fois à autre avec le capitaine. Le père Gage tenait boutique d'engins de pêche sous une espèce de galerie ou balcon au coin du quai des Célestins et de la rue de Savoye. La boutique avait deux pieds et demi de ville de profondeur. Pour toute enseigne, au-dessus de la porte, une longue ligne au bout de laquelle pendait un poisson de ferblanc. Avant Gage, il y avait là un chétif bouquiniste à lunettes, vieux, tout grignette, que les anciens Lyonnais ont bien connu. Après Gage vint un regroleur. Maintenant j'ignore ce qu'il en est. Ainsi passent les empires, *dum revolvitur orbis*.

Clarion n'est pas proprement de mon sujet. C'était simplement un distributeur de prospectus, fort gai, tête intelligente, à moustaches, les yeux vifs, qui avait imaginé d'attirer l'attention par quelques excentricités de costume. Il portait appendue sur la poitrine une montre grosse comme le cadran de l'hôtel de ville et surmontait son chapeau de paille tantôt d'un moulin à vent d'enfant, tantôt d'une lanterne réclame, tantôt d'un flacon en carton peint, etc. Ce n'était qu'un inventeur de réclames, un homme sandwich moins la sandwich. Ce n'était pas un « convaincu », un mortel qui se prend au sérieux, et ceux-là seuls intéressent le philosophe !

Un nommé Plessis, comique au Casino, l'imitait curieusement.

Il était frère d'un négociant important, qui mourut avant lui de mort tragique. Jeune encore, Clarion succomba aux suites de l'influenza en mai 1883. Il paraît qu'il avait une petite fortune qui disparut dans le krach de 1881. Quelle fin de vie est heureuse ?

Avec le pauvre Battu, comme avec Jean de Bavière, nous descendons dans les bas types de la rue. C'était un malheureux hydrocéphale, dont la tête paraissait encore plus grosse qu'elle n'était en réalité, à cause de l'extrême exiguïté du corps. Il était du Plateau et ne descendait guère en ville. Quand on lui demandait : « Battu, quel est ton métier ? » il répondait : « Je porte les gattes (1) à l'Académie. » Il les portait aussi noyer. Salaire courant, dix sols.

Il habitait, soit la Grand'Côte, soit une petite maison à l'angle de la rue Saint-Denis et de la rue de Cuire (aujourd'hui remplacée par un bel immeuble où se trouve le bureau de poste) et où sa sœur, nullement idiote, était blanchisseuse.

Chose qui prouve bien que, selon l'avis d'un grand médecin, la faculté poétique n'est qu'une forme de l'idiotisme, Battu parlait presque constamment en vers, encore bien que, comme dans les poésies de nos « jeunes », ses vers souvent n'eussent pas de mesure ni même de sens. Il reste à rechercher si Battu ne serait pas le premier en date des poètes symbolistes.

Vers 1840, il vendait, selon l'expression consacrée, des *allumettes chimiques, sans bruit, sans éclat, sans odeur*, et il ajoutait, à ce que me dit Mami du Plateau, le boniment suivant :

> Voilà des allumettes,
> Bien bonnes et bien faites.
> Messieurs et dam' en voulez-vous ?
> Trois paquets d'allumettes pour un sou !

(*1*) *Gatte*, chat, n'est guère en usage qu'à la Croix-Rousse et à Vaise. Quant à l'Académie, nul n'ignore que c'est une institution savante où, par d'habiles procédés, on éclaircit la voix des chats, ce qui la rend plus harmonieuse.

O temps fortunés que ceux où l'on pouvait se procurer trois paquets d'allumettes pour un sou !

Il vendait aussi, sur une feuille d'impression grossièrement illustrée, les *Commandements du buveur*, qu'il récitait de tête :

>Tous les jours tu te soûleras
>Dès le matin parfaitement, etc.

Le malheureux vivait bien sordidement. On lui donnait de temps en temps une soupe par charité. Il buvait à la pompe, et dinait parfois soit de deux sous de gratons, soit d'un morceau de pain sec. Ses vêtements ou plutôt ses loques étaient de vieux habits qu'on lui donnait et qui, manquablement, étaient toujours gigantesques pour lui. Il arrivait des fois que le pan de sa chemise passait par dessous sa redingote, à la grande joie des gones qui, poètes eux aussi, lui criaient sur un rythme qui les enchantait : *Battu! t'as la patte au c..!*

Sa malpropreté était répugnante. Un jour, un ancien de ma connaissance le trouva en chemise, assis sur la Pierre-qui-arrape, en haut des Esses. Pour faire plus commodément ce que fait au Louvre *le Petit Mendiant*, de Murillo, il avait tiré ses culottes.

Harcelé de tout le monde, son caractère finit par s'aigrir et on le fit fermer à Bron, où il est mort dans l'été de 1885.

Nous avons eu au Plateau plusieurs estropiés de la cervelle dans le même goût. Les deux plus célèbres ont été le PETIT FRANÇOIS, marchand de pattes, mort il y a une vingtaine d'années, et LIARD, qui vit encore et que les canuts ont surnommé le *Président des*..... Je ne puis vous répéter le mot. Que si vous en êtes curieux, tous les canuts vous le diront.

***

Il ne faut pas confondre ces types misérables de la rue avec de simples excentriques qui se faisaient remarquer par la bizarrerie de leur costume. C'est ainsi que, sous Louis-Philippe, il y avait à Lyon L'HOMME-LINGE. C'était un ancien agent de change, M. des G..., d'une famille honorablement connue. Par le beau temps, il était entièrement vêtu de blanc : chapeau, cravate, gilet, lévite, pantalons et même souliers. Les pantalons étaient relevés presque jusqu'à mi-jambes pour laisser voir des bas immaculés. Il réalisait l'idéal de la propreté, et c'est certainement à lui que pensait une jeune danseuse de notre Grand Théâtre, âgée de quinze ans, à qui l'on demandait un jour quel serait l'amant de ses rêves, et qui répondit : « Un petit vieux bien propre ! »

Pendant : L'HOMME-BLEU, tout vêtu de bleu ; y compris le chapeau et les souliers, et accompagné d'un chien teint en bleu. Evidemment cet homme s'était voué au bleu. Je n'ai jamais su son nom.

Et cet autre, toujours accompagné d'un caniche blanc, à qui on avait assujetti de grosses lunettes vertes et une jolie petite ombrelle rose à l'occiput. Celui-là était le cousin d'Alcibiade, avec cette différence qu'il n'avait pas coupé la queue à son chien.

Je rencontrais constamment aussi, durant de longues années, un monsieur que je pris pour un ancien officier de cavalerie, un Bitterlin à cheval. Le corps droit, serré dans une redingote verte boutonnée, avec des brandebourgs et des plis sur les hanches; des pantalons bouffants à la hussarde, avec des sous-pieds, un col de crin, un chapeau évasé avec des bords relevés comme ceux des crânes dans les temps ; la moustache taillée en brosse. Il n'aurait pas fait bon aller lui gratter le blanc des yeux avec un clou rouillé.

J'appris un jour que c'était un pacifique teneur de livres.

Il y avait encore, parlant par respect, L'HOMME-FESSE. Mais le pauvre homme, ce n'était pas de sa faute. Il en avait une énorme, ce qui le faisait marcher non sans peine, une main tenant une canne et l'autre sous sa redingote, comme pour aider à supporter la chose en question. Il était remarquable aussi en ce qu'il fut peut-être le premier qui inventa d'avoir un long porte-cigare en façon de pipe, sur l'embouchure de laquelle il fichait un immense cigare, qui dépassait quasi la hauteur du chapeau. Il semblait fumer ainsi une queue de chien en trompette. Lorsque le pauvre homme s'arrêtait pour se reposer, on se précipitait pour le voir. On disait que c'était un employé au Grenier à sel.

°

« Hélas, m'écrivait, il y a déjà treize années, un mien ami, tout cela n'est plus! Depuis Castellane la ville est tombée dans le marasme et dans l'obscurité !... Clarion a beau se mettre un moulin à vent sur la tête et une horloge dans l'estomac, on sent que la foi n'y est plus ! »

Je demande pardon pour le rapprochement, qui n'est pas de moi, avec Castellane, soldat dans l'âme, malgré toutes les bizarreries qui en faisaient un type sinon de la rue, du moins de la place Bellecour, et qui, s'il eût eu le bonheur d'être tué à la guerre, en fût mort de joie.

Une sorte de piété m'empêche de joindre aux curiosités de la rue, l'honnête et très savant Pezzani, que l'on rencontrait, marchant péniblement, hélas ! avec son bugne blanc à longs poils, sa pipe d'écume, son chien, et son paquet de livres sous le bras ; et le petit père Marin Lavergne, avec son *facies* de chat qui fait la moue, ses cheveux en rouleaux, son petit chapeau fort bas, à larges ailes ; redingote boutonnée, toujours soigné et propret, se traînant, appuyé sur le bras de sa bonne, à la messe de Saint-François ; il prenait le titre de « peintre d'armoiries », et avait étudié dans sa jeunesse, non sans quelque succès, dit-on, pour être peintre d'histoire ; et, en remontant dans les vieux temps, le digne père Bredin, l'ami de Ballanche, avec sa couronne de cheveux blancs, ses sabots soigneusement vernis en noir et sa grosse roupe de roulier ; et le petit abbé Fournier, très savant, fort honnête homme, ardent légitimiste, qui eut tant de démêlés avec l'archevêché au temps de monseigneur de Pins, et qui portait un costume semi-ecclésiastique : redingote très râpée avec un long camail idem par dessus, été et hiver, et dont les cheveux blancs, frisés comme des chandelles des six, se faisaient entre eux une guerre terrible... et tant d'autres braves et honnêtes Lyonnais, qu'on avait accoutumé de rencontrer chaque jour et qui attiraient le regard par quelques traits particuliers, et qu'un beau jour on a cessé de voir, comme tant d'autres!...

LES MODÈRES

Les Lyonnais qui ont de l'âge se rappellent le temps où il n'y avait quasi point de quais le long des rives de la Saône. A proprement parler, il n'y avait que des ports, c'est-à-dire des endroits où le bord, généralement en manière d'anse, était en pente, si bien que les bateaux pouvaient aborder, quelle que fût la hauteur des eaux. Le beau quai Saint-Antoine, lui-même, n'était qu'un vaste port avec des marches.

Là où il n'y avait pas de port, les maisons trempaient leurs pieds dans l'eau. Ainsi faisaient les maisons de la Pêcherie, les maisons du quai de la Baleine actuel, celles du quai Fulchiron, sauf les deux ou trois premières, qui avaient des terrasses au devant. Là, habitait M. Neyron de Saint-Julien. Je vois encore sa jolie terrasse poétique au bas du pont Tilsitt avec deux ou trois acacias.

Le quai Tilsitt n'existait pas non plus et, des appartements au fond des cours de la rue du Plat, on voyait les flots jaunes rouler en mugissant au-dessous des fenêtres, ou bien la nappe verte dormir languissamment.

A la suite des maisons de la rue du Plat, en descendant, il y avait au bord de l'eau, dont elle était séparée par le quai de l'Arsenal, la Douane, bâtie sur les ruines de l'ancien arsenal, brûlé en 1793, lequel tenait depuis la rue des Colonies jusqu'à la rue Sainte-Colombe, petite rue qui a gardé son ancien tracé tortueux, et, si la mémoire ne me faut, son ancien nom. La Douane se composait de plusieurs bâtiments bas, avec de grand toits d'ardoises pointus. Cette architecture, insolite pour nos pays du Lyonnais, car on ne la rencontre guère avant d'atteindre Dijon, avait frappé mon imagination d'enfant. La rue Sala, la rue Sainte-Hélène, à cette époque, n'étaient percées que jusqu'à la rue du Plat et venaient se casser le nez contre les murs de la Douane. Longtemps après que le grenier à sel eût été construit, et le quai Tilsitt, on pouvait voir, dans l'endroit qui fait aujourd'hui l'angle de la rue Sainte-Colombe et du quai, une pittoresque échauguette en pierre de taille au sommet d'un mur calciné. Depuis que la Douane avait été supprimée, les terrains restants servaient de chantiers à des marchands de bois.

De la rue Sainte-Colombe au pont d'Ainay, ce n'était aussi qu'un seul tènement, formé de l'ancien monastère de Sainte-Claire. Sur la place, en descendant du pont, on voyait encore la porte de l'église en pierre jaunie. Si mes souvenirs d'enfant me servent bien, cela devait être de la première moitié du xvıɪᵉ siècle.

C'était là que l'on avait transporté l'Arsenal.

Par la rue Sainte-Colombe, on arrivait à un port sablonneux, fréquemment inondé, que l'on nommait le port des Chaînes.

Voici qui montre combien peu il faut se fier parfois aux plans graphiques. Si l'on en croyait les plans du temps, il y aurait eu un quai ou port tout du long entre « les Saintes-Claires », comme on avait accoutumé de dire, et la Saône. A telles enseignes que le plan de Séraucourt, qui date du milieu du xvıɪɪᵉ siècle, marque un beau port avec une rampe de descente à l'extrémité du pont d'Ainay. C'est que tous ces plans, devançant la réalité, indiquaient comme faites des améliorations seulement projetées. Au vrai, la circulation le long de la rivière était coupée au pont d'Ainay. Le port des Chaînes en était séparé par des murs dont le bas baignait dans l'eau.

De l'autre côté du pont d'Ainay, en aval, existait un port à la place du quai d'Occident d'aujourd'hui. On le dénommait port d'Ainay. Il était bordé de marches s'avançant dans la rivière, comme au quai Saint-Antoine.

Quand je revois toutes ces choses dans ma mémoire, cela me produit un effet étrange. C'est si vieux, si vieux, qu'on dirait d'une existence antérieure.

**

Cet aspect de nos rives de la Saône, les maisons contre

lesquelles l'eau clapotait, et dont les files étaient interrompues par des ports bas, où le flot languide étalait des nappes de sable fin ; d'autres maisons étagées sur les ponts, suspendues sur les tourbillons, projetées en avant sur des trompes menaçantes, tout cela était quelque chose de singulièrement curieux à voir. On se sentait comme le contemporain d'âges écoulés. Cela réservait aussi d'étranges surprises. Par une petite rue basse, noire, on entrait dans quelque allée sordide ; on montait un escalier étroit, glissant, en colimaçon. On arrivait tout à coup dans une pièce inondée de soleil et en face de quelque paysage incomparable, la gaîté des yeux ! Nous avons gagné en régularité, en monuments. Mais c'est une loi que ce qu'une ville gagne en monuments, elle le perde en pittoresque. Ce n'est qu'en Italie que l'on a su bâtir des monuments qui font corps avec le paysage.

En ce temps, c'était effrayant la quantité d'immenses bateaux de toute sorte, penèles, sapines, savoyardes, sisselandes, qui apportaient des marchandises du Midi. Tout le long du Rhône, de Lyon à Arles, on voyait ces trains de quatre ou cinq bateaux, attachés à la queue les uns des autres, mesurant six cents pieds, de la proue relevée de la première barque à la poupe de la dernière.

Ces « équipages » étaient tirés par des séries de chevaux, attelés par deux, dont l'ensemble se nommait aussi équipage. Et quels chevaux ! Ils étaient à nos chevaux accoutumés ce qu'était cet énorme géant Lepy aux autres hommes, qui luttait naguère au Casino. Roidissant leurs muscles de façon terrible, fendant l'eau de leur large poitrail d'airain, les jarrets frissonnants parfois sous l'effort du flot glacé, les nobles animaux, les naseaux dégouttants d'écume, faisaient tendre l'énorme câble que, par dérision peut-être, l'on nomme la *maille* (du latin *macula*, fil à tresser, fil d'araignée), et qui était attaché à l'*arbouvier*, fort mât que portait la barque de tête. Sur leurs dos énormes, les conducteurs paraissaient des poupées. Ceux-ci relevaient les jambes pour ne pas prendre « de poisson », pestant, sacrant, jurant, fouettant, donnant courage à leurs montures par leurs cris. Ce spectacle avait quelque chose d'épique. Il revit en quelque manière dans un beau tableau de Dubuisson, qui est au musée. A ce tableau il ne manque, au lieu de son paysage fadasse, que ce que les peintres appellent « un effet ». — Dubuisson n'avait-il donc jamais vu ces files de chevaux herculéens, par un temps d'orage, lorsque le fleuve blanchissant coulait sous un ciel noir et que le vent fouettait les vourgines du bord des eaux? Rien, rien au monde ne peut davantage saisir l'artiste.

Chaque maître d'équipage le louait pour la remonte des bateaux, comme les maîtres de poste leurs chevaux pour les chaises. Et y en avait-il de ces équipages, bon Dieu! Aubert, l'ancien modère, me contait qu'il avait vu jusqu'à cent neuf équipages sur le Rhône. Et de beaux! Celui de Jean la Miche (comme au temps des héros d'Homère, les mariniers n'étaient connus que par leurs surnoms), celui de Jean la Miche, de Serrières, ne comptait pas moins de soixante de ces chevaux, dont les plus gros limonniers, qui mènent les pierres de taille, donnent à peine l'idée. C'était une écurie de quelque cent vingt à cent quarante mille francs. Thomas, d'Andance, ne le cédait de guère à Jean la Miche. Les équipages du village de Miribel aussi étaient renommés. Enfin, les chevaux ne pouvant toujours suffire, on leur adjoignait quelquefois des bœufs.

**

Donc, par les équipages, les trains de bateaux étaient remontés d'Avignon, de Beaucaire, d'Arles, jusqu'au pont d'Ainay, en aval du pont, comme je l'ai dit. Là, besoin était de s'arrêter, car comment faire passer les équipages quand il n'y avait pas de quais? Même était-il défendu par la police d'employer des chevaux dans des endroits où l'on eût pu le faire, comme, par exemple, au quai Saint-Antoine. C'est qu'un homme saisi par la maille glissant latéralement eût été du coup étendu roide mort sur le pavé.

Pour amener les bateaux jusqu'au pont d'Ainay, les équipages étaient obligés d'enfiler la rue Sainte-Claire, alors une longiôle sombre, et si étroite que les coubles en occupaient toute la largeur. Les attelages arrivaient ainsi jusque sur la place Saint-Michel.

Au coin de la rue Sainte-Claire et de la place devant l'arsenal, il y avait, je me souviens, un énorme bouteroue en pierre de choin, à seule fin de protéger l'enchant du bâtiment. La maille, tirant en biais, y appuyait comme elle eût fait sur une poulie de renvoi. Mon imagination d'enfant fut frappée de ce que ce bouteroue portait trois ou quatre rainures polies, profondes, brillantes, où la maille disparaissait tout entière. Littéralement, la corde avait scié le choin dur ! — Dans cet effet d'une force prodigieuse, il y avait quelque chose qui m'imprimait la terreur.

Sur la rive droite, côté du Riaume (royaume), comme disent encore les mariniers, était le port de la Quarantaine, mais bien plus bas, en dessous du pont Chazournes, qui fut emporté par les inondations de 1840, et qui était droit dans l'axe des allées d'arbres du cours du Midi. Le quai de la Quarantaine actuel, comme tous les Lyonnais le savent, a été bâti le dernier de nos quais. Qui ne se rappelle cette jolie fabrique à l'italienne de Bicêtre, avec sa galerie basse, dont les eaux tranquilles caressaient le soubassement ? Or, tout de suite après venait le port de la Quarantaine, au commencement des Étroits, où était la maison d'Aubert, le vieux joûteur. Là aussi le bouteroue était à moitié scié par la maille.

Du côté du Riaume débarquaient les bateaux de charbon venant du canal de Givors ; du côté de l'Empire, c'est-à-dire au port d'Ainay, les vins du Languedoc, les sels de Peccais, d'Aigues-Mortes, de la Camargue, les garances du Comtat, les savons de Marseille, les grosses barriques pleines de chardons pour carder, les énormes souches de campêche pour nos teinturiers, lourdes comme du fer, les blés venant de la mer Noire, etc.

☆

Une fois les bateaux amarrés aux ports d'Ainay et de la Quarantaine, la tâche des « équipages » était finie, celle des modères commençait.

Les modères étaient, proprement, ce que l'on appellerait une société ouvrière coopérative pour la remonte des bateaux dans la traversée de Lyon.

La plupart, et je crois même que l'on peut dire la totalité des associations ouvrières tentées depuis 1848, ont misérablement échoué, malgré souvent des subventions étrangères. La « compagnie des modères » fut toujours prospère et ne tomba d'elle-même que lorsque la matière d'exploitation fit défaut, c'est-à-dire lorsqu'il n'y eut plus de bateaux à remonter.

C'est que les fondateurs de cette société avaient eu grand souci de l'idée morale, et que le personnel en avait été trié avec le plus grand soin ; c'est que ses membres acceptaient les règles d'une sévère discipline ; c'est que, pour tout dire, en ces fondations revivait l'esprit de nos vieilles traditions morales et religieuses, aujourd'hui si oubliées. J'ai vu de près un certain nombre d'associations ouvrières et j'ai même assisté à la formation de plus d'une. Au début, on était assuré du succès. On démontrait sans peine que l'on pouvait produire mieux et à meilleur marché que l'entrepreneur particulier ; que les frais généraux étaient incomparablement moindres que les siens, etc., etc. Un an ou deux à peine écoulés, je revoyais le gérant, et j'apprenais que la société avait liquidé. Sur les causes de la ruine, on me disait toujours qu'elle n'était due ni à l'absence de commandes, ni à l'impossibilité de soutenir la concurrence ; on me répondait invariablement : « Que voulez-vous qu'on pût faire? Tout le monde voulait commander, personne ne voulait obéir. »

***

La Compagnie des modères était fort ancienne, mais je ne saurais dire à quelle époque remonte son origine. Ce qui paraît certain, c'est qu'en 1662 il n'existait encore rien de semblable. Nous avons en effet de cette époque un règlement général de la police de la ville de Lyon, extrêmement complet, et il n'est guère douteux qu'il n'y eût été fait mention des modères comme il y est fait mention des attaches des bateaux et aussi des « charretiers, portefaix, crocheteurs et gaigne-deniers », etc.

Le modère exerçant sa profession sur la voie publique, il devait être commissionné par le pouvoir municipal, comme le portefaix « médaillé » d'à présent. Toutefois les modères n'avaient pas précisément un monopole. Dans l'intérêt de la sécurité publique, le propriétaire du bateau à remonter était tenu de faire accomplir le travail par les modères, gens propres à cet office et qui n'étaient reçus qu'après avoir fait leurs preuves de capacité et de moralité, mais il pouvait y avoir plusieurs compagnies autorisées. A telles enseignes que pendant longtemps il y en eut deux, la compagnie de Saint-Georges et la compagnie d'Ainay. Elles se réunirent en une seule. La fusion était accomplie en 1823. Quand elle fut effectuée les modères se trouvèrent au nombre de cinquante et quelques.

***

Cinquante hercules, ce n'était pas assez pour la remonte de nos équipages de bateaux. Ils s'étaient donc adjoint des surnuméraires, auxquels on en ajouta encore dix en 1833. Ces surnuméraires, tous gens de rivière, devaient avoir fait leurs preuves et n'étaient reçus qu'au scrutin par les associés. Autant l'Académie. A la mort d'un modère, le plus ancien surnuméraire prenait sa place. D'autres fois, un modère, désireux de quitter le métier, cédait la sienne, moyennant deniers, à un surnuméraire de son choix. C'est ainsi que, le 16 novembre 1833, Jacques Aubert prit la place de Jean Vachez. Toutefois, même dans ce cas, il fallait être agréé par la Société.

Je n'ai que faire de dire que, pour être admis, il fallait présenter un casier vierge de la moindre condamnation judiciaire.

L'aide même des surnuméraires ne suffisant pas, on avait recours à celle de manœuvres, que l'on choisissait aussi parmi les hommes de rivière. Le manœuvre était payé six francs pour une mode ; le surnuméraire et le modère, sept. Une mode, c'était la remonte du bateau depuis Ainay ou la Quarantaine jusqu'en Serin.

Nous disions donc que la remonte d'un bateau, depuis la Quarantaine ou Ainay jusqu'en Serin s'appelait du nom, lequel, je gage, est pour intriguer ceux qui ne sont pas familiers avec notre parler lyonnais, du nom de *mode*. C'est le substantif verbal de *moder*, partir, s'en aller, de *motare* ou mieux de *movitare*. Donc *moder* a fait *mode* : une allée, une course ; et *mode* a fait *modère*, celui qui fait l'allée, la course. Dans le langage des mariniers, *mode* s'entend plus particulièrement de la remonte. Une descente, c'est une *décize*.

Voyons maintenant ce que c'était que cette association des *Modères*.

Le pacte de société était conçu dans le plus grand esprit de prévoyance et d'humanité. Au modère qui entrait dans la compagnie, on retenait, « à cha-peu », mille francs sur sa part de bénéfices. Ces mille francs constituaient un fonds de réserve qui était payé à la veuve du modère quand il mourait, ou bien à ses enfants s'il était veuf. Ce qui indique l'ancienneté de la fondation, c'est le titre du directeur, qui était dénommé *syndic* (1). Parmi les syndics se trouvèrent Roland, fort renommé ; aussi Levet. Le dernier fut Berthaud. Le syndic touchait l'argent, retenait le prix des manœuvres, les faux-frais, etc., et distribuait le reste au bout de la semaine ; chaque membre était appelé au travail par voie de roulement, et le bénéfice était réparti entre tous, qu'ils eussent eu ou non à prendre part au travail. Le modère malade ou vieilli, qui ne pouvait travailler, touchait un tiers du produit, c'est-à-dire que, lorsque le modère valide touchait 15 francs, le vieillard en recevait 5.

(1) Toutes nos anciennes compagnies lyonnaises des ponts étaient administrées par des syndics.

**

Une chose qui ferait plaisir à nos ouvriers modernes, c'est l'égalité de salaire. Le syndic avait, comme le simple modère, ses sept francs par chaque mode.

Ce syndic était nommé à l'élection, satisfaction au principe démocratique, mais il était nommé à vie, satisfaction au principe conservateur. C'est un des fâcheux travers des basses démocraties, toujours jalouses des supériorités, de ne vouloir entendre qu'à des fonctions de courte durée, auxquelles on ne doit jamais nommer deux fois de suite le même. Ils appellent cela le *roulement*. De cette façon, il faut que tout y passe, depuis le plus savant jusqu'au plus bête. C'est la véritable égalité.

C'était un spectacle que celui de la remonte d'un bateau par les modères! La maille était attachée par un bout, quelque cent mètres en avant du bateau, à la boucle de fer d'un port ou d'un pont. Puis, on fixait l'autre bout de la maille aux sangles. Sangle, c'est la bande intérieure. Les bandes, ce sont les deux pièces de bois assemblées longitudinalement qui enserrent les membrures du bateau et en forment le bord, sur lequel vous voyez courir, insoucieux, les agiles mariniers. Les sangles sont donc la partie intérieure de la bande. Pour fixer la maille au bateau, on la *misselait* à la sangle avec des varlets. *Misseler*, c'est attacher avec des *missiaux*. Les *missiaux* sont les nœuds des *varlets*. *Varlet*, c'est une corde extrêmement souple, d'environ trois mètres de longueur, qui servait à attacher la grosse maille à la sangle. *Varlet* est la forme ancienne de *valet*, terme qui désigne un grand nombre d'outils ou de pièces accessoires dans diverses industries. *Misseler* et son dérivé *missiaux*, termes de batellerie qui doivent remonter à la plus haute antiquité, et qui sont inconnus dans tous nos patois contemporains. *Misseler*, de *miscellare* formé sur *miscellum*. L'idée est « mêler » deux objets pour en faire un seul.

Et maintenant que la maille est solidement misselée, on met à plat sur le bateau, au niveau des bandes, une série de fortes échelles. Les hommes, vêtus d'un pantalon et d'un tricot brun, ont une bricole en façon de baudrier ; la bricole se termine par un morceau de batafi avec une cheville de bois au bout. *Batafi*, qui répond au *bout-à-fil* de nos maçons, est un brin de corde souple, solide, bien tordue. Le modère attache le batafi à la maille par un nœud coulant que la chevillette empêche de glisser. Voici le moment : le modère, la face tournée vers la poupe, étampe ses pieds contre les barreaux de l'échelle ; il se baisse, laissant tomber les bras en avant. Son corps fait une arche de pont. Il se roidit, se tend ; ses mains finissent par atteindre les échelons. Alors, dans un immense effort, des pieds et des mains, il sent l'énorme bateau glisser peu à peu sous lui. Il avance un pied ; puis l'autre ; il marche ; toujours rampant. Un deuxième, un troisième, un quatrième, un dixième modère rampent à sa suite. Mais quoi ! le voilà au bout de l'échelle, au cul du bateau.

Il se relève, prompt ; d'un coup de pouce il fait sauter la cheville du batafi, et courant sur les bandes, il revient à la proue se placer derrière le dernier modère ; et chacun de recommencer ce manège ; et, pour aller en mesure, des robustes poumons sort ce cri répété : « Ah, hisse ! — Ah, hisse ! » Et si parfois l'effort est impuissant, si le modère sent ses muscles frémir, que le bateau va le gagner, alors ce cri terrible : « Tati ! Tati ! » pour « Tiens bon ! Tiens bon ! » et qui n'est, vraisemblablement, qu'une forme patoise de *Tiens-toi*.

※

Il ne faut pas douter que, dès l'antiquité, il n'existât à Lyon des corporations pour remonter les bateaux. L'on sait quelle importance avaient chez nous les corporations ouvrières, notamment celle des *Nautes*, dont on retrouve si souvent la mention dans les inscriptions funéraires. Ne dirait-on pas que l'on voit nos modères eux-mêmes, en lisant ce vers de l'inscription que Sidoine Apollinaire avait composée pour être écrite sur le dehors de l'église de Saint-Irénée, que venait de faire construire le saint archevêque Patient au vᵉ siècle :

Curvorum hinc chorus helciariorum...

« Là se détourne le chœur courbé des haleurs de bateaux. ».

※

Pour remonter un bateau chargé de charbon, par exemple, il fallait communément, par les grosses eaux, dix hommes, dont le patron à la barre. Par les basses eaux, sept suffisaient. Le vrai danger commençait à la Mort-qui-trompe, vers les moyes (de *mota*, substantif verbal de *motare*). Ainsi qu'on se le rappelle, il y avait là comme une chute d'eau, alors que les roches qui obstruaient la plus grande partie du lit de la rivière n'avaient pas encore été enlevées. Si les eaux étaient basses on pouvait passer « devers terre », sous la grande arche. Si elles étaient fortes, on passait defore *(de foris)*, sous la deuxième arche. Pour gagner au courant, on mettait double rang d'échelles et trente hommes.

Malgré tant d'efforts, sous l'impétuosité des eaux, parfois le bateau cabuchait (de *caput*), c'est-à-dire qu'il virait sur lui-même, piquant la tête dans le grand courant. Alors un modère qui, à cet endroit, se tenait toujours prêt, d'un coup de hache coupait la maille. Quelquefois, il n'arrivait pas à temps et le bateau plongeait, les hommes se sauvant comme ils pouvaient, à la nage. Telle était la force des moyes qu'une fois un bateau de charbon ayant péri au droit du café Neptune, il fut littéralement vidé au fond de l'eau, et en moins d'une heure revenait « à cul », c'est-à-dire le fond en l'air.

Quarante ou cinquante années nous séparent à peine de ces choses et il semble, en les racontant, que l'on est contemporain de ces temps héroïques où Hercule domptait les monstres et où la force et l'adresse physiques possédaient la domination de la terre. De ces modères, il y en avait aussi qui eussent pu dompter des monstres, comme Paray, dit Cadet Botte, et Gros-Benêt, de son nom Fleury. Gros-Benêt renouvelait des exploits de Milon de Crotone. Il couchait une échelle à terre, qu'il attachait, comme sur les bateaux à remonter. Il s'y étendait, des pieds, des mains s'arrapant aux échelons. On attelait alors un cheval à sa bricole, et vainement le fouettait-on, il ne dérapait pas Gros-Benêt.

*_**

Les *Tablettes historiques*, journal hebdomadaire dont la collection est précieuse à consulter pour notre histoire lyonnaise, les *Tablettes historiques* du 14 décembre 1822 contenaient le récit suivant :

« Le 8, à onze heures du soir, un individu est tombé dans la Saône par accident, au port Sablé. Le nommé Fleuri Modère s'est jeté à l'eau et a retiré vivant ce malheureux. Ce n'est pas le premier trait de courage du sieur Fleuri. »

Les *Tablettes*, peu ferrées sur notre langage populaire, avaient pris modère pour un nom propre. Elles auraient dû écrire Fleury, modère. Fleury, modère, c'était Gros-Benêt.

Les Modères, toujours sur l'eau ou sur les ports, habiles nageurs, exposant facilement leur vie, ont ainsi accompli beaucoup d'actes de sauvetage.

Les Marmet, des Bêches, presque tous modères, étaient célèbres pour des actes de ce genre. Les *Tablettes* écrivaient encore le 23 août 1823 :

« Tous les jeunes gens de Lyon connaissent cette honnête famille Marmet, dont il n'est pas un des membres qui n'ait sauvé quelque personne... Les sentiments courageux se perpétuent dans leurs estimables enfants. On a encore vu, le 19 du présent mois, un fils de François Marmet, employé à l'école de natation, sauver un jeune homme, etc. »

J'imagine que le jour où ces vaillants Hercules virent pour la première fois un remorqueur à vapeur, trainant un de leurs gros bateaux, remonter aisément le courant, sous le coup de pouce de quelque mécanicien chétif pressant un bouton de la machine, ils durent se dire que l'âge de fer était de retour. Sans doute ils éprouvèrent quelque chose de ce qu'éprouvait le chevalier bardé de fer, qui pouvait trancher un homme d'une épée de six pieds, et se sentait tomber sous la balle de quelque vilain, caché derrière un arbre et muni d'une arquebuse, l'arme des lâches, disait Bayard.

La première concession que les Modères firent à l'âge de fer et aux envahissements de la mécanique, ce fut de remplacer les trente hommes nécessaires pour la remonte d'un bateau, à la Mort-qui-trompe, par un cabestan, une sorte de manège mû à bras d'hommes, qu'ils installèrent sur un bateau à fond plat, en face de la Pêcherie, là où sont les bachuts. Ce devait être en 1828 ou 30. Puis, on perfectionna la chose en faisant tirer les barres par des chevaux.

Enfin, après la grande campagne des blés de 1846, les Modères n'ayant pu suffire à toutes les remontes, ils firent cette concession à l'esprit du siècle d'acheter une machine à vapeur pour faire fonctionner le manège.

Mais il fallut aller plus loin. Obligés d'économiser les frais de traction, les Modères firent faire un assez méchant remorqueur, pataud, que nous avons tous vu parcourir la rivière avec l'étiquette : « Compagnie des Modères ». Adieu les bricoles, la maille, les échelles, les Ah, hisse! et les Tati! la compagnie devenait un simple industriel.

Mais, même sous cette forme moins poétique, elle ne pouvait pas vivre. Ses jours étaient comptés. Le chemin de fer était venu, qui avait tué la batellerie. Il n'y avait plus de bateaux à remonter. Les Modères qui, jadis, ne pouvaient suffire à l'ouvrage, étaient devenus trop nombreux et leurs muscles restaient oisifs. On ne remplaçait plus les morts. Finalement, le remorqueur, saisi par les créanciers, disparut. Des Modères, il n'en reste, à l'heure où j'écris, que trois survivants : Bosco, de son nom Frédéric Guillot; Pommade, de son nom Grolle; Mami, de son nom Jacques Aubert, fils de cet Aubert, qui fut le dernier des Joûteurs, dont j'ai parlé à l'article *Joûtes*, dans les *Vieilleries*, et qui est mort en 1869 (1). Celui-ci aurait aujourd'hui cent ans, bien sonnés, étant né en 1781. Son petit-fils, qui était capitaine de la joûte de Saint-Georges

---

(1) Un grand nombre des membres de la célèbre Compagnie des trente-trois Joûteurs étaient des Modères. Le vieux père Marmet, le borgne, dont j'ai parlé à propos des Bêches du Pont-de-Pierre, était aussi modère.

en 1874, a émigré à Paris, avec une petite colonie de mariniers lyonnais qui ont formé les équipages des Mouches de la Seine, où il est capitaine.

*
* *

Ce ne sont pas seulement les Modères qui ont disparu. Ce sont avec eux tous nos hommes de rivière. Avec la batellerie, c'est toute une race qui s'en est allée. Givors, Condrieux étaient principalement ses lieux d'origine. Race magnifiquement charpentée, saine au moral et au physique, bien gagnante, bien mangeante (1) et bien buvante, ayant gardé beaucoup de vieilles traditions, parlant un vieux patois tout latin et qui, bien plus que le langage canut, représente le vrai dialecte lyonnais. Les termes de notre canuserie nous viennent à peu près tous de l'italien. Par là dessus, le canut s'est créé à lui-même un langage curieux, bizarre, une sorte d'argot qui s'est surtout formé et développé au XVIIIe siècle. Tout autre le langage de nos mariniers, qui a dû peu varier depuis les *Nautes*, leurs grands-pères. C'est grand'pitié que la disparition de ces beaux et fiers hommes. Pour l'artiste, il y a loin de ces colosses forgés sous le marteau, solides, de sang-froid, habitués aux périls, ayant le sentiment de la

---

(1) La cuisine des mariniers était renommée. Il n'y a guère de temps qu'il existait encore à la Mulatière, au bord du Rhône, l'auberge de la *Cloche d'argent*, tenue par la mère Livernay, où l'on mangeait de cette cuisine, notamment les « Grillades à la marinière », morceau fort appétissant.

responsabilité, l'habitude de l initiative, gardant les traditions du devoir et le courage du soldat, à l'employé un peu automatique du chemin de fer, dont leurs petits-fils sont obligés de coiffer la casquette.

1881.

PROPOS DE GUEULE LYONNAIS

ON a souvent cherché la différence profonde, radicale entre les hommes et les autres animaux. Aucuns l'ont trouvée dans la faculté qu'a l'homme de lever le nez en l'air pour voir la lune. D'autres, dans celle de boire sans soif et d'avoir le cœur sensible en tout temps. D'autres enfin, dans la faculté de parler, ce qui est manifestement une erreur, puisque alors les femmes seraient supérieures aux hommes.

La véritable supériorité des hommes sur les autres animaux, c'est qu'ils s'invitent à dîner.

*
* *

D'où vient le charme que l'on ressent à remuer la mâchoire les uns devant les autres ? Pourquoi de travailler des dents à plusieurs porte-t-il à l'amitié, à se voir mutuellement d'un œil plus bénévole ? Qui croirait qu'entre le cœur et la voûte palatine il y ait des liaisons si mystérieuses ! Je n'en sais rien, mais, d'où que vienne la chose, on ne peut douter qu'elle ne soit.

J'irai plus outre, et je dis d'un homme qui n'a point encore dépassé vingt-cinq ans, que s'il peut dîner avec des camarades, avec des amis, sans hasarder un pied sur le bord de la vigne du Seigneur, sans se faire un tantinet joli garçon, sans se piquer légèrement le nez, sans mettre un petit bout de plumet, pas trop, mais un peu, de manière à se sentir heureux de vivre, je dis que celui-là est un homme qui n'est pas sûr. Croyez qu'il est incapable de chaleur de cœur, de ces mouvements généreux des âmes nées aux grandes choses, incapable, en un mot, des belles amitiés. Il sera prudent, avisé, honnête, je n'en doute point. Seulement il se fera toujours passer devant les autres. — Dis-je à tort ?

C'est grand heur que de manger bien et bon, et boire d'autant, mais qui n'existe qu'à condition d'avoir en face de soi des visages amis. Vous figurez-vous un homme qui demanderait à Pierre, du Café Neuf, un salon pour s'y embocquer, se truffer, s'empiffrer, se bourrer, se gaver, se tuber, se taper le fusil, et s'arroser à soi seul tout seul ? Ce serait la gastronomie d'Onan !

Aussi quand un honnête homme dîne seul (ou avec sa femme), il en a fini en dix minutes. Quand il est à une table d'amis, les heures sont toujours trop courtes.

⁎⁎⁎

Or, ne vous semble-t-il pas que les dîners lyonnais ont plus que d'autres en partage ce parfum de la cordialité?

J'entends les repas intimes, car les « grands dîners », les dîners que l'on donne pour rendre en un seul coup tous ceux que l'on a absorbés durant l'année, ou bien pour ce que votre « position » vous astreint à « recevoir », ou bien parce que « l'on a des devoirs à remplir », ceux-là ne rentrent pas dans mon sujet. Je n'en veux point médire, car les convenances sociales sont une des pièces de l'ordre du monde, et il les faut respecter. Mais enfin, ces dîners, tout y est convenu, réglé d'avance. On les sait par cœur. On « s'habille », toujours de même. On entre au salon; on offre le bras à une dame; on passe à la salle à manger, où l'on trouve son numéro matricule sur une assiette. On est entre deux dames, ou entre deux messieurs, ou entre un monsieur ou une dame, il n'importe, que communément l'on ne connaît ni des lèvres ni des dents, ou que l'on a rencontrés quelquefois, ce qui revient quasi au même, et avec lesquels il faut parler du froid qu'il fait, et qui est extraordinaire pour la saison, ou de l'exposition, qui n'est pas si belle que l'autre, ou du mariage de Mlle X... et de M. Z..., qui ont chacun tant de cent mille francs. Heureux quand la mort récente de quelque personne en vue vient offrir une précieuse diversion à ces sujets épuisés!

⁎⁎⁎

Enfin, l'on sert! Un domestique, vêtu exactement comme un invité, quelquefois mieux, surtout si l'invité c'est moi, vous place sous le nez une assiettée de potage, sans s'inquiéter de savoir s'il y en a peu ou prou ou trop, ou seulement si vous l'aimez. Ce sera tout le temps comme cela. Tant pis si vous êtes de ceux, comme votre serviteur, à qui une assiette trop chargée « ôte leur dîner ». Il faut se servir solidement, car cela ne repassera pas. Or, dites un peu voir s'il est moyen de manger d'un plat agréablement d'autre façon qu'à cha-peu ? — Est-ce bon ? Vous y revenez. — Est-ce encore bon ? Vous y revenez, et ainsi de suite. Quand j'étais petit, j'aurais mangé un bichet de « truffes frites », taillon par taillon que l'on tire du plat. Car d'en avoir mon assiette couverte, j'eusse à peine pu y goûter. Tel le chasseur dans les vignes, son chien devant, mange, sans y penser, dix livres de raisin. Qu'on lui en mette un panier *rasibus* sous l'ouverture idoine, à la seconde graine il en aura des nausées. En amour, en amitié, en mangeaille, c'est toujours la même chose : il n'y a que le revenez-y de bon.

D'aucuns prétendent qu'ils « ont » chaque carnaval un grand nombre de dîners. Présomption pure. Ils mangent le même dîner plusieurs fois, voilà tout. Après le même potage, ils voient apparaître le même relevé : des bouchées à la reine ; puis le même poisson : un turbot, à la même sauce hollandaise ; puis la même entrée : un filet au madère avec des truffes ; puis les mêmes légumes, qui sont des primeurs (ou des conserves) : haricots verts ou petits pois, à l'anglaise toujours. Rôti, ce sera quelquefois du gibier, faisan ou bécasses, mais, neuf fois sur dix, une dinde truffée. Heureux si, avec les truffes, on n'y a point fourré de la pâte de saucisses !

Après le rôti, salade ; de langoustes, quelquefois ; le plus souvent de simple chicorée. Puis, la même bombe glacée à la vanille, cafie, dure, qui, à l'attaque, se décompose en prismes, comme la pierre de taille s'écrasant sous l'excès de charge. Enfin, dessert. — Et voilà votre menu, infaillible comme le pape.

Que dis-je, le même menu ! Ce n'est point assez. Jusqu'au même domestique loué que l'on retrouve partout et qui, de la même voix, à mêmes intervalles réguliers, laisse tomber ces mêmes mots : « Bordeaux ? Bourgogne ? » désignations vagues, qui ne laissent pas d'être menaçantes, et auxquelles, au dessert, s'ajoute celle-ci, non moins propre à inquiéter : « Champagne » (non frappé). — Puis c'est fait. Tout l'office a duré quarante-cinq minutes. On se lève, on offre son bras ; on prend au salon une tasse de café, un petit verre. On passe au fumoir. Un cigare. Puis l'on tire pays. — Et ces choses néanmoins sont ce qu'on appelle dîner !...

Nota bene que je ne dis pas qu'avec le menu que je viens de décrire, l'on ne puisse fort bien manger. Je dis même qu'il y a trop de plats. Mais d'abord ces dîners du monde ont beaucoup d'invités. Ils tiennent de la fournée. Or, un dîner à beaucoup, un dîner en façon de repas de corps ne sera jamais parfaitement réussi, pas plus que les foules ne seront jamais spirituelles. Ces repas nombreux participent de la démocratie. Il faut la subir, mais en sachant que le mieux que l'on en puisse tirer, c'est le médiocre. Les mets fins ne se font pas en marmitée. Bon pour la gamelle ! sans compter que, fussent-ils bons, les plats arriveraient toujours froids aux derniers servis. Ces repas sont les tramways de la gastronomie. Ils rendent des services, sont peu coûteux, et contiennent beaucoup de places. Il ne faut pas leur demander davantage.

※
※ ※

L'inutile sera toujours plus aimable que l'utile ; le beau, plus délicat que le solide ; ce qui n'est pas commandé, plus agréable que ce qui est imposé. D'où suit qu'on vole aucunes fois avec plus d'ardeur aux bagatelles qu'à la poursuite de son établissement ; que l'épouse légitime, même parfaite, a pour les maris, souvent, un tort déjà, qui est d'être légitime. Réciproque d'ailleurs, et au delà, pour les maris aux yeux de leurs femmes. Conclusion, que les dîners imposés par les convenances sociales ou, par les exigences de la famille, ne vaudront jamais le modeste symposium inspiré par le désir de manger bien en honnête compagnie, où la causerie tiendra autant de place que la mise en jeu de la mâchoire et le bon mot que le bon morceau ; vu d'ailleurs qu'il n'est rien qui plus aide à notre santé et à la concoction, qu'après avoir récréé et repu le corps, récréer et repaître l'esprit par ces discours plaisants, honnêtes et joyeux, se sentant du bon sang et bon sens qu'engendre le bon vin dont ils sont précédés.

Notre premier soin sera le choix de nos invités. Qu'ils ne passent point neuf ou dix, au plus, à celle fin d'abord que tout un chacun soit servi chaud, que les plats ne deviennent point des bachassées, et surtout que l'on s'entende tous parler. Une table où il s'établit plusieurs conversations séparées n'est plus qu'une table d'hôte. Principalement que tous soient amis. Rendez vous certain qu'entre aucuns il n'existe le moindre nuage. N'introduisez pas volontiers des inconnus, à moins de raisons particulières. Souvent on désire connaître une personne dont on a ouï parler, voir quelque personnage de marque, parfois de passage. Soit. Mais alors ce ne sera point exactement ce que nous avions supposé, à savoir une réjouissance de table, tendant à fin de resserrer l'amitié par le moyen du plaisir que l'on a de boire et de manger en une compagnie affectionnante et affectionnée. Ce seront choses de curiosité ou d'agrément, mais qui ne sont point de notre présente juridiction.

C'est pourquoi il me semble que Chilon fit très sagement, lequel étant convié par Periander, tyran de Corinthe, au banquet des Sept Sages, qui eut lieu au port de Lecheon, en la quarante-huitième olympiade, ne voulut jamais promettre d'y venir que, premièrement, il ne sût qui étaient les conviés l'un après l'autre, car il disait « que l'on est contraint, veuille lon ou non, de supporter un com-

« pagnon fascheux en une navire, quand on est sur la mer,
« et en un pavillon quand on est à la guerre, pour ce qu'il
« est force de naviguer et camper avec eulx : mais de se
« mesler indifféremment et sans discrétion avec toutes
« sortes de gens en un bancquet, c'est à faire à l'homme
« qui n'a point de jugement. »

*
* *

De notre réunion bannirons-nous le sexe enchanteur ?
— Je dis oui, faisant exception pour la maîtresse de maison, Grâce décente présidant à la réunion, veillant à mille soins délicats (si pourtant elle était absente, on pourrait dîner tout de même). Mais pas d'autres femmes, d'abord parce que la femme ne sait pas manger, et que le savoir manger est une des conditions exigées de nos convives. Il n'est pas donné à tous, mais surtout il n'est pas donné aux femmes de s'élever à cette supériorité d'esprit, à cette perfection du goût et du savoir qui est nécessaire pour comprendre un bon morceau.

Car ne soyez point assez sots de croire qu'un bon morceau se goûte seulement avec le palais, il se goûte bien plus avec l'esprit. Le palais n'est qu'un agent de transmission. C'est comme si vous disiez d'un Raphaël ou d'un Ruysdaël qu'il se juge avec les yeux. Pour lors, celui qui aurait les meilleures lunettes serait donc le meilleur critique ? Apprenez que vous jugez d'un plat exactement avec les mêmes facultés de comparaison, de réflexion, de généralisation, qui vous font juger d'une pièce de vers, ou d'un tableau, ou d'un opéra. Ce sont les mêmes qualités de goût et d'inspiration qui font les grands poètes et les grands cuisiniers.

⁂

Il faut ajouter que le sens de la gourmandise se lie plus particulièrement aux facultés de l'artiste. On a vu des philosophes, des savants, des financiers, voire des théologiens, n'être pas gourmands, des poètes et des artistes jamais.

Chez l'excellent curé Boué, l'archéologue, l'on mangeait de façon épouvantable, sans qu'il s'en aperçût. Aussi chantait-il faux comme Judas Iscariote. Quand il entonnait la préface, je me trouvais mal.

Il me souvient encore qu'au temps où saint-Joseph était jeune homme, je dînais de fois à autre chez un de mes camarades, devenu depuis cinquante ou cent fois millionnaire. Excusez du peu. Or est-il qu'un jour, grâce à sa femme, on mangeait chez lui des truffes pleines de poésie, auxquelles le malheureux déclarait préférer des pommes de terre. De ce moment, il était jugé ! — Quelques jours après nous visitions ensemble l'exposition, où se trouvait la copie, par Faivre, de l'admirable Raphaël : *Apollon écorchant le satyre Marsyas*. Je m'arrêtai devant, lui avec moi. — « Voilà un lièvre bigrement mal fait ! » qu'il dit, croyant que je l'avais amené pour voir je ne sais quelle nature morte à côté.

Une autre fois, sur l'*Hirondelle*, qui partait du quai de Bondy pour Châlons, nous regardions le débarcadère, baraque en bois et en briques qui n'eût point suffi à conduire

Dardel à la postérité, s'il n'avait fait la Bourse. — « Voilà, me dit-il, qui est plus beau que Saint-Jean, parce que cela répond à quelque chose de plus utile. » — Dites s'il ne vaudrait pas mieux moins de millions, et pouvoir comprendre Saint-Jean, Raphaël, et les truffes !

Si la poésie et la cuisine sont deux sœurs, ce sont également les mêmes facultés d'ordre, de prévoyance, de jugement, qui font administrer sagement une république, combiner les mouvements stratégiques d'une armée, et ordonner un bon repas. Et Plutarque nous raconte que Paul-Emile, celui qui défit le roi de Macédoine, Persée, après sa victoire fit de beaux et magnifiques festins, en lesquels il observa pour toute chose un ordre et disposition merveilleux, disant que « d'une même suffisance d'entendement dépendait et procédait le savoir ordonner une bataille bien formidable aux ennemis, et un festin bien agréable aux amis ». Car, ajoute judicieusement Plutarque, l'un et l'autre dépendent d'un bon jugement, de savoir bien ordonner.

Nous disions donc comme cela que les femmes n'entendent rien à manger. Est-ce mensonge ? — De quoi se nourrissent-elles ? De cornichons, de vinaigre, ou bien encore de confiseries, de pâtisseries, de petites bêtises qui donnent mal au cœur. Avec cela comment goûter un livre ou un mets sérieux ? — Vous me direz, il est vrai, qu'il passe plus de champagne sous de jolis nez relevés que sous des moustaches, et qu'il y a plus d'écrevisses cassées par de petites dents, blanches comme la noix nouvelle, que par de respectables mâchelières en ivoire jauni. Que cela prouve-t-il ? Qu'il y a des *licheuses*, mais non point qu'il y ait des gourmandes. Vulgaires licheuses, petafinant les biens du bon Dieu pour le plaisir de les petafiner, sans les comprendre !

Les femmes savent aimer. — Certes, l'amour est une belle chose, mais bien faible au respect de l'art de manger. Les animaux, eux aussi, connaissent l'amour, et beaucoup d'entre eux y réussissent mieux que nous ! Ils ne connaissent pas la gastronomie. S'ils la connaissaient, il ne resterait plus guère que le baptême pour nous distinguer.

***

« Lorsque quelqu'un me dit : *Partons d'un principe...*, je me sens aussitôt tout triste », écrit Doudan. Je ne sais si en autres choses il y a des principes, mais j'affirme qu'il en existe en cuisine. Le premier est celui-ci : il n'y a pas de mauvais mets, il n'y a que des mets mal préparés. Un plat de vulgaires pommes de terre sautées, si elles sont bien apprêtées, si ce sont des pommes de terre de la montagne, nées en terrain siliceux, cuites à point, baignant dans du beurre d'Isigny, les taillons bien menus, grillottées, surprises, est un mets des dieux, cent mille fois préférable à un ortolan tant soit peu manqué, je dirais presque à un ortolan réussi.

Le « bouilli », ce bouilli qu'on tient pour si banal, qui

est aux festins ce que les joies austères du mariage sont à l'amour, si c'est un beau rond de veine, ou même du prein (le prein n'est point à dédaigner), cuit à point, juteux, mêlé à juste raison de gras et de maigre, vous ne dédaignerez point de l'offrir à vos meilleurs amis.

※
※ ※

« Partant de ce principe », nous ne serons point obligés à n'avoir dans notre symposium que des mets extraordinaires. Nous suffise qu'ils soient le mieux faits possible. Peu de plats. Les festins pantagruéliques, où les viandes succèdent aux viandes, les bons vins aux bons vins, où l'on est bruyant, où l'on rit large, où l'on chante à la fin, où la face devient rouge, où l'on fait des bêtises, ne sont point les nôtres. Il n'en faut pas faire fi, mais il les faut quitter aux jeunes. Pour les jeunes, c'est l'issue par où s'échappe le trop plein de la vie. Avez-vous remarqué l'étrange bonheur que la jeunesse trouve dans les cris? Dès le potage on ne s'entend plus. A cet âge, point de plaisir, s'il n'est rehaussé par le piment de la fatigue. Plus tard, au rebours, l'on n'aimera que les plaisirs tranquilles et reposants. Ces festins de campagne ne sont point duisants à des gens de sens et d'entendement rassis, à ces sages qui raisonnent doctement sur les choses, ont des indulgences pour tout parce qu'ils comprennent tout, et qui, sans priver leur raison du droit de faire des arrêts, inclinent facilement l'oreille, sinon le jugement, aux opinions diverses.

> Chaque âge a son humeur, ses goûts et ses plaisirs,
> Et comme notre poil blanchissent nos désirs.

※
※ ※

Parmi les plats, vous choisirez, suivant la saison, ceux èsquels votre Jeanneton sera le plus experte. Plats de ménage : ce sont les meilleurs, comme les bonnes épouses sont les meilleures femmes. Quelquefois même ce seront les plus nouveaux. Toujours comme les honnêtes femmes.

Savez-vous que si votre Margoton sait fabriquer une bonne murette, bien fondante, bien réduite; un bon carpeau à l'étuvée, bien moelleux ; une bonne matelotte, suffisamment noire et montée, qui bout joyeusement sur le plat d'argent, ce ne sera déjà point banal ? — Eh, eh ! que diriez-vous d'une simple lotte au beurre, de celles pour lesquelles la reine...? Avec cela une bonne volaille de Bresse, bien fine, de celles qui arrivent en chemise, à la peau blanche, à la croupe rebondie comme celle d'une odalisque, parfaitement bouillie, ni trop, ni trop peu ?... — Mets tout lyonnais. Les Parisiens ne savent pas ce que c'est qu'une volaille bouillie. — Encore la pouvez-vous mettre à l'estragon, vieux condiment lyonnais, fin, que l'on tend à oublier. Puis des accessoires encore lyonnais, point à omettre : un cervelas truffé, de Barange ou de Chatal, servi sur des épinards recuits; un pâté de gibier, de Lemoyne ; un rustique saucisson de campagne, de Sain-Bel ou de Saint-Symphorien ; des pieds de cochon (parlant par respect) truffés, sur le gril, (« du cayon jusqu'au pied tout est bon ») et mille autres qui ne me reviennent pas. Jusqu'à l'humble pain de côtelettes qu'il ne faut point mépriser.

※
※ ※

Il ne siérait point de pousser la vaine gloire jusqu'à ne pas souffrir qu'à l'occasion un plat venu de chez le traiteur ne subvienne à la science, possible trop peu variée, de votre cuisinière. Faites choix alors du plat coutumier du Vatel à qui vous vous adresserez. Pierre, du Café Neuf, vous enverra un carpeau du Rhin farci, gros, épais, qui fond harmonieusement dans la bouche. En mon âge florissant, on faisait venir de chez Grand, alors au port Saint-Clair, ou de chez Payet, de l'Ecu de France, à la Platière, de vastes pâtés de bécasses, aux truffes, dans une croûte. — Onctueux, ample et succulent. — De cela, on en mangeait jusqu'à ce que la peau du ventre tirât. Encore, en se tenant debout, en pouvait-on mettre quelque peu en plus. De surcroît, la croûte servait le lendemain pour enfermer du macaroni aux truffes, qui achevait de s'abonnir entre ces parois parfumées. Manquait-on de bécasses ? Ces pâtés n'étaient point mauvais étant de simples perdreaux, que dis-je, voire étant de modestes alouettes ! C'est même la seule manière honnête de manger ces oiseaux duriuscules et à chair ligneuse, qui ne semblent faits que pour saluer l'aurore.

On a mis à la mode le homard à l'américaine. C'est possible un peu chaud, excitant, pour des philosophes, mais, ma foi, fort bon ! Casati en exporte à domicile qui valent un long poème. Ceux de Louis ne leur cèdent pas. Une riche potée d'écrevisses à la Nantua, à la couleur d'orpin rouge, rompu d'un blanc laiteux, si elles sont bien réussies et n'ont point le léger goût de lissieu, dans lequel elles glissent parfois, vous la devez considérer avec respect. — Mets favori du grand Chenavard. — Morateur les réussit. Et les quenelles de chez Deau ? Cela s'écrit-il Dô ou Dau ou Deau ? Je n'en ai cure, me souciant moins de l'orthographe que de la qualité des quenelles, qui est exquise. J'omets une foule d'autres plats lyonnais qui ont leurs « spécialistes », n'étant plus au courant des choses, et ce présent article ne se pouvant d'ailleurs transformer en nomenclature.

Lyon est, avec Bourg, le pays du monde où l'on entend le mieux la cuisine. Mais pourtant ne devez-vous point vous faire scrupule à l'occasion de quelques emprunts à des pays moins favorisés. Au mois de mai, une alose à la provençale (pourvu qu'elle ait été pêchée en aval de Valence), un peu montée, les arêtes absolument fondues, baignant dans l'oseille et dans l'huile, ne déshonore point un déjeuner. La bouillabaisse aurait pu se servir à Jupiter, s'il était venu à Marseille, et qu'il l'eût mangée à midi, faite de poissons pêchés la nuit. On dit pourtant que Morateur en fait venir qui, malgré la distance, mérite encore un prix d'excellence. Des cèpes de Bordeaux, à la provençale, quoique d'un transit un peu cahotant, à cause de l'ail, valent une belle conversation d'amour. Mais mieux encore que tout cela, vous porterez votre tendresse sur un simple plat de truffes à la crème, qui dépasse de cent coudées le croûton *dito*. Ne dédaignez point non plus d'emprunter au Velay ses morilles. Et à tous ces légumes échauffants un plat de légumes verts sera un heureux reposoir. S'il s'agit de haricots, ils seront excellents à l'anglaise, mais si, à cet air que nous avons entendu partout, nous substituions la vieille mélodie lyonnaise des haricots sautés à la poêle, plus foncés en couleur, rompus de petits oignons ? — Ce serait plus savoureux et plus original. Si ce sont des petits pois, qu'ils sortent toujours de la main de votre cordon-bleu. C'est comme le bouilli, qui ne se fait bon que dans le ménage. Il les faut fins, au jambon, avec de la laitue, force jus, à peine de bouillon, dans une sauce bien liée, se rappelant que farine est la peste des sauces. — Ah! la cuisine! c'est là qu'il ne faut pas de secousses! c'est là qu'il faut ménager les transitions! c'est là qu'il suffit d'un scrupule de trop ou de trop peu pour tout gâter! un solo de violon, hérissé de difficultés, de nuances fugitives, délicates, exécuté avec aisance, sûreté et *maestria*, n'est qu'une faible image d'un plat bien réussi.

Il faut s'arrêter. Un tel sujet ne s'épuiserait jamais. On écrirait des volumes dessus sans se lasser. C'est une beauté toujours ancienne et toujours nouvelle. Mais il faut des bornes à tout, même à la vertu, même à la cuisine. Et pourtant, comment passer sans dire ne fût-ce qu'un mot des rôtis? — Si c'est le moment, rien, rien ne vaudra jamais des becfis fins, au cul de graisse, dans une casserole de terre. Que l'ortolan est misérable à ce prix! C'est alors que l'on voudrait avoir le gosier en tire-bouchon, pour que cela passât moins vite. Hélas, la saison des becfis est encore plus courte que le printemps des femmes ! A défaut de becfis, mettons un lièvre à la broche, avec une poivrade épaisse, bien liée avec le sang. Mais qu'il soit de pays. Fi de ceux d'Alsace ! Des bécasses ? — Classique comme Racine, et comme lui parfait. Bécassons, bécassines ? — Saluez ! — Mais si est-ce qu'on n'est pas toujours en saison de gibier. Alors et le chapon truffé, voire le simple filet, bien rôti, bien piqué ; que dis-je ! le gigot d'agneau à la broche, le gigot de mouton à la coquelle. Encore une fois, tout est bon, s'il est bien fait. Mais chaque chose à son heure ! N'allez pas faire comme ces malheureux qui veulent des cailles en juin, des melons en avril, des cerises à l'Ascension, des raisins en juillet et qui mangent consciencieusement des artichauts d'Afrique, des homards vides et du mouton au printemps, quand il a le goût de moutonnasse. De tout mets hors de son temps, méfiez-vous comme du violoniste de six ans et des tableaux peints avec les pieds.

Mais d'historier notre repas par le menu serait fadaise. Bien mieux vaudrait-il le manger. Ajoutons seulement que, sans nous laisser aller à l'exagération de ceux qui veulent qu'en tel festin l'on renvoie les domestiques pour se donner l'ennui de changer d'assiettes soi-même, comme font les Anglais au *breakfast*, cependant nous réduirons l'office des domestiques aux œuvres purement serviles.

Le plus adroit d'entre nous, à défaut de l'amphitryon, découpera, et la maitresse de maison, s'il y en a une, servira les convives, consultant les goûts et les appétits de chacun, et n'oubliant pas le revenez-y, sans insister au delà d'une juste mesure. Et le maître de maison ne confiera point à un mercenaire le soin précieux de servir les vins. Et l'on n'ira point prendre le café en débandade, au salon, sur un coin de cheminée, mais bien le prendra-t-on religieusement, à l'aise, le ventre à table, bien assis, à seule fin qu'on le savoure à loisir, et qu'il ne vous tombe point dans les jambes.

Et donnez-vous de garde de faire comme ces naïfs qui croient que la civilité puérile et honnête est de manger un dîner sans avoir l'air d'y faire attention, comme les dames qui croient de la bienséance de ne point ouvrir les boîtes de bonbons qu'on leur apporte au jour de l'an. Il est bien, au contraire, d'entremêler aux conversations doctes des propos familiers touchant la réfection présente. Car si vous visitiez un musée en compagnie d'artistes amis, ne vous éclaireriez-vous point de vos impressions et de vos idées respectives ? Et ne croyez-vous point qu'un bon repas ne soit pas le meilleur des tableaux ? Manger d'une chose bonne sans en parler, autant dire que les caresses entre amoureux se peuvent échanger sans doux propos !

Mais quoi ! Faudra-t-il donc dire des plats mauvais qu'ils sont mauvais ? Hé ! pourquoi non ? L'amitié est bien faible, si elle ne va jusqu'à supporter cela. « J'aime une société et familiarité forte et virile, dit un docte ; une amitié qui se flatte en l'aspreté et vigueur de son commerce, comme l'amour aux morsures et aux escratignures sanglantes ».

※

Et maintenant, ô Jupiter ! de ces champs élyséens où se réuniront les sages après la mort, bannis les plaisirs vulgaires, bannis les choses violentes, bannis les choses passagères, bannis cet amour, de quoi l'on peut dire que c'est contre sa nature, s'il n'est violent, et contre la nature de la violence, s'il est constant ; bannis les choses vides, mortelles et terrestres, mais laisse-nous les joies sereines, durables et pures de la cuisine !

1882.

LE CARNAVAL LYONNAIS

Un écrivain de très grand talent (1), mais qui cherche trop parfois le fin du fin, et n'écrit pas assez à la bonne franquette, à mon gré, a dit quelque part que « s'amuser est une manière inférieure, une manière réelle pourtant de toucher le but de la vie ».

Je ne suis pas bien sûr qu'en s'amusant on touche le but de la vie, et ne sais même pas très bien ce que c'est de le toucher, mais je dirai volontiers que de s'amuser est chose fort agréable, à la condition que l'on soit jeune, bien portant; que l'on ait bien travaillé auparavant, pour bien travailler après.

* * *

Et encore, quand je dis cela, suis-je obligé de faire un effort pour me ressouvenir du désir que j'ai pu éprouver jadis de m'amuser, car on ne s'explique bien que les

(1) M. Renan.

choses que l'on ressent et non pas celles que l'on ne ressent plus. Peut-être s'exprimerait-on plus simplement en disant que l'on ne ressent que ce que l'on ressent.

Lorsque l'on est devenu vieux, lassé, malade, que l'on est quasi réduit à envisager la mort comme un repos, on trouve que la meilleure manière de « toucher le but de la vie », ce serait, tout modestement, de ne pas souffrir. — Que les autres aient le goût de chanter, danser, rire et boire, on n'est pas loin de les juger fous. Pourtant on en fit jadis autant! Ainsi de nos jugements, et c'est dans l'ordre. Autrement ce serait mesurer les choses avec d'autres bras que les siens.

*
* *

Avez-vous jamais songé à ce qui peut motiver ce besoin qu'éprouve l'homme, lorsqu'il est jeune et en bonne santé, de se fatiguer le corps, de gravir les escarpements, de lutter, de nager, de courir, de crier, de chanter et tout le reste, et, puisqu'il s'agit ici de carnaval, lorsque certain moment de l'année est venu, de se déguiser, de se masquer, d'échanger des propos grivois, et de se trémousser toute une nuit dans une salle fétide par cinquante degrés de chaleur ?

Il me semble que ce besoin de ce que nous appelons plaisirs se rattache à deux fins physiques, ordonnées par la bonne nature : En premier lieu, le développement de nos forces et la conservation de la santé par l'exercice musculaire ; en second lieu, la perpétuité de l'espèce par l'attrait de « l'Éternel féminin ». La plupart des plaisirs ne sont même des plaisirs que parce que la femme y est mêlée. Je ne dis pas que ce soit heureux ; je dis que c'est comme cela. A ces deux mobiles, j'en ajoute un troisième : la vanité. On ne se plaît bien qu'aux exercices du corps où l'on a de la supériorité, aux jeux où l'on est « fort ». Il y a d'ailleurs une foule de choses pour lesquelles la vanité et l'attrait du féminin sont réunis, et s'accommodent très bien entre eux.

*
* *

Un des plaisirs les plus vifs de la jeunesse, c'est la danse. C'est même, je crois, le plus vif de tous. Au fond, « tout ça, c'est des affaires de femmes », encore même qu'on cherchât à se le déguiser. — Amour, selon le dire d'un ancien, apprend les ânes à danser. — Je connaissais un bon curé de campagne, pas loin de Lyon. Or est-il qu'il recevait un jour la confession d'un jeune homme. Le pénitent de conter qu'il avait dansé, le confesseur de le lui défendre. Le jeune homme parlementait. La chose en valait la peine : « Mais mon père, disait-il, je ne fais aucun mal : je danse pour le plaisir de danser. — S'il en est ainsi, dit le curé, je ne saurais refuser si honnête divertissement. Venez me voir dimanche à cinq heures. Je sais danser la polka. Nous la danserons ensemble jusqu'à sept. Le vicaire jouera du flageolet. — O mon père, fit le jeune homme, ce n'est pas la même chose ! » — Je le crois bien, que ce n'est pas la même chose !

Qui dit carnaval dit mascarade. Quelle est l'origine de ce singulier usage de se masquer? Je l'ignore, et ne me soucie point de me ronger les ongles à le rechercher. Tout le monde sait que les travestissements et les masques étaient une pièce importante des cérémonies religieuses de l'Égypte. Je ne puis dire s'il en était de même en Grèce et à Rome. Je n'ai pas souvenir d'avoir lu que le masque antique fût employé à autre chose qu'aux représentations théâtrales.

Dans les romans de chevalerie du moyen-âge, il est souvent question de chevaliers masqués, et Lacurne de Sainte Palaye pense que c'est de là que notre usage de se masquer tire son origine.

Quoi qu'il en soit, à partir du xive siècle, l'usage se répandit beaucoup des mascarades. Inutile de rappeler celles, si fameuses, de la cour des Valois, et les fêtes du xviie siècle, où l'emploi du masque et du travestissement n'était pas restreint, comme aujourd'hui, à l'époque du carnaval.

Les mascarades de la Régence furent célèbres. Arriva la Révolution. Les bals masqués, qu'elle avait interrompus, revinrent à la mode dès le temps du Directoire, et bientôt les bandes populaires recommencèrent leurs joyeuses promenades.

J'ai dit les mascarades populaires, qui sont les seules à nous occuper. Dès le moyen âge, à côté des mascarades de la cour, il y avait les populaires, qui n'étaient qu'une occasion de tourner en ridicule certaines choses et certains personnages. Dans plusieurs villes, ce genre de divertissement avait pris la proportion d'une institution. Lyon ne demeura point en arrière. On connaît sa fameuse fête du *Cheval fol*. Bien de nos mascarades historiques sont restées célèbres : les *Chevauchées de l'asne*, de septembre 1566 et novembre 1578; l'*Entrée magnifique de Bacchus et de madame Dimanche grasse, sa femme, faicte en la ville de Lyon, le 14 febvrier 1627*, etc., etc. Tous les détails de ces fêtes sont trop connus pour avoir à les rappeler ici.

Après la Révolution, il y eut en France une fièvre de plaisirs, comme la peuvent ressentir des gens qui viennent d'échapper à la mort. Cette fièvre se renouvela, lors de la rentrée des Bourbons, quand on se vit délivré du fléau des guerres impériales. Ma mère me racontait que la manie de danser avait pris tout le monde. La nuit tombant, sur la place des Cordeliers, un voisin arrivait avec son violon, et les gens de se mettre en branle. Cela se renouvelait sur beaucoup de points de la ville.

Les gouvernements n'obtiennent jamais l'assentiment général que le jour de leur installation à la place de celui qu'ils ont renversé. Le lendemain l'opposition recommence; elle grandit. Peu d'années ne sont pas écoulées qu'ils sont battus en brèche avec rage. Le carnaval de l'année 1823

fournit à l'opposition lyonnaise une occasion de se manifester. L'histoire est connue, mais il est peut-être curieux de voir comment elle est racontée par un journal du temps, astreint, comme l'on pense, à beaucoup de discrétion :

> Le dimanche des Brandons est, de tous les jours du carnaval, celui où les plaisirs sont les plus vifs et les mascarades les plus nombreuses, mais le temps a contrarié celui de cette année ; cependant la pluie abondante n'a point empêché des masques nombreux de parcourir la ville ; ils avaient en général des costumes élégants... Mais ce qui a le plus vivement piqué la curiosité, c'est une mascarade d'un nouveau genre, dont le sujet a fait sourire de pitié les uns, et de malignité les autres : voici le fait. Sur un char attelé d'une haridelle, était posée une bière, couverte d'un drap mortuaire, sur lequel étaient représentés les emblèmes de la mort ; sur les côtés on voyait des bandelettes avec ces mots : *Assignation, Saisie, Protêt, Banqueroute. Mort en 1823.* Sur le derrière du char, on lisait : *Enterrement du Commerce.* Un *Mercure*, dont les ailes étaient brisées, conduisait le char, qui était suivi par deux ou trois cents jeunes gens vêtus en noir, et dont quelques-uns avaient *de* (1) faux nez *(sic)*.
> Le cortège, après avoir longé le quai du Rhône, est arrivé sur la place Bellecour. Là, des agents de police ont cru de leur devoir d'arrêter sa marche, de faire des représentations sur l'inconvenance de cette mascarade ; mais on a fait peu de cas de leurs observations, et on a passé outre ; arrivé sur le quai Villeroy, le cortège a été arrêté de nouveau par quelques gendarmes et des surveillants ; après des querelles, et, ajoute-t-on, de mauvais traitements, le cortège s'est dispersé, après avoir jeté dans la Saône la bière et le drap mortuaire ; ces objets ont été retirés de l'eau par des agents de l'autorité, et doivent servir de pièces de conviction pour une procédure que le procureur du Roi instruit contre les auteurs de cette farce...

Et le journal d'ajouter cette remarque profonde : « Cet évènement fait naître bien des réflexions, nous croyons devoir nous en abstenir. »

(1) *De* pour *des*, lyonnaisisme fort répandu chez nous.

※

L'affaire mena grand bruit. Les jeunes gens compromis appartenaient tous à d'honorables familles bourgeoises, car, à cette époque, c'est de la bourgeoisie et non du peuple que partait l'opposition. Parmi eux se trouvaient M. Baudouin, orfèvre, place du Plâtre; M. Gantillon, commis chez M. Mariéton, drapier, place Saint-Pierre; Charles Philipon fils, le dessinateur célèbre, qui, depuis, fit une si rude guerre à Louis-Philippe avec son crayon et fondateur du *Journal amusant*, etc.

※

Quand il souffle un vent d'opposition, il se glisse partout. La Restauration avait eu le soin de suspendre l'inamovibilité de la magistrature, pour éloigner les magistrats soupçonnés d'hostilité. Sans doute elle n'avait pas encore procédé avec assez de sévérité dans ses choix. Le tribunal, en effet, acquitta les prévenus par ce considérant assez étrange, que les emblèmes n'avaient rien de séditieux, *ne présentaient rien d'hostile au gouvernement!* Quant aux cris et aux chants, dont il était impossible de contester le caractère séditieux, le tribunal considéra qu'on ne pouvait préciser quels étaient ceux des inculpés qui avaient poussé les uns ou chanté les autres.

Le procureur du Roi interjeta appel. Quoique les cours soient le plus souvent composées de magistrats qui n'ont plus rien à attendre des faveurs du gouvernement, elles sont toujours plus « réactionnaires », comme on dit, que les tribunaux. C'est possible un simple effet de l'âge des magistrats. Le 5 mai 1823, la chambre des appels de police correctionnelle réforma la décision des premiers juges. Toutefois elle ne retint de griefs que contre deux des prévenus, dont l'un, M. Pinet, fut condamné à *six mois d'emprisonnement* et 600 francs d'amende, et l'autre, M. Faure, à un mois de prison et 150 francs d'amende. M. Pinet était celui qui avait rempli le rôle du Mercure.

***

Je me rappelle que le gouvernement de Juillet interdit les mascarades de 1832. On était trop près des terribles évènements de novembre 1831, et les réjouissances publiques, d'ailleurs peu convenables en telles circonstances, pouvaient devenir le prétexte de troubles. Les enfants sont tellement frappés des spectacles extérieurs que, bien que je n'eusse alors que cinq ans, il me souvient parfaitement d'avoir vu passer en rue Grenette, où nous demeurions, un grand tombereau plein de masques. On disait autour de moi que ces masques avaient des déguisements politiques, mais je ne compris guère ce que cela signifiait. Le tombereau fut, dit-on, arrêté un peu plus loin. En tous cas l'affaire n'eut pas les proportions de celle de 1823, et personne n'en parla.

***

Je n'ai jamais vu le carnaval à Paris, mais je me suis toujours laissé dire que la fête commençait le dimanche gras, et que lorsque, trois jours sans discontinuer, on avait fait la débauche, on allait passer la nuit du mardi gras à la Courtille, afin d'opérer cette célèbre *descente* du matin, qui durait parfois une demi-journée, et donnait le spectacle de tout un peuple ivre, moitié couvert de haillons, moitié couvert d'habits de fête, échangeant des injures ordurières.

Chez nous, je n'ai jamais vu commencer la vraie « noce » avant le mardi gras. Le dimanche, il y avait bien un air de fête. Tout le monde était dehors. On voyait des masques isolés ; quelques voitures chargées de masques faisaient le tour des quais ; mais ce n'était que peloter en attendant partie. Le lundi, on retournait à ses affaires. Le mardi, alors, cela commençait pour tout de bon.

*
* *

Ce jour-là je me réveillais avec la pensée d'un bonheur immense. On allait voir passer les bandes ! On n'a pas l'idée de ce que cela représente : « On allait voir passer les bandes ! »

Vers les midi, le spectacle commençait. Chaque quartier avait sa « bande », composée d'hommes de bonne volonté, qui se faisaient inscrire à l'avance, comme pour nos vogues. De même encore que pour nos vogues, la ville, à seule fin de donner plus d'éclat aux fêtes et de « faire amuser le peuple », fournissait une subvention aux bandes, représentées par leurs organisateurs. Ces subventions servaient à payer la musique et les déguisements et les autres frais, mais, bien entendu, les masques avaient toujours à tirer de leur poche.

Les quais se bordaient de deux files de monde. On était dans l'attente. Tout à coup on entendait au loin des tambours et de la musique. On criait : « Une bande ! » Les connaisseurs, les fins amateurs, distinguaient la musique à sa façon particulière de déchirer le tympan : « C'est la bande de Bourg-Neuf !! ». Car il faut vous dire que la bande de Bourg-Neuf était la plus célèbre et la plus belle. Elle avait une musique nombreuse, nourrie, qui faisait hurler tous les chiens, de Vaise à la Mulatière. Encore aujourd'hui, quand nous voulons parler d'un charivari épouvantable, nous disons « une musique comme la bande de Bourg-Neuf..., faire un bataclan comme la bande de Bourg-Neuf ».

Lorsque l'empereur vint à Lyon, en 1860, je le vis passer dans la rue Impériale avec son éblouissant cortège. « Tiens, entendis-je s'écrier à mon côté un opposant endurci, légitimiste ou républicain, je ne sais plus, tiens, la bande de Bourg-Neuf ! »

*
* *

La marche s'ouvrait par des masques à cheval. Puis un tambour-major de six pieds et une cantinière dont les appas eussent fait crever de dépit l'épouse du Cantique des Cantiques, encore que celle-ci, selon la Sainte-Écriture, les eût comme des tours. Puis la musique, puis les masques en bon ordre, alignés par nature de costumes. Il y avait des Turcs, beaucoup de Turcs, des Sauvages à foison, des Hercules, des Arabes, des Cosaques, des Robinsons habillés de peaux de bêtes avec des parasols de marchande d'herbes, des chars de feuillage chargés de masques, etc.

En ce temps l'âme de la France était toute à la Pologne. Aussi le cœur battait lorsqu'on voyait apparaître quatre *Faucheurs polonais*, marchant gravement de front, avec des polonaises fourrées, des schapskas de lanciers sur la tête, et portant sur l'épaule des faux étincelantes, vu ce que l'on disait partout, que les insurgés faisaient un mal terrible aux Russes à l'aide de leurs faux.

Les Sauvages et les Cosaques avaient des barbes épouvantables dont la vue seule inspirait la terreur, à telles enseignes qu'un lendemain de mardi gras, je voulus aussi me déguiser en sauvage, et à cette fin, pour me faire une barbe, j'attrapai un vieux faux toupet de papa, qui tenait par la force du ressort et m'envahissait le visage jusqu'au-dessus des yeux. En ce temps la mode était aux toupets énormes sur le front, selon la coiffure de Louis-Philippe, qu'à cause de cela les républicains lyonnais avaient surnommé Chavasse-Toupet. Cette barbe m'allait à ravir, n'était que l'odeur de « l'huile antique » m'incommodait. Avec cela j'aurais bien voulu une trompette. J'allai déterrer au fond d'un placard, parmi un tas de vieilles barafûtes, une immense canule de seringue, qui était là depuis le xviiie siècle, en ce temps où ce genre de remède ne se prenait qu'avec l'aide gracieuse d'une main obligeante. Naturellement je n'en connaissais point l'usage, et lui trouvais une physionomie tout à fait engageante. De fortune la maman survint juste à temps, quand j'allais entamer le grand air de Malbrouk.

*
* *

Avec les Sauvages, les « Faucheurs polonais », il y avait de superbes Hercules en maillot de coton, sur l'épaule la peau du lion de Némée, et une énorme massue de carton peint en jaune. Les hercules ont toujours porté des massues, à preuve que le Petit Rousset, notre célèbre athlète, la gloire de Lyon au temps des arènes d'Exbrayat, ayant eu un jour occasion de donner sa signature, il signa de la sorte :

ROUSSET,
aircul.

A propos de quoi l'un de ses camarades, qui se piquait d'avoir des lettres, de lui dire : « Tu as oublié l'*h* d'Hercule ! — Grande bugne, fit Rousset avec dédain, les hercules n'ont pas de z'haches, ils ont de massues ! »

*
* *

Mais ce qu'il y avait de plus extraordinaire dans la bande de Bourg-Neuf, ç'a toujours été les Turcs. O Turcs de mon enfance, que vous étiez beaux avec vos turbans gros comme des courges, vos aigrettes, vos sabres recourbés, à la « poignée enrichie de diamants », et surtout ces immenses soleils que vous aviez dans le dos, et qui me donnaient des éblouissements ! Jamais, au grand jamais, depuis lors, on n'a pu prononcer devant moi le nom de Turc, sans qu'aussitôt j'aie aperçu un dos avec un soleil dedans. Seulement, une chose m'étonnait, ô Turcs admirables, c'était ces culottes dont le fond, énorme, était si bas, qu'il semblait que vous eussiez le derrière dans le gras des jambes. Cela choquait déjà mon sens plastique, lequel plus tard devait atteindre à de tels développements.

✻

Tout le respect et tout le regret que l'on doit à la bande de Bourg-Neuf ne doit pas nous rendre injustes envers les autres, de bandes. Une des plus pittoresques était celle de Saint-Just, dont tous les membres, sans exception, et je crois même la musique, étaient vêtus en gagne-petits, parabole pour exprimer que le quartier n'était pas celui des gagne-gros. Ils avaient des jaquettes brun-rouge, des culottes courtes, des chapeaux de feutre retroussés par devant, des bazanes sur le ventre, le tout exactement comme dans le chef-d'œuvre (le mot est pesé) de notre Michel Grobon, le *Petit Rémouleur*, au musée des peintres lyonnais.

✻

Les « bandes » n'étaient qu'un épisode de la journée. Les rues et les quais fourmillaient de masques isolés, en voiture, ou bien à pied, et souvent en groupes. Le costume le plus commun (peut-être parce qu'il était le meilleur marché) était le costume de *paysan*, j'entends du paysan de jadis ; vaste habit à la française, couleur de brique, avec d'énormes pans, grand gilet à fleurs, descendant sur les cuisses, culottes courtes, souliers à boucles ; sur la tête un immense chapeau à claques, qu'on eût dit emprunté à César, des *Rendez-vous bourgeois ;* sur l'épaule un bissac de toile blanche, dans lequel étaient ou étaient censés être des légumes. A Lyon, on appelait ces masques des *carottiers*, pour autant qu'ils tenaient toujours à la main une énorme pastonade. Ils allaient interpellant les femmes et se livrant à mille lazzis, quelquefois plus spirituels qu'honnêtes. Lorsque M. de Cassagnac fonda l'*Epoque*, à Paris, pour appeler l'attention du public il affubla ses porteurs d'un costume. Un de mes amis m'écrivit que c'était le costume de nos carottiers.

⁂

Un autre divertissement, pour certains masques de tempérament pacifique, consistait à s'installer sur quelque place, ayant à la main une longue ligne de pêche, au bout de laquelle, en guise d'hameçon, on suspendait une dragée. Le masque tenait sa ligne en l'air, la dragée un peu au dessus de la tête des gones, puis avec une gaule il tapait légèrement sur la canne tout près de sa main. La dragée de sauter de trois pieds de haut et de danser une sarabande effrénée. Il fallait que les gones, rassemblés par groupe de quinze ou vingt, attrapassent en sautant la dragée avec les dents. Rien de champêtre comme de les voir sauter des heures entières, en manière de marionnettes. Quand ils étaient las, d'autres les remplaçaient. Mais malheur à qui s'avisait d'élever la main pour saisir la dragée! Un bon coup de gaule le rappelait à l'ordre.

Je vis une année un masque flegmatique, sur le quai Monsieur, à l'angle de la place de la Charité, « faire ce commerce », de midi à six heures du soir, sans « décesser ».

⁂

Il est assez extraordinaire que les mardis gras fussent généralement des journées d'une beauté splendide, mais je me souviens d'avoir rarement vu manquer la fête. Il y avait presque toujours dans l'air de vagues bouffées de printemps. On rentrait recru, altéré. Les enfants, agités, n'en pouvant plus, voyaient des masques toute la nuit, pendant que la folle jeunesse allait se délasser en dansant jusqu'au jour dans les Alcazars du temps.

⁂

Le lendemain, mercredi, on allait « prendre les cendres » à Saint-Bonaventure : *Memento, homo, quia pulvis es*, *etc.* Et cela me réduit en souvenir qu'une année nous les prîmes d'un bon prêtre, fort âgé, et qui perdait un peu la mémoire. Pour se rappeler la formule, il avait pris soin de l'écrire à l'avance, et de la mettre soigneusement dans le gousset de sa culotte de velours. D'infortune, il change de culotte avant la messe. Le moment venu, plus rien dans le gousset ! Il ne pouvait cependant demeurer court, et, faisant le signe de la croix avec les cendres sur le front de chaque fidèle, il allait répétant :

« Je vous donne ce que j'ai oublié dans le gousset de ma culotte !... Je vous donne ce que j'ai oublié dans le gousset de ma culotte !... Je vous donne ce que j'ai oublié dans le gousset de ma culotte !... »

**

De prendre les cendres n'empêchait point, par après, d'aller voir la « bande des souffleurs », car le mercredi des Cendres il y avait encore une bande, une seule, mais quelle bande! Tous hommes superbes, bâtis comme des statues d'airain, car c'était la bande des hommes de rivière : joûteurs, modères, mariniers de toute sorte. Or, sachez que cette bande, c'était comme qui dirait une parabole. Mardi-Gras, mort la veille, il s'agissait de le ressusciter, et pour cela de lui rendre le souffle. Donc, tous les gens de la bande, qui était nombreuse à elle seule comme trois ou quatre des autres, étaient uniformément vêtus de pantalons blancs, d'une chemise blanche avec des dentelles au bas et aux poignets, et d'un casque à mèche, le tout sortant du repassage. C'était, censément, un costume de malade. Par dessus, en sautoir et appendu à un large ruban bleu, un soufflet mignon. Sous le bras, penchée dans l'attitude de la douleur, une seringue.

La marche s'ouvrait par quatre beaux Souffleurs à cheval, armés de gigantesques seringues pour éléphants, chargées et amorcées, le pied du manche appuyé sur la cuisse droite, comme le mousqueton des quatre dragons qui font l'avant-garde dans le défilé du régiment. Derrière, les tambours ; la musique jouant des marches funèbres ; la bande des Souffleurs à pied, interminable, occupant toute la largeur de la rue. Enfin, l'infortuné Mardi-Gras, c'est à savoir un homme d'osier, habillé en Souffleur, qu'on portait étendu dans un grand drap, et qui avait l'air tout dolent. De temps en temps la bande faisait une pause. On mettait Mardi-Gras à bouchon. Tous les masques, jusqu'aux premiers en tête, se retournaient et, le soufflet à la main, de souffler, souffler avec rage. Efforts perdus ! Mardi-Gras ne ressuscitait pas, et la funèbre procession reprenait sa marche.

*
* *

On pense bien que les bandes, quelles qu'elles fussent, ne pouvaient se promener, de onze heures à cinq heures, sans se reposer, et surtout sans boire. Elles avaient chacune des cabarets attitrés, où l'on faisait des stations. Le cabaret de la bande des Souffleurs était sur le quai Bon-Rencontre, dans un endroit poétique, abrité d'arbres. Sur l'enseigne on lisait : *Au Peuplier. Sanaoze.* Un autre cabaret était sur le cours Lafayette. Il n'y a guère d'années (peut-être y est-elle encore) qu'on voyait l'enseigne peinte, représentant tant bien que mal la bande, avec cette inscription : *Au repos des Souffleurs.*

*
* *

Enfin, après cinq cent mille simagrées, voyant qu'il était impossible de ressusciter Mardi-Gras, la bande allait sur le pont Lafayette, et le précipitait dans le Rhône. Mais un des Souffleurs, éperdu, et voulant encore tenter un dernier effort, se précipitait du haut du pont après Mardi-Gras, et le ramenait au bord. L'auteur de cet exploit était ordinairement un nommé Quatre-Sous, habile nageur, qui était professeur aux bêches de Marmet. Plonger dans le

Rhône à Lyon, au mois de février, est une folie qui peut coûter cher. Une année, le pauvre Quatre-Sous en sut le prix. Il gagna une fluxion de poitrine dont il mourut en peu de jours.

Quant à Mardi-Gras, voyant qu'on ne pouvait venir à bout ni de le noyer, ni de le rendre à la vie, on le pendait à un ballon, et il s'enlevait au ciel, pour en retourner l'an qui vient.

*_**

Il n'est personne, parmi les plus béjaunes d'aujourd'hui, qui n'ait ouï parler de la célèbre promenade de Saint-Fons, le dimanche des Brandons, c'est-à-dire celui qui suit le mardi-gras, et que nous dénommons aussi le dimanche des Bugnes. J'ignore complètement l'origine de cette promenade, et de moi cela ne m'étonne pas du tout, mais je me suis adressé à nos curieux et doctes Lyonnais, qui n'en ont pas su davantage. Un aimable et obligeant vieillard, M. Rey, amateur de notre passé lyonnais, m'a dit qu'à l'origine c'était une fête religieuse, qui se nommait fête des Pardons, nom assez bien choisi, puisqu'il s'agissait de se faire pardonner les manquements des jours gras.

Je ne sais si la fête des Pardons avait été la cause de la fortune de la cure de Saint-Fons, mais celle-ci était riche. Son revenu, au xviiie siècle, n'était rien moindre que de six mille livres, somme considérable pour l'époque. Pendant plus d'un siècle, cette cure passa d'oncle à neveu dans la famille de M. Rey.

Comment cette fête religieuse s'est-elle transformée en une fête plus que profane ? Dès avant la Révolution, elle avait ce caractère (commun avec les Saturnales romaines) qu'il y était permis de s'entre-injurier tout à son aise. Les manants tutoyaient nobles et bourgeois, échevins et prévôt des marchands. On insultait à son gré les autorités. L'épithète la plus douce qu'on donnât aux cavaliers de la maréchaussée (la gendarmerie du temps) était celle de « lanterne de potence ».

Peu à peu la promenade de Saint-Fons ne fut plus qu'une queue des jours gras, mais on conserva toujours la liberté de s'y dire des injures.

Le dimanche des Brandons, les mêmes bandes que celles du mardi gras (les Souffleurs excepté, qui étaient morts avec leur carimentran) allaient en promenade à Saint-Fons.

Mais ce qu'il y avait peut-être de plus curieux que les bandes, c'étaient les masques particuliers. Je n'imagine pas que dans un cercle de quelques lieues, il pût demeurer une voiture disponible. Tout était mis en réquisition, depuis l'élégante calèche découverte où se prélassaient, au milieu de bouquets de violettes, des dominos de satin rose, jusqu'à ces immenses voitures en forme de carré long, qui, dans les grandes écuries, servent au transport des fourrages, qu'on décorait pour la circonstance de piliers et d'arcs en verdure de buis, et qui étaient chargées de masques populaires. Jusqu'à des tombereaux d'âniers où s'entassaient dix à quinze masques, soufflant dans des cornes de tripier.

Il y avait cette différence entre le mardi gras et le dimanche des Brandons, que les masques du premier de ces jours appartenaient exclusivement aux classes populaires, tandis que le dimanche tout y allait, la paille et le blé. Beaucoup de voitures étaient occupées par des jeunes gens de famille. Et Dieu sait quels lazzis échangés ! Souvent les masques avaient à côté d'eux des paniers de bouquets de violettes, de grandes corbeilles de dragées — des vraies, pas en plâtre, comme à Rome — que l'on jetait, les bouquets aux dames, les dragées au « peuple ».

Je trouve dans un journal littéraire de 1824, hebdomadaire, le compte rendu suivant des fêtes du carnaval :

« ... La température du dimanche et mardi gras a vivement contrarié les amateurs de mascarades... Pendant ces deux pluvieuses journées, les promeneurs se sont vus relégués au coin du feu, entre un roman de d'Arlincourt et les proverbes de Gosse... »

J'espère que rien que ces noms sentent assez leur 1824 ! Le vicomte d'Arlincourt, qui fut le Ponson du Terrail de la Restauration, est-ce assez oublié, Seigneur ! Mais les proverbes de Gosse ? C'est bien pis. Que diable cela peut-il bien vouloir dire ? — Puis le journal continue :

« Mais enfin le ciel s'est éclairci, le soleil est venu réchauffer l'ardeur des mascarades. Dimanche dernier, un peuple immense, une longue file de voitures et de brillantes cavalcades ont circulé sur les deux rives du Rhône et dans la Grande Rue du Bourg de la Guillotière...

« Dans les mascarades on remarquait le *Départ du Grenadier français*, mis en action ; les *Bonnes d'enfants* ; les *Cuisinières*, qui remplissaient une voiture arrangée en forme de casserole ; et un très bel escadron, non moins distingué par l'élégance que par la variété des costumes de ceux qui le composaient. Cette journée s'est passée dans le plus grand ordre et, malgré les bruits mal fondés qui se sont répandus, n'a donné lieu à aucun accident sérieux. »

*
* *

En 1835 et 1836, il parut avec un grand succès, à la promenade de Saint-Fons, une mascarade reproduisant celle de Lestocq, opéra qui était alors dans la fleur de la nouveauté. Les vieux Lyonnais se souviennent encore de la bonne grâce d'un jeune négociant lyonnais, M. Gayet, marchand drapier, qui était magnifiquement habillé en impératrice Elisabeth. M. Gayet devint plus tard le beau-frère de M. Henri Germain, le président du conseil d'administration du Crédit lyonnais.

*
* *

Dès midi, la rue de la Barre, le pont de la Guillotière, la Grande-Rue de ce nom, étaient bordés d'une foule serrée, accourue pour voir passer la file ininterrompue des bandes, des voitures et des cavaliers. On ne revenait de Saint-Fons qu'à la nuit close. A huit heures du soir, il y avait encore des voitures.

Le retour s'opérait par le pont Morand, dont les péagers ne savaient où donner de la tête, sous l'affluence du monde et la pluie des quolibets. Souvent ils étaient débordés, et quantité de gens passaient sans payer. Un des héros de ces fêtes était le célèbre Chenaud, commissionnaire-chargeur. Un dimanche des Brandons, qu'il était avec un de ses bons compagnons, lequel existe encore, celui-ci eut un mouvement superbe. Le préposé s'avançait, poussé, agité, au milieu de la foule. D'un geste plein de calme et de grandeur, pareil aux plus beaux mouvements de Talma, l'autre, de sa voiture, lui tendit dix sous :
— « Tiens, pouilleux ! »

Ces fêtes se continuèrent jusqu'en 1848. Cette année-là, le dimanche gras tombait le cinq mars. La révolution se fit huit jours auparavant. Le comité de salut public, installé à l'Hôtel-de-Ville, avait trop à faire de nourrir les Voraces pour avoir le loisir de subventionner les bandes. Le cœur d'ailleurs n'y eût pas été. Par une fortune étrange, la tradition du carnaval ne se perdit pas, comme les autres, peu à peu ; elle tomba tout d'une pièce, pour ne jamais se relever. L'administration municipale régulière qui existait en 1849, ni celles qui lui succédèrent plus tard, ne songèrent à la restaurer.

Il est assez extraordinaire que l'Empire, qui aimait à se rendre populaire, n'ait pas songé à rétablir l'institution du carnaval. Il est probable que si l'on eût eu un maire de Lyon, les choses ne se fussent pas passées de même. Le peuple lyonnais eût revu avec plaisir son vieux mardi gras et sa vieille promenade de Saint-Fons. Mais M. Vaïsse n'aimait pas l'esprit municipal, local; il n'était pas au courant de nos anciens usages. Puis il avait horreur de tout ce qui était bruit, manifestation extérieure. L'idée d'une bande, passant dans la rue, tambours en tête, l'eût fait frémir, encore bien qu'elle ne dût se composer que de Turcs et de Sauvages, sans le moindre républicain. Bref, voilà trente-quatre ans que notre carnaval est mort. N-i, ni, fini, comme tant de choses. Ceux qui en voudraient voir quelque tableau, mais dans un genre moins inoffensif, peuvent aller dans nos réunions publiques, dans nos réunions électorales, quelquefois même à la Chambre des députés.

CHARABARAT

Qui ne sait à Lyon que Charabarat, c'est le marché aux chevaux ? Il se tient aujourd'hui en face de l'église de Sainte-Blandine, à Perrache, sur ce vaste emplacement qui s'étend le long de la levée du chemin de fer de Saint-Etienne. C'est l'endroit de l'ancien hippodrome ovale, que vers 1840, si la mémoire ne me trahit, on fit creuser aux ouvriers dans une crise de la fabrique, pour le combler, comme bien s'accorde, après l'avoir creusé.

On faisait là des courses (ce furent les premières qui eurent lieu à Lyon) à l'occasion de la fête de Louis-Philippe, le 1ᵉʳ mai. La presqu'île Perrache, à cette époque, était encore en bosquets de saules et de vourgines et en jardins maraîchers. Au musée de Lyon un tableau de Duclaux (ce n'est pas un de ses meilleurs, mais il est très fidèle) représente une de ces courses.

※

Allez là un samedi, sur le coup de quatre heures, vous y verrez une foule de gens de campagne et de maquignons, émaillés de quelques vétérinaires, pêle-mêle avec les chevaux, les cavales, les mules, les mulets, les bardots, les bardelles, les ânes et les ânesses. On parle beaucoup, on s'agite, on gesticule. Tous ces animaux (je n'entends pas les maquignons mais les solipèdes) ont au haut de la queue un petit nœud de paille coquet, arrangé à l'exemple du nœud que nos sucrées demoiselles portent à leur bonnet, et qui signifie qu'ils sont à vendre. Ainsi, dans certaines paroisses de la Bresse, connaît-on les filles à marier au ruban rouge qu'elles portent sous le menton.

※

Chaque acheteur fait son examen. D'abord le cheval au repos. L'acheteur lui ferme l'œil avec la main, puis la retire brusquement, voir si la pupille se dilate et se contracte bien ; il lui fait des mouvements télégraphiques devant les yeux, histoire de savoir s'il n'est ni borgne ni aveugle ; il regarde les dents, pour l'âge et les fausses marques ; il examine la langue, si elle n'est ni blessée ni pendante ; les naseaux, s'ils ne jettent pas ; le mouvement des flancs, si l'animal respire bien. Il se campe par devant, par derrière, par côté, façon de s'assurer si les habitudes sont franches, les aplombs réguliers, si la bête ne soulage pas une jambe ; si l'encolure n'est pas trop longue, ce qui la fait user sur son devant, ou le corps trop court, ce qui lui donne les reins raides, ou trop long, ce qui lui donne les reins faibles : il lui fait lever les quatre pieds l'un après l'autre ; examine les genoux : si du cambouis ou des poils collés ne dissimulent pas une couronne ; regarde si la bête n'est pas panarde, cagneuse, campée sous elle, affectée de jardons, de varices, de cicatrices ; il palpe, tâte, passe la main sur le dos, sur les reins, pince à l'endroit idoine : voir si le cheval fléchit à propos ; il regarde le pied, explore la muraille, la sole, la fourchette ; voit si le pied est plat ou comble, serré ou encastelé, s'il est cerclé, si la corne est blanche, si le fer n'est point disposé pour cacher une tare ; il prend une pierre, tape sur le fer, pour connaître si l'animal a le pied sensible ; il crache sur le cirage (quand il y en a) et essuie avec la main, finesse de s'assurer s'il ne recouvrirait point quelque défaut de la corne ; il cherche à connaître si la bête a bon caractère, si elle tique, si elle tire à la longe, etc., etc. Bref, hormis qu'on ne me fit pas trotter, cela me rappelle tout à fait l'examen que le chirurgien militaire me fit subir lorsque je passai au conseil de révision.

De temps en temps, en effet, une bête se détache du groupe, qu'un homme tient par une longe ; il court avec elle en la faisant trotter : balin, balan, balou ; les pâturons, larges comme des assiettes, retombent lourdement sur le sol. L'acheteur regarde d'un air de défiance, tandis que le vendeur lui dit : « Hein, quel trot ça vous a ? »

*
* *

En dépit des précautions, les acheteurs, souvent, finissent par se gourer. C'est absolument comme dans le mariage ; les renseignements, la vue même, sont souvent trompeurs. Même irait-on plus loin, comme pour l'examen des chevaux, qu'on ne serait pas toujours garanti des erreurs.

Un des vices rédhibitoires (pas dans le mariage, dans la vente de chevaux) c'est, nul n'en ignore, le cornage. Un cheval est dit cornard lorsqu'il souffle bruyamment en respirant et qu'il a l'haleine courte. Au bon temps que la reine Berthe filait, je veux dire que nous habitions Sainte-Foy, un de nos voisins, bon homme, propriétaire d'un cheval, s'en fut trouver un sien ami. — Tiens, lui dit-il, je te vends mon cheval cornard ! — Combien ? — Quarante écus. — Bon, fit l'autre, je t'en donne dix pistoles (la pistole chez nous, c'est dix francs). — Marché fait : allons boire pot ! — Et fait comme dit.

Adonc, comme il a été narré ci avant, cornard était le cheval. Le lendemain, plaintes de l'acquéreur. Échange de mauvaises raisons. Bref là-dessus, l'on va par-devant le juge de paix de Saint-Genis-Laval. Là, le vendeur jurait ses grands dieux qu'il avait prévenu l'acquéreur. L'autre jurait ses grands dieux que non. — Comment ! fit le premier, ne t'ai-je pas dit : « Je te vends mon cheval cornard ! » — Hé, répondit l'autre, j'ai cru que c'était à moi que tu le disais !

Madame de X..., qui a une belle campagne, et que tout le monde connaît, au moins de nom, possédait, voilà une trentaine d'années, un excellent cheval de trait. Un bon laboureur, de Francheville, de son côté avait une jument dont il voulait avoir produit. C'était un vieux brave homme, incapable d'entendre à mal, Dieu sait ! Il s'en fut donc trouver sa voisine : « Madame, pourriez-vous me prêter votre cheval pour ma jument... Si je puis vous rendre le même service ? »

*_**

Le monde est si mauvais qu'il y a tromperie partout, fors en femmes et en chevaux, dit un vieil auteur. De cette piperie le savant Cochard a voulu en retrouver la marque jusque dans l'étymologie de Charabarat. Il y a vu le vieux français *char* pour chair, et le vieux français *barat* pour tromperie, d'où *char à barat*, chair à tromperie.

Ménage diffère d'avec Cochard sur le premier des éléments dont se compose le mot *Charabarat*. Il y voit le latin *carum*, cher, d'où *tromperie coûteuse*. Voici du reste ce qu'il en dit :

> BARAT. Vieux mot qui signifie tromperie, et qui se trouve ordinairement avec celui de *guille*. (Ménage se rapporte à ce passage de Pasquier : « Nos ancêtres usèrent de *barat*, *guille* et lozange pour tromperie et barater... Dictons qui nous estoient naturelles, au lieu desquelles nous en avons adopté des latins, dol, fraude, circonvention...») Il est encore à présent en usage parmi les Languedociens. Dans le Quercy, *barata* signifie proprement tricher. Ainsi on dit : *Vous me baratas*, pour dire *vous trichez en jouant avec moi*.
> Dans le Dauphiné, à 3 lieues de Lyon, il y a une chapelle appelée *la chapelle de Saint-Hours*, aux environs de laquelle il y a 5 ou 6 maisons pour les pellerins qui viennent en dévotion à cette chapelle le lundi de Pasques, et le lundi avant la Saint-Jean, pour guérir de la sciatique et des maux de jambes et de pieds. A ces jours là, il y a en ce lieu là une grande foire de bestiaux, qui s'appelle *la foire de Charabarat* : dont le privilège est que, quelque tromperie qu'on fasse dans

le troc des animaux, on n'est point obligé de les reprendre : et pour cela on crie par la foire, *Charabarat qui a mal son dan* (pour dam). Et dans la langue du pays *charabater* signifie *troquer*.

Et, pour le marquer en passant, *Charabarat* a été formé de *carum* qui signifie *cher*, et de *barat* qui signifie *tromperie*. Les Italiens disent de mesme *barattière*, pour dire un homme qui trompe ; et particulièrement au jeu.

**

Dans les *Calendriers historiques* de la ville de Lyon, de 1720 à 1725 (je n'ai pas eu occasion de voir les autres), on trouve, au chapitre des foires pour le mois de juin :

« A Saint-Tour (*sic*), en Dauphiné, foire appelée *Charabarat* le lundy avant la Saint-Jean, et dure deux jours. »

J'avais vainement cherché la chapelle de Saint-Hours aux environs de Lyon, lorsque deux obligeants correspondants ont bien voulu d'office venir à mon secours. L'un est M. le baron Raverat, et l'autre, M. Mongenot, directeur de la condition des soies d'Aubenas.

J'ai su par eux que Saint-Ours (et non Saint-Hours ni Saint-Tour) existe encore, et qu'il a toujours, aux mêmes époques que jadis, ses foires, toujours dénommées Charabarats, et qu'il possède toujours sa chapelle, dont le saint guérit toujours. Le hameau, qui est à quatre lieues de pays de Lyon, est dénommé Malatrais, mais il est aussi connu sous le nom de Saint-Hours, du patron de la chapelle.

**

Le sens primitif de *charabarat* était verbiage, caquetage bruyant, du provençal *charra*, caqueter. La finale peut être une simple onomatopée. En tout cas, l'idée de *charabarat* est celle d'une réunion bruyante.

⁂
⁂ ⁂

Mais nous avons laissé le cheval trottant. On le ramène; on le fait reculer (chose importante!). A la longue, après maints trots, maints reculs, maints débats, maints tiraillements, on fait pache. Le paysan tire lentement les pistoles d'une bourse en cuir, assez semblable à une blague à tabac. Il les compte, les recompte, s'en sépare à regret. Peu à peu les cabarets du voisinage s'emplissent. Il y a des tables en dehors, *sub Jove crudo*. Elles se garnissent aussi. Ceux qui ne sont pas servis tapent du manche de leur fouet sur les tables pour se faire servir ; ceux qui sont servis tapent du cul de la bouteille pour s'en faire apporter une autre. Les bonnes ne savent où donner de la tête. On n'entend que des : « On y va ! On y va ! » Il se débite force pintes, peu de bière. On boit, on crie, on se grise : C'est Charabarat.

Enfin la nuit vient ; les paysans partent pour chez eux ou pour leur auberge. Les chevaux qui ne sont pas vendus reprennent le chemin de l'écurie, avec leur cocarde de paille au derrière. Je suppose qu'il en gîte beaucoup à la Guillotière, car, lorsque j'étais petit, et que nous demeurions sur le quai Monsieur, dans la maison de M. d'Herculais, je voyais toujours passer sur le quai des files de chevaux, chacun le nez dans la queue de l'autre, allant à Charabarat. Cette diable de cocarde m'intrigua longtemps. Pas moins j'étais content, car cela voulait dire que c'était samedi, et le samedi est la veille du dimanche.

Dans les temps jadis, il y avait un loueur de chevaux bien connu, dans la rue de Pavie, je crois, une de ces rues voisines de Saint-Bonaventure, qu'on parle de démolir. Advint qu'un jour mon père eut faute d'un cheval pour aller quérir une nourrice à la campagne (cela lui arrivait souvent). Un dimanche matin, vers les six heures, il arrive et demande au loueur s'il a un bon cheval disponible : — Si j'en ai ! et de fameux ! Voulez-vous le *Vent ?* Voulez-vous la *Tempête ?* Voulez-vous la *Foudre ?* Voulez-vous l'*Éclair ?* — Dieux ! quels chevaux ça doit être, se disait mon père ; va pour le plus rapide, et il prit l'*Éclair*. — Jean, fit le patron au palefrenier, prin ina bôrre, va levô l'Écliôr ! — qui ne se levait point seul une fois couché.

Une autre fois, c'était une connaissance de mon père qui avait retenu à la même écurie un cheval pour une belle promenade le dimanche ensuivant. Bon ! voilà sa femme qui, le matin est aux douleurs. — Adieu la promenade. Pas moins, il lui était dur de perdre ses arrhes. Il s'en va donc chez le loueur, comme si de rien n'était, et prie qu'on lui cherche un cheval un peu long. On lui amène le plus long. Et lui de secouer la tête d'un air méditatif : — Jamais ce cheval ne sera assez long ! — Et il prend le pan de son anglaise et mesure : — Place pour moi, place pour ma femme, place pour mon fils... il ne reste point de place pour ma fille !... — Ah ça ! fit le loueur en colère, est-ce que vous prenez mes chevaux pour des coches ! — et, lui rendant les arrhes, il envoya paitre le chaland.

* * *

Avant que d'être à Sainte-Blandine, Charabarat était sur la place Louis XVIII, aujourd'hui dénommée place Perrache. Quelle différence d'avec la brillante place d'aujourd'hui ! A l'époque où je faisais mon apprentissage de canut chez le père Capelin, au deuxième sur le derrière, dans une maison où est aujourd'hui le café de la Jeune France et dont la façade nue a été décorée depuis peu à l'aide d'ornements en ciment, à cette époque, la place de Charabarat n'était, en temps sec, qu'un champ de gravier raboteux, en temps de pluie, un vaste gaillot. Et si l'on allait à sa journée de bonne heure, on pouvait, de fois à autre, voir fonctionner la guillotine droit en face de la poste aux chevaux, exhaussée depuis et devenue l'Hôtel d'Angleterre, et alors tenue par un nommé Cailletot, de Bourgoin, qui venait de la transférer là de la rue Boissac, où elle était depuis quarante ans.

Je ne sais par suite de quelle association d'idées Charabarat est le lieu préféré pour les exécutions. Avec le marché aux chevaux, en effet, on a transporté la guillotine au nouveau Charabarat, en face de la vieille église de Sainte-Blandine. Cela s'appelle rue Ravat.

* * *

Au temps que l'on exécutait sur la place Louis XVIII, on n'avait pas les précautions de décence que l'on a maintenant, et les exécutions se faisaient au grand soleil. J'étais tout, tout enfant, que l'on guillotina deux individus en même temps. Je ne sais plus ce qu'ils avaient fait. Je suppose qu'ils ne devaient pas avoir fait grand'chose de bon. C'était l'été. Comme sur la place il n'y avait que des maisons basses du côté de Saône (là où il y en avait) et point, bien entendu, sur le cours du Midi, on voyait très bien de Sainte-Foy et la place et la guillotine que, dans la matinée, l'on était occupé à dresser. Peu à peu une grande foule s'assembla, et vers une heure ou deux heures vint « le fatal cortège », comme disent les reporters de maintenant. On avait à la maison une grande lunette montée sur un pied, à laquelle, dans ma curiosité d'enfant je tenais l'œil collé. Malgré la distance, je vis assez distinctement et le bourreau saisir le condamné, et tomber la tête. Mes genoux défaillirent, mes yeux se troublèrent, je me mis à trembler de tous mes membres et n'eus nulle envie de chercher à voir la seconde exécution. On appelait au même instant pour se mettre à table. Ce contraste me fit je ne sais quelle impression terrible. Je ne pus manger. Ce souvenir est resté profondément gravé dans ma mémoire d'enfant.

* * *

Avant de se tenir sur la place Louis XVIII, Charabarat était en rue Vaubecour, au bout, là où est la place Suchet, maintenant Gensoul. Il y était en 1817, date où Cochard publia sa *Description historique de Lyon*, et en 1828, époque où il publia son *Guide*. Il y avait alors un vieux marchand de chevaux, célèbre, ayant conservé le chapeau à cornes et le catogan. Son nom, je ne m'en souviens plus. — N'était-ce pas Rendu ? — Un jour son palefrenier lui amène un cheval : — M. Rendu, voilà votre chevau. — Dis donc cheval, animau ! (1).

* * *

Vers 1820 la place Louis XVIII était bien autre chose encore qu'au temps où j'étais apprenti canut. Elle était alors en contre-bas des rues, pas remblayée du tout, pas plus que les parcelles environnantes, dont quelques-unes, naguère, faisaient encore trou. L'hiver c'était inondé, et l'on y patinait. Arban, qui a péri plus tard en ballon, excitait l'admiration de la galerie. Il avait des patins à deux rainures. Aujourd'hui c'est arriéré. Les patins n'ont plus de rainures, ni d'arrêt au talon. Les forts patineurs furent, vers 1830, Arban encore ; Dardel, l'architecte ; Prost, le sculpteur ; Desombrages, le peintre ; Veissard du Ribert, agent de change ; Anrès, Balay, Bernard ; Jean-Baptiste Perret, naguère encore sénateur, très habile pour tous les exercices du corps, et dont on racontait merveilles. Il arrivait de Chessy dans une voiture traînée par des dogues, avec une meute de chiens courants par devant, chargés de faire faire place, par l'avertissement de leurs aboiements, aux vulgaires véhicules bourgeois qui auraient encombré la voie publique. — Et d'autres patineurs encore, dont j'ai oublié les noms.

(1) Je dois ce souvenir au chevalier des Guénardes.

※

Vous avez tous dû connaître le père Guinand, un entrepreneur qui avait construit les premières maisons du quartier, voilà bien au moins soixante-six ans, et dont le fils est ou était naguère apprêteur en rue des Capucins. Quand je le connus, c'était un gros homme voûté, à carrure épaisse, rougeaud, à favoris gris, déjà bien vieux. Son rêve était que le développement du quartier ferait sa fortune. Mais il y fallut trop de temps. Quand il eut la hardiesse d'y bâtir, la place Perrache n'était qu'un bas-fonds, plein d'eau six mois de l'année, entouré de chaussées non pavées. Il demeurait dans une de ses maisons, à l'angle de la rue de Condé et de la place, qui doit porter le n° 8. Il vécut pourtant assez pour voir la statue de Napoléon Ier et les embellissements de la place, mais il aurait fallu pouvoir dépenser afin de convertir de sordides maisons de canuts, mal louées, en logements de premier ordre. C'est là qu'eût été la fortune! Puis, cinquante à soixante ans d'intérêts hypothécaires renouvelés de cinq ans en cinq ans, avec les courtages et les honoraires des notaires, cela commence à faire une ouche!

La maison qu'il habitait fut vendue (après sa mort, je crois) à M. Demoustier, l'agent de change, qui la fit remanier de fond en comble par M. Desjardins. C'est aujourd'hui un magnifique « immeuble » qui rapporte gros, où habitent M. Charvet, le marchand de charbons, et M. Robert, de la Société lyonnaise. Malheureusement, ce n'est plus le père Guinand qui touche les loyers.

De 1830 à 1832 le père Guinand était parmi ceux qui, avec Hodieu le notaire, s'agitèrent beaucoup pour faire rebâtir le Palais-de-Justice au beau milieu de la place de Perrache actuelle. Comme on juge mal! C'eût été la mort de Saint-Jean, mais Perrache eût dix fois moins valu qu'il qu'il ne vaut. Fulchiron le député, aidé dans sa tâche par Desprez, l'avocat, obtint de conserver le palais de l'autre côté de l'eau.

*
* *

Mais devant que de se tenir en rue Vaubecour, où était Charabarat? C'est-à-dire avant la Révolution?

Hé! bonnes gens, ces sortes de marchés se tenaient au beau milieu de la ville. On n'était pas si difficile qu'aujourd'hui. Voire savons-nous qu'en 1576, le marché aux cayons (parlant par respect) était dans la rue tirant de Saint-Pierre aux fossés de la Lanterne, c'est-à-dire dans ce qui est aujourd'hui la belle rue Saint-Pierre, au devant des magasins de Chaine. A cette époque, il n'y avait pas encore de glaces aux devantures. Or, en 1576, on déplaça le marché pour faire droit aux demandes des habitants qui se plaignaient des dégâts faits par iceux cayons aux portes des maisons et au pavé qui bordaient celles-ci. Paraît qu'il n'y avait qu'une bordure de pavé de chaque côté de la rue, façon de trottoirs. Le marché fut transporté dans les Fossés de la Lanterne, la place des Terreaux et la rue Constantine d'aujourd'hui (1).

(1) Archives municipales : B B 94.

Mais où était alors le marché aux chevaux ? Probablement au même endroit, car on ne paraît pas avoir eu des emplacements séparés pour eux. En mars 1603, des lettres patentes de Sa Majesté autorisèrent le consulat à établir le samedi de chaque semaine, sur la place des Terreaux, un marché franc, appelé le marché aux chevaux, « où se vendaient toutes sortes de chevaux et autres bestiaux. »

C'est chose convenue de dire que la centralisation ne date que de 1789, et que, sous l'ancien régime, existait « l'anatomie » de la commune, comme disait un brave conseiller municipal de ma connaissance. Nous voyons pourtant que le consulat ne pouvait même établir un marché sans des lettres patentes de la Royauté ! Cela brouille toutes nos idées.

*
* *

Pendant que se vendaient encore en rue Saint-Pierre les habillés de soie, déjà l'on vendait des bœufs sur la place des Minimes, alors place de la Croix-de-Colle. Nous savons en effet qu'en 1570 on se plaignit au Consulat que le voisinage du marché gênait la dévotion des fidèles assemblés dans l'église des Minimes. M. Vanel, dans son Histoire de ce couvent, dit que, sur la demande du Consulat, une sentence du présidial de Lyon (rendue contre qui ?) intervint le 26 juillet de la dite année, et que le marché fut transféré à quelque distance de la place, dans une vigne appartenant à François et Robert Dupré, et dont le prix (600 livres) fut payé savoir, un quart par le

Consulat, un quart par les sieurs de Lange et de Montjoly, hauts justiciers du bourg de Saint-Just, et la moitié restante par les habitants du quartier.

M. Vanel ajoute que, malgré un arrêt du Parlement, confirmant la sentence des juges présidiaux, les choses restèrent plusieurs années dans le même état, et qu'il fallut des lettres patentes du roi Henri IV, données à Lyon le 5 octobre 1695, une sentence du sénéchal (rendue sans doute pour l'exécution), pour que les marchands consentissent à ne plus empiéter sur un terrain désormais interdit. « On prit même contre leur mauvais vouloir ou leur incurie la précaution d'entourer le marché de pieux et de chaînes, et d'afficher à l'entrée de l'église, aux portes de Trion et de Saint-Irénée, la délimitation des lieux et les amendes portées contre ceux qui franchiraient les bornes marquées. »

« La mesure, dit M. l'abbé Vanel, fut cette fois respectée et les religieux jouirent enfin d'une paix longuement souhaitée... Étrange coïncidence des événements : quand, à la Révolution, les Minimes quittèrent leur couvent, la place fut rendue à son ancienne destination... »

M. l'abbé Vanel a conclu trop vite. Il fallait que la sentence du présidial n'eût pas été longuement exécutée, car en 1613 il y eut de vives plaintes du chapitre de Saint-Just sur l'incommodité résultant, pour cette église et celle des Pères Minimes, du voisinage du marché aux bestiaux, qui se tenait sur la place de la Croix-de-Colle.

C'est aussi par erreur que M. Vanel, ordinairement si exact, dit « qu'il y a quinze ou vingt ans, le marché aux chevaux se tenait encore sur la place des Minimes ». Il s'agit non de chevaux, mais de bœufs et de porcs, Charabarat à cette époque était depuis longues années dans le quartier Perrache.

*
* *

Le fait est que je n'ai jamais rien entendu de plus désagréable que le mugissement des bœufs, lorsque, remontant à Sainte-Foy, je passais sur la place des Minimes, les jours de marché, et surtout les cris des rossignols à glands que l'on langueyait. On sait comment cela se pratique : on les couche, on leur ouvre délicatement le bec avec un bâton faisant levier, et on leur tire la langue, à seule fin de savoir s'il n'y a pas de bouton dessous, signe de ladrerie. Cette familiarité déplaît souverainement à messieurs les habillés de soie, qui se fâchent et crient comme des perdus. Cette opération a un nom en lyonnais. Voyez le malheur de ma mémoire : je l'ai oublié. Récompense honnête à qui me le rapportera.

Dès le xviiie siècle, la surveillance des porcs vendus se pratiquait rigoureusement à Lyon, et les *langayeurs* en titre, pour lesquels les Maistres-Jurés bouchers devaient se porter pleige et caution, étaient personnellement responsables de leurs erreurs (1).

(1) Règlement général de police de 1662.

Donc, en 1613, sur la plainte du chapitre de Saint-Just, on transféra le marché dans le bourg de Saint-Irénée, « tant à cause des hurlements desdites bêtes, que des bruits et tintamarres si grands, si fréquents, que même ils interrompent le service divin (1) ».

Mais un marché, c'est la fortune d'un quartier. On s'en aperçut bien lorsque (ce doit être aux environs de 1857) on transporta le marché de Saint-Just à Vaise. Les joyeux cabarets se fermèrent, les maisons baissèrent de prix, le quartier devint mort. Vainement a-t-on transformé la place en un jardin élyséen, il n'y a jamais personne, et les habitants regrettent le bon temps des hurlements des cayons (parlant par respect), et le demi-pied de boue épouvantable, infecte (rien au monde n'est pire que le fumet des habillés de soie), dans laquelle il fallait gaffer pour traverser la terrasse d'en bas. Car la place formait trois degrés : terrasse d'en haut, terrasse d'en bas, et chemin du Gourguillon. La terrasse d'en haut était maintenue par d'énormes contreforts, semblables à ceux qui soutiennent le mur de l'Antiquaille, au Chemin-Neuf.

Or, en 1618, on rétablit à Saint-Just le marché aux bœufs, sur la demande expresse des habitants du quartier, qui offraient, en outre, de faire clore de murailles et barrières le lieu de stationnement de ces animaux (2).

(1) Arch. municip. B B 149.
(2) Arch. Municip. B B 154.

* * *

Ce qui justifie d'ailleurs surabondamment de la haute antiquité du marché de Saint-Just, c'est l'inscription tracée, en grosses lettres, sur la façade de l'église de ce nom : MACCHABŒIS PRIMO DEINDE SANCTO JUSTO, et que, dès ma tendre enfance, l'on m'a toujours assuré qui voulait dire : PREMIER MARCHÉ DES BŒUFS ET DINDES A SAINT-JUST.

* * *

On se rappelle peut-être que, jusqu'ici, il n'avait point été question à Saint-Just de messieurs les habillés de soie, lesquels continuaient à avoir leur marché séparé, aux fossés de la Lanterne. Ce voisinage eût été positivement de nature à troubler les délibérations des échevins.

Aussi, pour mettre le comble à l'infortune du chapitre de Saint Just et des Pères Minimes, lorsque l'on commença à bâtir l'Hôtel-de-Ville, en 1646, on transporta le marché aux porcs au même lieu que le marché aux bestiaux (1).

* * *

Quand Charabarat commença-t-il à se tenir en Bellecour ? — *Nescio*. Tout ce que je sais, c'est qu'en 1674 le consulat prit un arrêté défendant de ferrer les chevaux dans la rue Mercière et que, le 3 janvier 1726 (2), ledit consulat rendit une ordonnance portant que le marché aux chevaux, qui se tenait le samedi de chaque semaine en Bellecour (déjà

(1) Arch. municip. B B 200.
(2) Arch. municip. B B 289, f° 14.

Charabarat était le samedi), serait transféré dans la rue de la Rigaudière (1), depuis la porte de l'Arsenal, jusqu'à la place Saint-Michel : « Attendu qu'ayant fait élever dans la place Louis-le-Grand la statue du feu roi, et n'ayant rien négligé pour décorer et perfectionner cette place, il était non-seulement décent de transférer ailleurs le marché aux chevaux, mais encore nécessaire, pour éviter les embarras et les dégradations qu'il causerait dans cette place. »

La rue de la Rigaudière, qui côtoyait à l'orient le tènement de ce nom, était ce que les Lyonnais d'âge mûr ont connu sous le nom de la rue de l'Arsenal, c'est-à-dire la portion de la rue du Plat actuelle qui s'étend de la rue des Colonies (aujourd'hui rue du Peyrat) à la place Saint-Michel. Plus tard la rue de la Rigaudière fut dénommée rue « d'Ainay ».

Le tènement de la Rigaudière était compris entre la récente rue des Colonies du côté de bise, la rivière de Saône du côté du couchant, le couvent de Sainte-Claire du côté de vent, et la rue de la Rigaudière, prénommée, du côté du levant (2).

(1) *12 décembre 1725.* « On ôte le marché aux chevaux qui se tenoit tous les samedis sur la place Louis-le-Grand, pour le mettre dans la rue de la Rigaudière, en face de la porte de l'Arsenal » (*Notes manuscrites de M. Michon*. M. Michon fut le Tallemant des Réaux lyonnais au xviiie siècle). Je ne puis m'expliquer comment il se fit que le déplacement eut lieu ainsi avant la délibération du consulat. Peut-être Michon n'entend-il parler que de la décision qui aurait été arrêtée en principe le 12 décembre.

(2) Le nom de la Rigaudière peut venir de Guillaume et Hugonin Rigaud, conseillers de ville à Lyon en 1292 et 1358, ou plutôt, selon plusieurs auteurs, de la famille dauphinoise de Rigaud, qui aurait fait bâtir et possédé la maison. Ancelin de Rigaud était abbé d'Ainay

C'est sur ce tènement que fut bâti l'Arsenal.

Je suppose que la porte de l'Arsenal, c'est cette porte fortifiée que l'on voit sur le plan de Lyon au xvie siècle, et qui fermait la rue de la Rigaudière à son extrémité du côté de vent, en prolongement de la rue Sainte-Hélène.

*
* *

. Depuis 1726, Charabarat, sauf une interruption qu'on va voir, n'a plus quitté le quartier. Il est allé en s'éloignant au sud au fur et à mesure que s'étendait la ville de ce côté. De la rue de la Rigaudière, il fut transféré sur les Remparts-d'Ainay, dont les bastions s'étendaient en redents, suivant une courbe générale arrondie, en bordant le Rhône, depuis la place de la Charité jusqu'au pont d'Ainay. Il était là lorsque les travaux de Perrache, pour la réunion de l'île Mogniat à la ville, amenèrent la suppression des remparts. Charabarat fut transféré dans la rue d'Auvergne.

.L'espace fut sans doute jugé insuffisant et, en 1781, le consulat rendit une ordonnance portant « qu'à l'avenir et à raison des travaux et changements opérés par Michel-Antoine Perrache dans la partie du rempart d'Ainay où se tenait le marché aux chevaux, relégué depuis dans la rue d'Auvergne, celui-ci serait transféré au quartier Saint-Just, dans l'emplacement où est établi celui du bétail, le samedi de chaque semaine et non aucuns autres jours (1) ».

en 1300; Anthelme de Rigaud, chanoine de Saint-Jean en 1200, et Jean de Rigaud, damoiseau du diocèse de Lyon en 1360, tenait la maison forte de la Rigaudière, sise à Marennes (*Note fournie par M. Morel de Voleine*).

(1) B B 346.

Charabarat resta à Saint-Just (1) jusqu'au moment où il fut ramené à Perrache, à l'extrémité de la rue Vaubecour, comme il a été narré plus haut. Cela se fit sans doute après la Révolution. J'ai dit comment il fut transféré plus tard sur la place Louis XVIII et de là à l'hippodrome de Perrache. Et son histoire est finie (2).

*
* *

Quelle humble figure fait le cheval de nos jours au prix du cheval des temps anciens ! Lorsqu'il n'y avait ni routes ni chemins, lorsqu'on n'avait point de carrosses, ou, pour mieux dire, lorsqu'on ne les connaissait point, tout le monde voyageait à cheval, jusqu'aux femmes, pour les-

(1) Il paraît que le marché de Saint-Just était toujours une cause de désagréments. Le 4 juin 1763, de par les Seigneurs obéancier, chanoines et chapitre de l'église de Saint-Just de Lyon, barons, seigneurs, haut-justiciers du dit Saint-Just, Saint-Irénée, le mandement et territoire de Fourvières et dépendances, Antoine Dufournet, écuyer, seigneur de Polleymieux, avocat au Parlement de Paris et ès-cours de Lyon, juge civil et criminel de la dite baronnie, etc... « sur ce qui lui a été représenté par M. Antoine Desportes des Nevers, procureur fiscal de la dite baronnie, que, quoiqu'il y ait une place spécialement destinée pour tenir les marchés des bestiaux que les marchands conduisent en cette ville, cependant plusieurs des dits marchands, même des bouchers de cette ville, au lieu de mettre lesdits bestiaux dans la dite place, les entreposent sur la place des *Décolés*, etc., etc..., fait défenses à tous marchands de bétail, bouchers et autres, d'exposer en vente ni laisser aucuns bestiaux ailleurs qu'en la place étant au-dessous de la plate-forme du dit Saint-Just, etc., etc.»

(2) Je dois à M. Vermorel, par l'obligeant intermédiaire de M. le baron Raverat, la communication de tous les documents que j'ai cités concernant l'histoire des marchés aux chevaux avant la Révolution.

quelles on avait inventé l'amble des haquenées. C'était une courtoisie usuelle d'offrir une place sur la croupe de sa monture, comme plus tard une place dans son carrosse.

Au xvie siècle, la circulation en voiture eût été impossible dans les rues de Paris. La chaise à porteurs n'y a même pénétré qu'au siècle suivant. Les gens sérieux et d'allure peu désordonnée, comme les magistrats, les curés, les notaires, les moines, montaient de préférence des mules. C'était une rigueur extraordinaire que les Cordeliers fussent obligés d'aller à pied ; d'où le proverbe : « Arriver sur la haquenée des Cordeliers. » A la fin du xviie siècle, dans la cour du Palais de Paris, il existait encore le « montoir » de messieurs du Parlement.

Au moyen âge, c'était bien autre chose ! Le destrier était le compagnon du chevalier, presque une part de lui-même. La noblesse montée, ce qu'on appelait la gendarmerie, décidait du sort des batailles. Le cheval est la marque des races et des époques aristocratiques. Le chemin de fer et le tramway sont les montures aisées de la démocratie.

Aujourd'hui l'on ne monte plus à cheval que par luxe ou par vanité. Spécialement le Français n'est pas une race équestre. Ces paysans que l'on met pour la première fois, à vingt et un ans, sur les reins d'un cheval, font d'héroïques soldats, mais le plus souvent aussi de médiocres cavaliers. C'est grand dommage que l'équitation soit si oubliée, car c'est le plus noble des exercices du corps, et celui qui requiert le plus les qualités de l'homme : sang-froid, intelligence, résolution.

**

La décadence de l'équitation date de celle de la monarchie. « Lorsque les enfants de France commencèrent sérieusement à monter à cheval, dit Saint-Simon, le roi (Louis XIV) pria M. de Duras de vouloir bien les voir monter et présider à leur manège. Il y fut quelque temps, et à la grande écurie et à des promenades avec eux, puis dit au roi qu'il n'iroit plus, que c'étoit peine perdue, que ses petits-fils n'auroient jamais ni grâce ni adresse à cheval, et qu'ils ne seroient jamais à cheval que des paires de pincettes. Il tint parole et eux aussi. »

Quand les rois se tiennent à cheval comme des pincettes, la monarchie est finie.

LE TRIPIER DES CHATS

Tous et un chacun se rappellent que c'est en l'an du Seigneur 1880 que furent inaugurées à Lyon les premières lignes de tramways (que, pour plus de douceur, nous prononçons *tramevets*).

J'étais éloigné de la ville, à cette époque, et je dus m'en rapporter au récit des journaux, qui témoignèrent tous de l'enthousiasme des Lyonnais. Cela me remémorait tout à fait l'impression extraordinaire produite en 1828, par ces balances monstres, que tout Lyon alla voir chez le confiseur Hubaut, place de la Comédie (il avait succédé à Mlles Comte). Vous vous en souvenez certainement, de ces magnifiques balances doubles, étincelantes comme l'or, appendues à une colonne corinthienne en cuivre, et aussi de la demoiselle brune, un peu gravée, aux yeux très doux, qui se tenait à celle de droite (1)?

---

(1) Voyez ce que c'est que les choses, et comme on a raison de dire que c'est bien de tout comme de tout ! Ces merveilleuses balances, qui ravirent les Lyonnais, sont aujourd'hui chez le confiseur Heyraut, place des Jacobins, et personne n'y porte attention.

Quoi qu'il en soit, je lus dans les papiers publics que les conducteurs des tramways avaient tous été munis de cornes à bouquin, à seule fin de prévenir les passants, et ce me fut un témoignage de plus de la décadence de toutes choses, me rappelant que les conducteurs des premiers omnibus, lors de l'entreprise Lucotte, étaient pourvus, eux, non de cornes, mais de vraies trompettes, qui avaient deux notes; deux notes, il est vrai, que le conducteur ne donnait jamais juste, mais enfin les trompettes avaient deux notes.

Puis, je songeai avec effroi aux conséquences, que personne n'avait envisagées, et dont un vieux Lyonnais seul pouvait mesurer la portée, du don funeste fait aux conducteurs des tramways.

Aussi, fut-ce sans le moindre étonnement que, peu de mois après, j'appris, par la même voie des gazettes, que la Compagnie des tramways était en instance auprès de l'administration pour obtenir de remplacer les cornes de ses conducteurs par un sifflet analogue à celui des chefs de gare.

Cette nouvelle avait fort intrigué le public, m'écrivait à ce propos un ami, et il y avait de quoi. En effet, la raison alléguée était que la corne s'entendait d'une rive de la Saône à l'autre, ce qui exposait les conducteurs à des méprises. Le conducteur qui est à la Chana, par exemple, entend une corne. Il croit que c'est son confrère qui arrive en face de lui. Pas du tout, c'est le tramway de l'homme de la Roche qui passe. On comprend qu'il y ait de quoi agacer.

Il était clair que cette raison était moins topique que ceux de Bertrand, le pharmacien. En effet, devait-on se dire, si la corne s'entend d'une rive à l'autre, à meilleure raison le sifflet. Cela ressemble, révérence parler, à l'invention du commandant des carabiniers qui, ayant été prévenu que les brigands tiraient toujours pays en entendant ses trompettes, résolut de les remplacer par des tambours.

Pour moi, je m'étonnais que personne n'eût compris les conseils d'humanité qui, dans cette occurrence, avaient certainement déterminé la très honorable Compagnie des tramways.

Je voyais d'ici l'armée de mirons qui, la queue en l'air, faisant gros dos, tournant des yeux langoureux, descendant les escaliers sitôt qu'ils entendent la corne, s'arrêtent sur le pas de la porte d'allée et, inquiets, vont cherchant une voiture de tripier qui n'apparaît jamais !

Les pauvres bêtes, nous en eussions fait autant à leur place !

※
※ ※

Dans le vieux Lyon de jadis, il n'y avait pas de tramways, mais de tout temps il y a eu des cornes, naturellement — Trou-hou-hou ! — Et voilà toutes les mères Michel avec leurs chats par les escaliers. En bas, un homme les attend, avec une petite voiture basse, un barrot, comme qui dirait un tout petit tombereau. Le plus souvent la voiture est attelée d'un gros bouledogue noir, crotté, les poils hérissés, faisant la bobe, es dents en avant, comme s'il ronchonnait, en attendant ,de mordre. L'homme a les manches retroussées jusqu'au-dessus du coude. Un devanti protège ses braies, peu ragoûtant, où les taches de sang frais se mêlent aux taches de la semaine passée, un coin relevé et rentré dans la ceinture. Sur la tête une casquette de loutre. Au derrière il lui pend un fusil, qui n'a rien des Lefaucheux. C'est une lame d'acier, en forme de cône extrêmement allongé, pointue et brillante par être constamment polie sous le frottement du grand couteau mince qu'on y affûte.

Des fois l'homme remplace le bouledogue. Alors, il pousse sa voiture de quelques tours de roue, la fait reposer en équilibre sur une sorte de potence qui branlicote par dessous le brancard, et le voilà qui sert les pratiques : « Pour combien aujourd'hui, petite mère ? »

La voiture est toute garnie de lambeaux saignants. Les uns, blancs, mous ; les autres, durs, en tirepille ; d'autres rouge sombre, veinés de bleuâtre. L'homme prend son grand couteau, lame mince, manche de buis, et se met en devoir de couper les parts des minets, qui miaulent tendrement à l'entour.

Tel, comme le bon curé de Bonaventure Despériers, préfère la corée : « Le curé lui manda qu'il serait le bienvenu et incontinent s'en va acheter force *courées* (1) de veau et de mouton, et les mit toutes cuire dans une grande oulle, délibéré d'en festoyer son évêque. »

Courées, c'était foie, rate et poumon. Il est probable qu'au moyen âge, il avait la signification plus générique d'entrailles.

Pour nous, Lyonnais, la *corée*, c'est le poumon du mouton, et, parlant par respect, du cayon. Le moyen-âge avait aussi notre mot de corée. Dans le dictionnaire de Nicod (1618), déjà l'on remplace le mot de corée, devenu ancien, par celui, qui a prévalu, de *fressure*.

⁂

Corée, est un dérivé de *cor*, cœur, pour autant que le poumon est attenant au cœur, et que, sous le nom de *courées*, on entendait l'ensemble des gros viscères qui se tiennent : poumons, cœur, foie. A Lyon, *corée* ne se dit que du poumon, qu'en français vous appelez *mou*.

Mais, des fois, si Raton préfère la corée, Quiqui goûte mieux la melette, Mandrin, le melachon, Mourret, la fège, et Ramponneau, la ratelle.

Mais qu'est-ce bien, la *melette* ? Heu, heu, ce n'est pas commode à dire. Adressez-vous au bonhomme qui suivait les cours de clinique du docteur Bonnet, à l'Hôtel-Dieu, et dont je vous racontais un jour l'histoire à propos du mot *enfle*. Qu'il vous suffise savoir que melette est certain organe du mouton dont le nom est dérivé du vieux fran-

(1) Une note du livre fait connaître que « les Parisiens prononçaient alors *corées*. »

çais *mesle,* nèfle, ou du bas-latin *meletum,* espèce de pomme, à cause de la forme ronde. Le *melachon* est le même organe, parlant par respect, dans le cayon. Le pauvre monde mange parfois des fricassées de melachon, et il paraît que ce n'est point mauvais. Que si vous êtes embarrassé, indécis, en suspens, en balan, ignorant ce que vous devez faire, ainsi qu'un de mes amis qui ne savait s'il devait se marier ou, comme son père, rester garçon, vous êtes suivant notre commun proverbe « comme un chat entre deux melettes ».

Ratelle, c'est diminutif de *rate,* qui est, comme on sait, un viscère sous les fausses côtes, du côté gauche, et dont on ne sait pas encore bien à quoi il peut servir, sinon à donner parfois de bonnes maladies, ou à empêcher les gones de courir, vu que la rate leur gonfle. « Petit z'à « petit je sentis un feu qui me delavorait depuis la *ratelle* « jusqu'aux clapottons », dit Jérôme Roquet dans le « Res-« sit de ses amours et de ses calamitances ».

Fège, c'est le foie. De *fidica* pour *ficatum,* reste incomplet de *jecur ficatum,* proprement foie d'oie engraissée avec des figues. *Pinguibus et ficis pastum jecur anseris albi.*

Mais quoi, direz-vous, la fège est nourriture de chrétien, non de chat ! Dépend laquelle fège. De fait on appelle communément *fège,* à Lyon, des tranches de foie de mouton cuit, qu'on achète pour mettre en salade, et qu'on mêle communément aux pieds, que nous nommons *clapotons.* Mais la fège de vache ne se saurait manger par les gens de bien.

Adonc, donnez-moi ores licence de boire un bon coup ou deux et je reviens à mon sujet.

J'eus la curiosité de savoir combien, à chaque voyage des tramways de Vaise (les seules lignes exploitées alors), il descendait de chats abusés.

Pour ce faire, je m'adressai à un savant et obligeant mathématicien, M. Kastaith, qui donnait chaque jour, dans le *Courrier de Lyon*, des problèmes ingénieux, qui me rappelaient avec plaisir ceux que mon père me posait dans mon enfance : — « Te voilà en huitième, tu sais le latin ; traduis-moi en français *Souleponpulanon* ; ou bien traduis-moi *Abiscoutigrinsmouti*. Tu sais faire l'addition ; te voilà calculateur ; dis-moi combien font *vingt cent mille ânes dans un pré et cent vingt dans l'autre*, etc. »

Je priai M. Kastaith de faire dresser des « comptages », comme cela se dit dans la langue du jour, quand on veut constater par exemple combien de personnes passent par le Gourguillon, avant de faire la ficelle de Fourvières.

M. Kastaith, avec une obligeance parfaite, voulut bien procéder à cette opération. Par de minutieuses et longues observations, il constata qu'il descendait, à chaque voyage de tramway, mille neuf cent vingt-trois chats et quart sur la rive droite, et mille sept cent septante-sept et deux tiers sur la rive gauche.

Je n'ai que faire de dire que les deux tiers de chat dans un cas, et le quart de chat dans l'autre, sont des expressions purement arithmétiques, résultat de moyennes savamment établies. Mes lecteurs ont bien trop d'âme pour s'imaginer qu'il puisse descendre un tiers de chat, quand les deux autres tiers resteraient en haut.

※
※ ※

Il était évident qu'en remplaçant les cornes de ses conducteurs par des sifflets, la très honorable compagnie des tramways, dans un sentiment que l'on ne saurait trop louer, n'avait pas voulu prolonger plus longtemps le désespoir des mères Michel et celui des chats, à qui, on le sent, ces continuelles déceptions finissaient par porter sur les nerfs.

D'ailleurs, il n'était pas impossible que la Société protectrice des animaux, dont, réfléchissant, j'ai donné ma démission par la raison que je saurais bien me protéger moi-même, n'eût, dans son zèle bien connu, pris l'initiative des démarches nécessaires.

※
※ ※

Les choses en étaient là et je savourais le plaisir intime qu'on éprouve d'avoir montré sa perspicacité, lorsque tout d'un coup je vis, par le texte de l'arrêté, mal résumé d'abord par les gazettes, que le sifflet ne devait être que pour les conducteurs de la rive gauche. — Il fallait donc le dire, alors! plutôt que de me laisser fendre le cerveau en quatre, pour trouver l'explication de l'énigme! — J'étais dans la position du Marseillais dépeignant par le menu sa bonne fortune à un mari. — Ma femme! s'écrie l'autre, à la description de certains signes intimes. — Votre femme, mon·ser! alors disons que nous n'avons rien dit!

Disons que nous n'avons rien dit! oui, mais que vont devenir, pensais-je, les mille neuf cent vingt-trois chats et quart de la rive droite?

*_**

Or, il n'y a guère, j'eus l'occasion de faire un voyage à Lyon, et, toujours préoccupé, je me rendis sur le passage des tramways de Bourgneuf, à seule fin de savoir ce qu'il en était advenu des chats. — Que voulez-vous? A la longue, ils s'étaient lassés d'attendre, et la corne des conducteurs les trouvait sourds. Pour avoir vu tromper trop d'espoirs, ils avaient cessé d'espérer!

Pourtant j'entrevis une dernière minette, plus persévérante, qui était descendue et tournait la tête en miaulant avec sensibilité du côté du tramway. Il faut vous dire que, par une longue familiarité avec les chats, je suis parvenu à comprendre très facilement leur langage, et même au besoin à le parler un peu. Que de fois, par une belle nuit de printemps, au ciel rempli d'étoiles, n'ai-je pas clairement distingué le dialogue suivant :

Le chat *(dans la cour).*

Jeanneton *(il y a beaucoup de chattes qui s'appellent Jeanneton)* Jeanneton, 'tu là-haut, 'tu là-haut?

La chatte

Je suis sur le toit, oit, oit!

Le chat

Descends-tu ou si je mon-on-on-te?

La chatte

Mouraou! *(il y a beaucoup de chats qui s'appellent Mouraou)* Mouraou, mon-on-on-te!

Le chat *(sur le toit).*

Viens-tu souper avec moi, avec moi, oi? (il la prend par le bras).

La chatte *(aigrement).*

Finis donc, onc, onc! Tu m'as déchiré ma coiffe! *(elle lui donne un coup de griffe).*

Le chat *(vexé).*

Je m'en vais trouver Madelon *(il y a beaucoup de chattes qui s'appellent Madelon)*..., ver Madelon, on! *(il descend).*

La chatte *(tendrement).*

Mouraou, Mouraou!

Le chat *(s'arrêtant).*

Quoi, oi, oi?

La chatte.

Remon-on, remon-on-te!

Le dialogue recommence et, après de nouveaux coups de griffe, le chat et la chatte finissent toujours par aller souper en cabinet particulier.

***

Or, la chatte mélancolique dont je parlais ci-dessus avait été, d'évidence, sous l'influence de déceptions trop prolongées, qui avaient réagi sur son cerveau. Assise sur son cul, la tête légèrement penchée, le regard vague, je l'entendis distinctement miauler, avec des larmes dans la voix, la romance de *Nina* ou la *Folle par amour* :

> Quand mon beau tripier reviendra
> Près de sa languissante amie,
> Alors le printemps renaîtra,
> L'herbe sera toujours fleurie !
> Paix !... Mais j'écoute !... Hélas, hélas !
> Mon beau tripier ne revient pas !
>   Hélas, hélas !
> Mon beau tripier ne revient pas !

J'eus pitié de la pauvre bête ; je la pris sur mon bras et je m'acheminai vers les vieilles rues de Saint-Paul et de Saint-Jean, seuls quartiers où l'on pût encore nourrir l'espoir de rencontrer une voiture de tripier. En patrouillant dans un gaillot de la rue de Gadagne, j'entendis une corne, la vraie, cette fois, et j'aperçus bientôt et le bouledogue, et le barrot, et le fusil pendant au derrière du tripier. Me laissant aller, peut-être par une exagération de sensibilité, à ma générosité naturelle, j'achetai à ma chatte pour six sous de melachon. Est-ce l'émotion qui fut trop forte, est-ce l'estomac qui fut trop chargé ? Elle en avait à peine mangé pour cinq sous et demi, que je la vis faiblir, me jeter un long regard languissant, plein de reconnaissance, et expirer.

LA BERTE

BERTE, c'est le récipient de ferblanc dans lequel les laitières ont accoutumé de renfermer le lait, et quelquefois l'eau et le lait qu'elles portent à leurs pratiques.

Le vase est de forme très ingénieuse et qui ne se peut décrire. Il y faudrait l'aide du gentil dessin en perspective, avec plan horizontal et détails que, pour plus d'exactitude (sachez que nous avons horreur de l'à peu près), m'envoie mon ami André, l'architecte que vous savez bien. Voire qu'il s'en est brouillé avec sa laitière. Le voyant inspecter curieusement sa berte, elle a cru à quelque marque de défiance, comme de vouloir s'assurer si son lait était bien du lait, à telles enseignes qu'elle s'en est écriée d'un ton de reproche : « Moi qui vous sers depuis quarante-sept ans ! » (de père en fils naturellement.)

La berte, en section horizontale, a la forme d'une ellipse déformée. D'un côté elle est légèrement recreusée, pour s'adapter plus commodément à la forme de la cuisse contre laquelle elle appuie quand la laitière la tient à la main. De l'autre côté elle est bombée, mais non de façon symétrique, l'étant beaucoup plus à l'endroit où se trouve la manette. Manière de rapprocher le centre de gravité du point de suspension. En élévation, la berte est un cylindre bas. Dans la partie resserrée de la section du dessus est une cheminée ronde, par où on fait entrer le lait et par où on le vide.

Cette cheminée se ferme par un bouchon en ferblanc qui l'emboîte. La manette est aussi en dessus du cylindre, mais placée « de traviole », à seule fin qu'elle soit mieux à la main quand le côté creux de la berte repose sur la cuisse. Tout cela est fort savant, marque de l'observation, de la recherche. Evidemment la berte, quelle que soit son antiquité, n'est point d'un peuple sauvage, mais, bien au rebours, d'un peuple avancé en civilisation, qui cherche l'utile, le pratique, le commode.

Si vous allez sur le chemin de Sainte-Foy vers le coup de dix heures, la route n'est qu'une file de laitières montées sur leurs ânes, qui sont souvent des ânesses. Les bertes vidées font drindrin dans les paniers, pendant que la laitière dit à cha-minute : « Hue, bardelle, hue ! » De vrai, la bardelle est la femelle du bardot (comme la *vedelle* est la femelle du veau), c'est-à-dire du mâle, produit d'un cheval et d'une ânesse, tandis que le mulet est le produit d'un âne et d'une jument. En fait, Bardelle n'est que le nom propre chez nous de la plupart des ânesses, comme chez les zouaves tous les mulets s'appelaient Joseph, et comme encore chez nous un grand nombre d'ânes s'appellent Martin. Quand j'étais petit gone, j'avais un camarade du nom de Martin, qui ne faisait jamais rien que jouer aux gobilles ou attacher par un fil des petits hommes en papier découpé à des boules de mie de pain mâché (le pain de seigle est excellent pour cela), qu'il lançait avec force contre le plafond, où la boule de pain restait collée et le petit homme pendu. Enfin, il ne faisait que déranger la classe. Le père, qui habitait Saint-Denis-de-Bron, prévenu des déportements de son fils, lui écrivit une lettre à cheval, qui se terminait par ces mots indignés : « Va, tu ne seras jamais qu'un âne ! — Ton père, Martin. »

...

Lorsque, descendant de Sainte-Foy, le matin, avec mon père, qui me menait prendre mes leçons en ville, je rencontrais les laitières qui déjà remontaient, Dieu, que j'aurais voulu être laitière ! D'abord, pour être à cheval sur un âne ; puis, je songeais tristement qu'elles retournaient à la campagne, à l'heure précisément où j'en partais pour aller dans la ville, morose, réciter des leçons, que je ne savais guère. — Oh ! passer toute sa journée à la campagne ! quel rêve ! Je ne songeais ni à l'herbe à ramasser, ni aux vaches à traire, ni aux fromages à préparer, ni à rien de ces durs travaux de ces laitières enviées ; ou plutôt si, j'y songeais, mais ces travaux-là me paraissaient du plaisir.

*_**

Au figuré, le mot de berte s'emploie pour exprimer ces

> Deux sources d'où la vie humaine
> En ruisseaux d'amour doit couler.

Jadis on mettait quasi tous les enfants en nourrice. D'abord, il y en avait tant, qu'on n'aurait pu, comme aujourd'hui, les élever dans des boîtes de coton. Qui eût parlé d'une nourrice à domicile eût bien fait rire. Pour ce qui est d'allaiter elles-mêmes, les mères n'avaient pas le temps, vu qu'il y avait tout de suite un autre enfant en route. On se préoccupait seulement de trouver une vigoureuse nourrice qui, suivant l'expression consacrée, « eût de bonnes bertes ».

A la nourrice on remettait un trousseau. J'ai sous les yeux la note d'un trousseau d'enfant, dans une honnête famille de marchand de Lyon, « du 6 may 1808 ». J'y relève, entre autres choses :

   2 Flênes d'indienne ;
   2 Corsets d'indienne ;
   1 Bégui de toile ;
   1 Couvre-arçon ;
   2 Ballouffières.

Les *flênes* sont ce que vous appelez taies d'oreiller ; les corsets, ce que vous appelez chemisettes ; le *bégui*, ce que vous appelez bonnet ; le *couvre-arçon*, un morceau d'étoffe pour placer sur les *arçons*, c'est-à-dire sur les petits arcs qui forment une voûte au-dessus de la balle d'osier qui sert de lit à l'enfant ; les *ballouffières*, des paillasses de *ballouffe*. La ballouffe est l'enveloppe florale de l'avoine. Les bonnes ménagères prétendent que cette matière légère absorbe les « filtrations » beaucoup mieux que la paille, qui se pourrit. Ballouffe, dérivé de *balle*, avec le suffixe *ouffe*, qui s'applique aux choses enflées : *pouf*, machin postiche que se font les dames ; *bouffer*, manger en se gonflant les joues ; *pouffer de rire*, rire à s'en gonfler les joues ; faire *pouf*, faire l'orgueilleux, mot à mot l'enflé, etc.

Le prix du nourrissage, dans cette note de 1808, est de 150 francs par an, c'est-à-dire un peu plus de douze francs et douze sous par mois.

Mon père, dans sa vie, alla chercher six nourrices, toutes pour des garçons. Une fois, il en fut quérir une à Saint-Martin-d'en-Haut. En ce temps, il n'y avait guère de chemins à voiture. Il y fut à cheval, et revint portant en croupe l'objet demandé, une grosse paysanne, solide, pesant le poids et le bon poids, qui, à chaque saut du trot, balin, balan, s'accrochait au cavalier avec terreur, et cent fois menaça de l'entraîner sous sa masse.

Dans certains endroits, dans des pays du Vivarais, par exemple, la coutume était de laisser les enfants en nourrice jusqu'à sept ans. Votre serviteur en fut retiré à trois, qui était l'âge ordinaire, ne parlant que patois, comme bien s'accorde ; mais aussi je savais ce que c'était qu'un bigoz (1), et qu'un fessu (2), et qu'une triandine (3), et qu'un trézu (4), et qu'un jarlot (5), et qu'une berte, voire un manti (6). Et à propos ou hors de propos, quand fus-je ravi en admiration, c'est lorsque, pour la première fois, je vis mettre le couvert pour le dîner. Ces verres, cette carafe de cristal étincelant, ces couverts d'argent, ces serviettes, ce manti tout fins blancs de buye, me jetèrent dans le cœur le mauvais levain du mépris pour ce que j'avais vu chez mon père nourricier. Aussi, allais-je passant délicatement la main sur la nappe, comme pour la caresser, m'écriant (le patois, comme le latin, brave l'honnêteté) : « O le bieau manti ! le bieau manti ! Le manti de mon pôre étove tot salopo, tot mardu ! »

Si berte, objet, est étrange, berte, mot, ne l'est guère moins. Ce nom est uniquement restreint à Lyon et à nos campagnes; au premier abord ce serait à croire que la chose a été inventée chez nous et n'en est jamais sortie. Ni le Forez, ni le Dauphiné, ni la Provence, ni le Languedoc n'ont ce mot, ou tel autre qu'on en puisse supposer

(1) Fourche à deux pointes pour remuer le fumier.
(2) Enorme pioche à fer plat pour travailler la vigne.
(3) Instrument à trois pointes pour travailler la terre trop dure pour la bêche.
(4) Vase ou seille pour le lait.
(5) Petit vaisseau de bois. J'en ai parlé aux *Vendanges*.
(6) Nappe.

parent. Mais on trouve en vieux picard *berte*, vaisseau de bois, et en vieux franc-comtois *bert*, panier, claie pour prendre les poissons. Sur le rapport du sens comparez *buire*, qui voulait dire à la fois écluse et récipient. Le vaisseau de bois a pris facilement le sens de récipient pour le lait, puis il a gardé le nom lors même qu'il était fabriqué en ferblanc. Mais sur l'origine du nom picard, comme sur tant d'autres choses, je ne sais rien. Ma consolation est de penser qu'il y en a beaucoup comme moi.

***

Berte s'emploie très fréquemment au figuré et, parlant par respect, pour mamelle :

> Sur un sein où s'enflent à peine
> Deux bertes d'où la vie humaine
> En ruisseaux d'amour doit couler.

a dit notre grand Victor Hugo dans ses admirables *Chansons des Grues et des Oies*.

LES MONTAGNES

A y regarder de près, on ne s'explique guère pourquoi nous sommes portés à dédaigner les amusements des petits gones. S'amuser avec un âne qui siffle par la queue n'est pas plus moquable que de s'amuser avec un bilboquet, comme les grands seigneurs de la cour d'Henri III, ou avec des dominos, comme les Marseillais, ou avec des cartes, comme nos diplomates en retraite.

Voire que je me suis souvent demandé si s'amuser à peindre des tableaux, à écrire des livres (hormis le cas d'en tirer sa subsistance, car alors ce n'est plus un amusement), est quelque chose de beaucoup plus sérieux que de faire siffler un âne par la queue.

Tout cela ne sert qu'à faire oublier de vivre. « Le roi, lui-même, est environné de gens qui ne pensent qu'à divertir le roi et l'empêchent de penser à lui. Car il est malheureux, tout roi qu'il est, s'il y pense. »

Le peintre, l'écrivain, haussent les épaules en voyant s'amuser l'enfant. Un être doué d'une intelligence supérieure à celle de l'homme (il peut y en avoir, et de tout temps l'on s'est imaginé qu'il y en devait avoir) hausserait les épaules (à supposer qu'il en eût), en voyant les amusements de l'écrivain et du peintre. Nos bonnes femmes de Lyon ont raison : c'est de tout comme de tout.

Au fond, tout le monde a son âne qui siffle de la queue, dont il s'amuse. Il n'y a pas trois ou quatre ans que des milliers d'imbéciles, sur la place Bellecour, s'amusaient à faire cri-cri à l'aide d'un badinage de deux sous, qu'ils tenaient dans leur poche. Même que cela fit faire une petite émeute, autre genre d'amusement fort goûté.

Si Paul de Kock eût écrit comme Bossuet, c'eût été un grand écrivain. C'est mon idée. Il a imaginé quelque part un homme qui a vingt pendules chez lui, et qui s'extermine le tempérament pour les faire sonner ensemble, à quoi il ne succède jamais. Ceci est un trait de génie, mais il eût fallu savoir mettre l'invention en œuvre. Les réalités d'ailleurs ne le cèdent jamais aux imaginations. Je connais un homme fort intelligent qui passe sa vie à tourner des coquetiers et des coulants de serviette pour toute sa famille. Un autre, qui faisait une collection de boutons de culotte. Il est vrai qu'il avait un frère, lequel disait préférer faire collection de pièces de cent sous. Un troisième était plein d'artifices, car il en fabriquait toute la journée. Quand il était parvenu à faire une fusée de couleur, qu'il aurait eu pour quelques sous chez le marchand de tabac, il en était plus fier que Sophocle d'avoir fait OEdipe à Colone. Un autre, qui s'était confectionné six cent cinquante-deux cannes. Il s'en donnait comme un massacre pour arriver à compléter le mille. Nous avons tous connu un honorable magistrat d'un petit tribunal voisin de Lyon, qui passait tout son temps, de la fin d'une audience au commencement de l'autre, à battre de la caisse et à faire des *fla* et des *ra*, au grand dam de ses voisins, qui ne mirent guère à tomber du haut mal. Et qui ne se souvient d'un célèbre procureur général près la cour d'Aix, qui goûtait tellement l'équitation qu'il avait dans son cabinet un grand cheval de bois, pour l'enfourcher et écrire ses réquisitoires sur un pupitre entre les deux oreilles ? Je ne vois guère de différence de ce cheval aux ânes de nos petits gones, sinon que celui-ci ne sifflait pas de la queue.

❊
❊ ❊

Comme les hommes, les peuples vont faisant se succéder dans leur vie les genres d'amusement. Pendant quelque temps certains de ces amusements ont une vogue extraordinaire. Toutes les têtes en sont tournées. Puis on passe à d'autres, en se moquant des précédents, qui n'étaient pas pire. Il n'y a guère de temps que la faveur était aux *skating-ring*, que l'on écrivait invariablement, par parenthèse, avec une faute d'orthographe : skating rin*k*. Puis elle passa aux vélocipèdes, à moins pourtant que les vélocipèdes n'aient précédé les skating, ce dont il ne me chaut guère. Encore ces deux divertissements étaient-ils un genre d'exercices du corps, et les exercices du corps, ce que les Anglais appellent le *sport*, chasser, monter à cheval, patiner, nager, ont leur utilité sous le rapport de la santé, sans compter le vaste champ qu'ils ouvrent à la vanité, le véritable excitant du plaisir. Mais qui pourrait au jour d'aujourd'hui s'imaginer que, pendant bien des années, le suprême bonheur des Lyonnais a consisté à se faire débarouler dans un char : brrrrrrr... que l'on remontait après à force de bras, puis de recommencer : brrrrrrr ; et ainsi de suite, comme on voit les mamis dans des caisses à roulettes descendre les pentes de nos grandes routes.

Mais nos jeunes Lyonnais ne savent seulement pas ce que signifie ce mot de *montagnes*, qui semblait magique à leurs pères. « Tâchons moyen » de le leur expliquer.

Une supposition que nous sommes en 1823. C'est dimanche; il fait beau. Sur les quais, foule. Nous coudoyons des messieurs qui ont des pantalons de nankin jaune, des gilets de nankin aussi, qui viennent au milieu de l'estomac; des lévites couleur de cul de bouteille, plissées en haut de manches un peu bouffantes. Un col fort haut leur guillotine les oreilles et sert de nid à deux petits favoris. Ce n'est que bien plus tard que les bousingots inventèrent de porter toute la barbe. Avec cela, des chapeaux évasés, une badine. Les dames ont des robes très courtes, serrées aux jambes, la taille sous les aisselles. Beaucoup de robes blanches. Des souliers bronzés, découverts, attachés par des rubans noirs sur des bas de soie à coins. Sur la tête une immense calèche, chargée de plumes par devant. On ne peut voir les visages que de face. Il y a deux ans encore, on jugeait ces chapeaux horriblement ridicules. L'an dernier ils sont revenus à la mode.

Sur la place Bellecour, Thomas chante ses chansons en s'accompagnant de son violon. Quelques saltimbanques sur les quais. Quantité de gones jouent au quinet. D'autres (en général ceux-ci ont mauvaise câle) font sauter des sous. Des nuées de petits décrotteurs vous assaillent : « M'sieu, cirer, pour un sou ! » De dignes *surveillants* en shako avec des chevrons sur les côtés du shako et un pompon, armés de bancals qui leur battent dans les jambes, se bambanent d'un air doux et bienveillant.

Si nous allions nous promener aux Brotteaux et voir la fête de l'*Élysée lyonnais*, qui se disputait alors la primauté avec les *Montagnes françaises* ? Ces fêtes commençaient à deux heures de l'après-midi pour se terminer à dix heures du soir. Mais où diable nos pères prenaient-ils donc le temps de dîner ?

Donc, nous enfilons le pont Morand. Tirons un sou de notre poche. En échange, on nous remet un petit billet en papier de messager boîteux, tout graisseux, encadré d'une vignette, et sur lequel on lit : « Compagnie du pont Morand. — Péage. » Nous le donnerons pour retourner.

Les bons Lyonnais avaient toujours de ces billets de banque dans leur poche. Cependant, on pouvait exiger qu'on vous rendît deux liards, espèces monnayées.

Pour éviter les inconvénients de l'encombrement au retour, la Compagnie, au bout du pont, du côté des Brotteaux, a fait établir une vaste palissade demi-circulaire, avec une dizaine de portes, à chacune desquelles se tient un péager. — Voici la place Louis XVI, ce n'est pas grand'chose encore. Deux maisons en tout. La place est creuse, à l'ancien niveau naturel. Autour, des chaussées. Ainsi nous vîmes longues années la place Louis XVIII, aujourd'hui place Perrache.

Nous allons prendre la Grande Allée, qu'on nomme aujourd'hui cours Morand. Cette Grande Allée était creuse dans le milieu, où l'on avait laissé subsister le sol naturel. A droite et à gauche, des chaussées auxquelles on accédait par des talus gazonnés. Les arbres étaient placés à l'inverse d'aujourd'hui, c'est-à-dire qu'ils étaient dans le milieu, dans la partie creuse. Beaucoup plus drus que les « ch'tis » platanes d'à présent, pour autant qu'ils trempaient leurs pieds dans l'humus frais, au lieu que ceux d'aujourd'hui les baignent dans les cailloux du Rhône qui ont servi de remblais.

Cette Grande Allée était tellement la promenade favorite des Lyonnais que, le dimanche, on disposait de chaque côté un triple rang de chaises qui, à certains jours, les jours de fête aux Montagnes françaises ou à l'Élysée, par exemple, étaient toutes occupées pour voir le défilé des promeneurs et des équipages.

Dans la Grande Allée, bien entendu, aucune maison, mais de nombreux établissements de plaisir. D'abord, à droite, en allant à l'Orient, le petit Tivoli, où, depuis un certain nombre d'années, Mourguet avait son théâtre de Guignol. Il était où débouche aujourd'hui l'Avenue de Saxe.

Le piquant des pièces de Mourguet, c'est qu'il y mêlait volontiers des traits aristophanesques. Ce n'était pas comme aujourd'hui, que la police exige qu'il ne soit rien changé au texte communiqué d'avance. Beaucoup de choses étaient livrées au feu de l'improvisation.

Casati, le grand-père du Casati actuel et qui fonda la maison, avait son café en rue Bât-d'Argent, du côté nord, à peu près dans le milieu de ce qui est aujourd'hui la rue Impériale. En ce temps où tout se faisait paternellement, le garçon, chez Casati, avait soin de vous servir « la goutte ». C'est-à-dire que, lorsqu'on avait vu la fin de son bol de café au lait ou de chocolat, le garçon venait, qui vous en servait encore un peu dans le fond. C'était le cadeau de Casati. Une maison de confiance, je vous dis ! Mais quoi ! on abuse de la bonté des gens, et il y en avait d'aucuns qui se faisaient revider la moitié du bol. Enfin, cette raison ou une autre, Casati, qui n'avait plus besoin d'achalander l'établissement, retira la charte qu'il avait octroyée, et plus de « goutte ». Cela causa bien quelque rumeur, mais on ne put ni n'osa que dire. Seul, le père Barre, qui tenait la pharmacie occupée naguère par Parrayon, place de la Comédie, se tournant majestueusement vers le garçon, et élevant la voix de manière à être entendu de tout le café : — Et la goutte ?.....

*
* *

Le dimanche suivant, au petit Tivoli, Mourguet donnait cette pièce, *le Légataire universel*, où Guignol, censé malade, reçoit, parlant par respect, un lavement. Quand l'apothicaire eut fini son œuvre, Guignol se retourna gravement et, de la même voix solennelle que le père Barre, qui était dans l'auditoire : — Et la goutte ?.....

*
* *

Après Mourguet, occupant l'espace entre l'avenue de Saxe et la rue Vendôme actuelle, le café du Grand Orient, nom venu peut-être d'une loge maçonnique, fondée dans le quartier, à la fin du xviiie siècle, par le célèbre Cagliostro.

A gauche, toujours en allant aux Charpennes, un cirque, qui fut construit en 1818 par l'écuyer Désorme. Plus tard, il fut incendié.

Puis le *Jardin chinois*, montagnes liliputiennes, basses. Les chars y tenaient douze personnes. Mourguet, après la décadence du *Petit Tivoli*, y donna des représentations. On y voyait un danseur de corde de renom, Saqui. — Était-ce le mari de la célèbre Mme Saqui ? — Des pantomimes jouées par Thomas et Mlle Thomas, sa fille, de qui, après la mort de son père en 1835, le capitaine Benoist d'Apremont, un de nos Lyonnais très précieux, acheta la trompette qui servait à Thomas à rassembler la foule. Les prix n'étaient pas si chers qu'à l'Opéra d'aujourd'hui. Deux sous pour l'entrée ; deux sous pour se faire débarouler dans les chars ; deux sous pour les places réservées à chaque spectacle.

Avec cela il y avait dans la Grande Allée nombre d'autres établissements, le Jardin Montansier, des Vauxhalls, comme c'était alors la mode d'appeler les salles de danse, des tirs au pistolet. Ceux-ci disparurent les derniers et il me souvient d'y être encore allé souvent tirer en 1850.

*
* *

L'extrémité de l'allée se rétrécissait comme aujourd'hui en façon de lunette d'approche. A l'angle de la partie prolongée et rétrécie était une célèbre brasserie de bière avec jardin. Quelle bière on buvait alors, là, chez Gayet, au cours d'Herbouville, chez Combalot, à la Guillotière, chez Kock, en rue du Puits-d'Ainay, à la place de l'établissement actuel des Incurables, et au café Kock, au coin de la rue Lafont et de la rue du Garet, devenu plus tard le café Forni, disparu lorsqu'on a fait la rue Impériale. Ce qui faisait dire un jour au sieur des Guénardes, à propos d'une cantatrice nommée Mlle Koch : « Rien que de prononcer son nom la bière m'en vient à la bouche ! »

Au bout de la Grande Allée, en tournant par le chemin à droite, qui est donc aujourd'hui la rue Duguesclin, on trouvait d'abord la maison de campagne de Spreafico, célèbre cafetier du siècle dernier, père de la mère de Charles Grand, le limonadier que nous avons tous vu occuper successivement le café Grand, place des Terreaux, le café de la Jeune France au port Saint-Clair, et le chalet du Parc. Cette maison était d'un bon style, avec une belle grille de fer à l'entrée et un de ces charmants jardins à bordures de buis, disparus sous la mode des jardins à tortillons d'allées, à massifs pour loger les araignées, à gazons ayant l'aspect de vieux paillassons, à rocailles de poupées, à « vallonnements » sans motifs, que celui d'empêcher de se promener de plain-pied, le tout éclos dans la cervelle des *architectes-paysagistes*. Une des plus belles inventions de ce temps-ci, que l'architecte-paysagiste !

Dans cette maison se fit une célèbre ascension de montgolfière, où était le roi de Suède, sous le nom de comte de Haga. L'ascension rata, je crois. M. Morel de Voleine l'a racontée dans la *Revue du Lyonnais*.

Après la maison de Spreafico, toujours du côté de matin, venait l'*Élysée lyonnais*, dont l'emplacement était immense. Figurez-vous qu'il tenait depuis la rue Cuvier d'aujourd'hui jusque par là-bas vers la rue de Précy, car la rue de Vauban, qui passe sur cet emplacement, n'était point encore tracée. Tout cela, c'était terres, prés, friches, etc. L'*Élysée* avait quelque sept cents pieds en façade. Le périmètre n'avait de côtés rectilignes que les deux qui forment aujourd'hui les alignements des rues Duguesclin et Cuvier. Pour le demeurant, il était de contours fort irréguliers et s'étendait à l'orient jusqu'à une terre qui s'appela plus tard la Terre du lac, c'est-à-dire jusqu'à la rue Sainte-Élisabeth d'à présent. A l'*Élysée* prenait naissance un petit ruisseau, nommé ruisseau de Feurs, qui allait se jeter dans le Rhône, un peu en amont du pont de la Guillotière. Ce ruisseau, suffisamment étendu, j'imagine, d'eau du Rhône, faisait l'office d'une belle rivière, sur laquelle on se promenait en bèches.

Pour le surplus, cela donnait tout à fait l'idée du Paradis terrestre avant la chute. Il y avait des tirs au pistolet, des *montagnes* (c'était la pièce importante), des théâtres, un café, des balançoires, des chevaux tournants, des jeux de bague, toutes sortes de spectacles, incessamment renouvelés, etc., etc., enfin tout ce que l'esprit de l'homme pouvait rêver de beau. Chaque année, durant l'hiver, on s'ingéniait à quelque disposition nouvelle pour la belle saison suivante. L'enclos était si vaste qu'une année le directeur, le père Simonard, imagina d'y tracer une vaste allée pour le défilé des voitures et des cavaliers. Mais comme vous seriez capables de croire que j'exagère, que mes souvenirs m'égarent, que mon imagination m'abuse, que je cède à la manie des anciens d'embellir ce qui est loin, je recueille dans un journal du temps, qui se piquait de belle littérature, le morceau suivant qui vous montrera mon amour scrupuleux de la vérité :

> De tous les établissements, celui qui décidément réunit la meilleure société et le plus grand nombre de curieux, c'est l'*Élysée*; dimanche il y avait foule, les femmes y étaient en grand nombre, leurs toilettes étaient élégantes, et tout respirait *dans ce jardin délicieux* un ton de décence et de bonne compagnie.....

⁂

Là parurent bien des merveilles : Mme Saqui, le Raphaël de la danse de corde ; la famille Romanini, composée aussi d'acrobates. « On ne saurait se figurer, « disait alors le même journal, dans le style poétique du « temps, avec quelle grâce et quelle aisance les trois sœurs « qui composent cette famille exécutent sur le fil d'archal « toutes sortes de poses et d'attitudes, les unes emprun-« tées *aux images riantes de la mythologie, et les autres* « *aux usages et aux mœurs des divers peuples*, etc., etc. » L'auteur fait ensuite la description d'une danse exécutée par Mlle Romanini sur le fil d'archal lancé comme une escarpolette, puis il revient avec d'énormes éloges sur le jongleur Robert. Là encore, le « voltigeur » Stephany, le « méloglomane » Mauguet, qui imitait tous les chants d'oiseaux imaginables ; on eût dit de trente-six volières. Il y en aurait comme cela pour un volume. Autant s'arrêter tout de suite.

⁂

Mais quoi ! je fais un chapitre sur les *montagnes*, et la seule chose dont je n'aie point encore parlé, ce sont les *Montagnes*.

L'invention nous venait de Paris. Une gravure sans date, mais qui, par les costumes qu'on y a figurés, paraît remonter à 1818 ou 1819, représente la *Promenade aérienne du jardin Beaujon, folie du jour, dessinée d'après nature, barrière de Neuilly.* C'est une gravure teintée à l'aquarelle, dans le goût du temps, de 30 centimètres de large sur 21 de haut. En bas, un texte explicatif assez long, mais nécessaire.

Le plan figure un pavillon élevé, dressé sur une charpente de 80 pieds de haut, dit le texte, d'où partent deux plans inclinés de forme un peu plus que demi-circulaire en projection horizontale. C'est sur ces plans inclinés, dont les pentes tantôt s'accroissent, tantôt diminuent, que s'élancent deux chars de front, livrés à leur propre impulsion, avec une vitesse de quinze lieues à l'heure, dit toujours le texte. C'est à peu près la vitesse de nos express. Après avoir accompli des deux parts leur vaste demi-cercle, ils viennent se réunir tous quatre au pied d'un plan incliné, rectiligne en projection horizontale, et, par conséquent, fort roide, qu'ils remontent pour regagner le pavillon de départ. L'impulsion acquise pouvait leur faire remonter une partie du plan incliné rectiligne, mais comme évidemment, par les pertes du frottement, ils ne pouvaient s'élever spontanément de tout ce dont ils étaient descendus, il fallait l'emploi d'une force mécanique pour leur faire atteindre le pavillon de départ. Il n'est pas question de rails, mais certainement les chars étaient guidés, probablement par des rails creux. Le danger, s'il y en avait, devait être celui du déraillement, à cause des courbes qui, bien qu'elles occupassent presque tout le jardin, ne pouvaient avoir qu'un rayon faible par comparaison.

J'imagine que ce qui devait tenter, dans cette descente rapide, c'était une certaine apparence de danger, lorsque l'on se sentait entraîné à toute vitesse par le char abandonné à lui-même. C'est ce qui donnait pointe à la sauce, dirait Montaigne. Les petits cris des femmes effrayées, leurs gestes de terreur, relèvent le sang-froid de l'homme courageux qui se sent admiré. Ils lui donnent quelque chose de l'*impavidum* d'Horace, qui n'est pas sans grandeur, surtout lorsque l'homme sait lui-même qu'il n'a rien à craindre.

Les *Montagnes* de l'*Élysée lyonnais*, sous le rapport mécanique, étaient construites beaucoup plus rationnellement que celles du jardin Beaujon. Elles étaient bien, dans leur ensemble, disposées de même ; seulement c'est le plan rectiligne qui servait à la décize, et les parties courbes qui servaient à la remonte. D'où, plus le moindre danger de déraillement.

Deux chars partaient ensemble du pavillon avec la vitesse de l'éclair. Le plan incliné se relevait à son extrémité pour amortir la force acquise. Arrivés à cette extrémité, à laquelle se trouvait adossé un beau café en rotonde, les chars bifurquaient, prenant chacun l'une des branches du cœur que figurait assez bien l'ensemble des montagnes. Ils achevaient tout plan-plan leur course jusqu'au pied d'un escalier assez roide, qui conduisait au pavillon, et que l'on escaladait, sans malice, à pied, si l'on voulait recommencer le plaisir.

Quant aux chars, ils remontaient à vide, parallèlement à l'escalier, à l'aide de ce que nous nommons une ficelle, à savoir, en langage savant, une chaîne à la Vaucanson, avec des engrenages, mue par un manège de chevaux placé sous le pavillon.

De fait, il n'y eut jamais d'accident de la faute des montagnes, où passèrent cependant tant de Lyonnais. On parla beaucoup, en 1824, d'un commis-voyageur, logé à l'hôtel de la Cornemuse, et qui, voulant faire le beau à l'*Élysée lyonnais* (histoire d'éblouir les femmes), se tenait debout sur le char, malgré la défense, et qui plus est, à rebours. La première fois, il arriva sans accident. La seconde fois, dit le journal du temps auquel j'emprunte ce récit, « la courroie se détacha » (quelle courroie?), le voyageur fut précipité hors du char, qui lui passa sur le pied, etc. A cette bienheureuse époque, le « fait-divers » était rare ; il n'y avait pas de petits journaux, pas de suicides, peu d'accidents. Le cas du commis-voyageur alimenta durant trois mois les conversations. « Puisse cet évènement, qui ne « saurait porter aucun préjudice à l'établissement des « *Montagnes*, servir de leçon aux imprudents, etc., » ajoute mon journal en des observations judicieuses auxquelles je ne puis qu'ajouter ma faible voix.

L'*Élysée lyonnais* avait un redoutable rival dans les *Montagnes françaises*, dont Arban, le célèbre artificier lyonnais, était directeur. Il n'y avait cependant aucune relation dans l'importance des terrains affectés aux deux établissements. Pour aller aux *Montagnes françaises*, quand on était arrivé à l'endroit où la *Grande-Allée* se rétrécit, au lieu de tourner à droite, comme pour aller à l'*Élysée*, on tournait à gauche, dans ce qui était alors un chemin, devenu depuis la rue Duguesclin. Ce chemin ne se prolongeait pas comme aujourd'hui jusqu'au chemin de ronde (qui n'existait pas d'ailleurs), il se terminait à un autre chemin perpendiculaire, qui est aujourd'hui la rue de Crillon, et c'est dans ce dernier, à gauche, en se dirigeant vers l'orient, qu'étaient les *Montagnes*. Si la rue Charlemagne existait alors (ce dont je ne me souviens pas), on pouvait, en la prenant du cours Morand (cette partie s'appelait alors, ou peu après, cours Trocadéro), arriver droit en beau devant des *Montagnes françaises*. Vous voyez cela d'ici.

De tout ce, il appert que les *Montagnes* étaient situées plus loin et moins avantageusement que l'*Élysée*.

Le terrain était petit, étroit par comparaison. Il avait environ trois cents pieds en façade et sept cent cinquante en profondeur, s'appuyant du côté de bise à un pré dénommé le pré Vincent, par là vers ce qui est aujourd'hui la rue Duquesne.

Il faut un certain effort d'esprit pour se figurer les Brotteaux tels que je viens d'en décrire les parties qui étaient alors les plus habitées. Qu'il y a plus de trois siècles la rue de la Vieille-Monnaie fût une vigne, cela ne nous surprend pas trop, vu le long temps écoulé. Mais l'étrange ici, c'est qu'il n'est pas besoin d'être fort vieux pour avoir vu les Brotteaux dans cet état. Ne diriez-vous pas que c'est un rêve ?

※

Mais l'exiguïté du terrain des *Montagnes françaises* était rachetée par les merveilles de l'art. « Le jardin a été « dessiné avec un goût exquis par un de nos plus habiles « architectes, M. Piraud, » disaient les *Tablettes histori-* « *ques*... « Nous pouvons donc parler des *Montagnes* « *françaises* comme de l'*Élysée lyonnais* et payer à chacun « de ces établissements le tribut d'éloges qui lui est dû, « ajoutait-il dans un autre numéro..... Le jardin de « M. Arban est distribué et soigné avec autant de goût « que d'élégance ; ses bosquets sont *délicieux ;* sa grande « allée est *superbe ;* cette voûte de feu sous laquelle on « passe pour aller du cirque au théâtre du prestidigita- « teur est d'un effet *merveilleux ;* Jules Rovère est sans con- « tredit le plus habile escamoteur de notre époque, etc. » Ma plume se lasserait à copier les éloges.

※

Vu la forme d'un parallélogramme allongé, qu'avait le terrain, les *Montagnes,* aux *Montagnes,* n'auraient pu prétendre à l'élégant développement circulaire qu'on leur avait ménagé à l'*Élysée.* C'était tout bonnement un plan incliné rectiligne, à pente très roide au début pour se relever à l'extrémité, suivant l'usage et la théorie. Là, sur une plateforme, on tournait les chars, qui s'en revenaient tout à leur aise par deux voies parallèles à la voie de descente, jusqu'à un point intermédiaire où on les quittait pour prendre l'escalier, tandis que les chars étaient remontés mécaniquement à vide.

※

Malgré l'infériorité dans la disposition des *Montagnes* et dans l'étendue du terrain, les *Montagnes françaises* paraissent avoir été la coqueluche de nos pères, grâce à leurs spectacles variés, grâce aussi à des feux d'artifice dont Arban n'était pas ménager. Ainsi que le faisait remarquer, avec une plaisanterie pleine de finesse, un « chroniqueur » du temps : « Les feux d'artifice sont très beaux, on les doit « à M. Arban, c'est tout dire, et sa gloire serait immor- « telle, *si elle ne s'en allait pas en fumée* (!). »

En septembre 1824, on vit en feu d'artifice la « Destruc- « tion du colosse de Rhodes, renversé par une violente « secousse de tremblement de terre. » Ce fut sublime !

※

A cette époque, les *Montagnes françaises* et l'*Elysée lyonnais*, lassés de se faire une concurrence ruineuse, s'étaient associés, et l'on y donnait, non plus concurremment, mais alternativement des fêtes. Enfin, vers la fin de l'été de 1823, Arban devint possesseur des deux établissements et il donna une fête simultanée dans les deux, mais une fête *gratuite*, au moins pour l'entrée. De quatre à six heures du soir, il se fit seize cents courses dans les deux montagnes, disent les journaux du temps avec admiration. « Combien donc ne s'en serait-il pas fait davantage, ajou-

« tent-ils, si la nuit et l'humidité du terrain ne fussent
« venues forcer le public à battre en retraite quatre heures
« plus tôt que dans la belle saison ! » (on était en octobre).
Je ne puis que m'associer à cette réflexion pleine de
justesse.

Et puisque nous en sommes aux questions d'argent,
disons, pour l'édification de la postérité, qui ne nous par-
donnerait pas de l'avoir oublié, que, sauf ces jours fastes
où l'on faisait au peuple la largesse de l'entrée gratuite, le
prix d'entrée était de douze sous.

※

Les *Montagnes* furent l'origine d'une pittoresque expression lyonnaise, aujourd'hui oubliée avec les circonstances
dans lesquelles elle prit naissance, mais que j'ai retrouvée,
il n'y a pas trois jours encore, dans une lettre de mon
ami le chevalier des Guénardes. De même que nous disons
une *ficelle* pour un chemin de fer funiculaire, de même on
ne disait jamais faire une course en char, mais *se faire
ramasser* : « Je me suis fait ramasser pour mes quatre
sous, etc. »

L'expression devint si à la mode qu'elle envahit le
style noble lui-même et la littérature classique, et devint
l'occasion des jeux de mots les plus spirituels et les plus
délicats. « Les *Montagnes françaises*, disait une revue lit-
« téraire de 1823, doivent, cet été, offrir un appât aux
« amateurs du mimodrame ; des pièces de ce genre et des
« pantomimes seront représentées dans cet établissement ;
« si les acteurs *tombent*, ils pourront du moins se faire
« *ramasser* (oh !). »

La mode des plaisirs passe aussi rapidement que les jolies femmes. La grande vogue des *Montagnes* fut de 1820 à 1823. Déjà, en cette dernière année, l'on pouvait écrire :
« Sans hyperbole, l'attrait du plaisir se présente sous
« toutes ses formes aux *Montagnes françaises*, où les mon-
« tagnes sont précisément ce dont on s'occupe le moins,
« quoique la chute y soit très rapide et la course aussi
« longue que sûre. Mais ce divertissement, ou si l'on veut
« cet exercice, est connu depuis plusieurs années. Il ne
« peut varier, il a été, il est et sera toujours le même!
« Quelle désolation pour des Français et surtout pour
« des Françaises!... »

En 1825, Arban, qui était infatigable, remania les montagnes pour augmenter la hauteur de la chute et la rapidité de la course. Les artistes des Célestins donnèrent chez lui une fête à Singier qui fut bien, ma foi, directeur de nos théâtres durant quinze ou vingt ans. « On a donné
« aux spectateurs-comédiens une petite pièce de circons-
« tance dont l'auteur est le *Scribe lyonnais*. » — Comme les choses vieillissent, mon Dieu! Qui donc pourrait me dire aujourd'hui qui était le *Scribe lyonnais?*

Les deux établissements avaient séparé de nouveau leurs destinées. On sent qu'à l'*Élysée* au moins, la décadence arrive. On lui reprochait de « ne point illuminer la Grande Allée, comme les années précédentes ». On parle de la « mesquinerie des divertissements ».

On ajoute pourtant que « l'*Élysée lyonnais* est toujours « à la mode ; une *société choisie* s'y réunit..... » Ce qui m'intrigue, ce sont ces mots de « bonne société », de « société choisie », qui reviennent sans cesse. Évidemment, il n'y avait alors à Lyon d'autre société que la *choisie*. Il me semble qu'aujourd'hui un établissement de ce genre se « caféchantantiserait » tout de suite.

* * *

Mais les *Montagnes* avaient fini leur destin. Hélas ! depuis que je me suis mis en la fantaisie de coucher par écrit l'histoire de nos vieilles choses lyonnaises, je ne mets en registre que des morts. Rien n'a survécu.

Je ne sais trop quand l'*Élysée* et les *Montagnes françaises* se fermèrent, mais ce dut être peu après 1830, si ce n'est avant. En 1839, rien n'était encore construit à leur place, et les rues qui traversent aujourd'hui leurs emplacements n'étaient pas encore tracées.

De vains efforts furent faits pour relever la mode des *montagnes*. On bâtit les *Montagnes italiennes* à la place du pâté de maisons qui fait face sur la place Perrache d'aujourd'hui. C'était à peu près là où aboutit la rue Duhamel.

Puis les *Montagnes de Perrache*, sur l'emplacement de la gare de Perrache, en allant de côté du vent, à gauche. Il y avait une vaste rotonde pour boire la bière. En face était la brasserie Groskoff et une jolie maison à l'italienne, décorée de bas-reliefs, entre cour et jardin, qui avait été bâtie par le vénéré M. Chenavard pour le sculpteur Legendre-Héral. Cette maison fut expropriée pour la construction de la gare.

Enfin un essai de *Montagnes* dans le clos de la Carette, au-dessus du cours d'Herbouville. J'avais cru, en consultant mes souvenirs, que ces *Montagnes* avaient été établies dans le clos de l'ancienne et célèbre salle Gayet, mais, réflexion faite, celle-ci était plus en amont. Du cours d'Herbouville, on voyait descendre les chars. Il y avait toujours foule sur le quai pour les admirer. Les *Montagnes* de la Carette et celles de Perrache doivent se placer de 1833 à 1835. Elles furent bientôt fermées. Tout cela d'ailleurs n'était que de misérables pastiches des *Montagnes* d'Arban et de l'*Élysée lyonnais*.

Ce n'était pas encore tout à fait fini. On me dit qu'une nouvelle tentative fut faite en 1847. On en établit alors dans le voisinage de l'ancien Jardin d'Hiver, construit par l'architecte Horeau, de Paris, et qui n'eut qu'une durée si éphémère. Enfin, on me dit aussi qu'il y en eut quelque temps à la Rotonde, espèce de bastringue qu'on a récemment décoré du nom d'Alcazar, et qui commence à devenir célèbre par les réunions publiques qu'y tient le dessus du panier des amateurs de la propriété d'autrui. Mais ces deux dernières *Montagnes*, je ne les ai jamais vues.

Le métier que j'ai toujours tenu le plus en admiration, c'est celui d'entrepreneur de plaisirs publics. Je ne crois pas en avoir vu parvenir un à la fortune, et toujours il y en a de nouveaux pour prendre la place de ceux qui ont fondu leurs huiles. Et le pis, c'est que la plupart exposent, pour la perdre à peu près à coup sûr, une petite fortune qui suffirait à les faire vivre en paix.

A-t-on jamais réfléchi, pourtant, à la dépense d'intelligence, d'activité, d'ordre, d'énergie, de facultés de toute sorte, nécessaires pour mener à bien une entreprise de ce genre. Il ne doit guère être plus difficile de conduire une armée ou une grosse maison de banque. Que dis-je, voyez seulement nos directeurs et nos écuyers de cirque! Avec le trésor de patience, la somme d'efforts qu'il faut pour apprendre à un chien à crever en sautant une feuille de papier tendue sur un cerceau, ou à un cheval à faire le mort, on pourrait écrire le *Discours sur la méthode* ou découvrir les lois de Képler.

Malgré tant de peines, rien ne se lasse plus vite que ceux qui prétendent à être amusés. On parle, à ce propos, d'exigences des rois. Je suis convaincu qu'ils sont de bon command au prix des foules. A celles-ci, il faudrait chaque jour du nouveau, et encore. Car si elles ne se lassaient pas, leur bourse se lasserait à leur place. Les bals publics eux-mêmes, qui exercent sur les hommes l'attrait éternel de la débauche, les bals publics eux-mêmes ne réussissent guère. L'Alcazar ruina ses actionnaires. Le Jardin d'hiver, dans un autre genre, n'enrichit pas davantage les siens. Le théâtre des Variétés, le théâtre de la Guillotière, le Skating, les Folies-Bergère, la Closerie des lilas, le Rêve d'Or, le Casino de Neuville, le Parc des rosiers de Miribel ont eu le sort de tous les Tivoli, de tous les Bosquets de Paphos, de tous les Jardins d'Idalie, de tous les Vauxhalls de nos pères et de toutes leurs *montagnes*. Le théâtre de Bellecour, pour lequel on dépensa tant et sur quoi on fonda tant d'espérances, n'a pas eu meilleure fortune. Seuls, deux cafés chantants à Lyon me donnent un démenti. Mais avant eux, il s'en ruina quinze.

Les marchands de plaisirs n'ont quelque chance de succès que dans les villes comme Paris, où chaque jour une fournée d'étrangers vient renouveler le public.

Mais tant qu'il y aura des hommes, on recommencera à se ruiner pour les amuser. Il faut qu'il y ait un attrait particulier qui pousse les gens à cette sorte d'entreprise.

Avant de laisser pour jamais dormir le souvenir des *Montagnes françaises*, il faut dire un mot de celui qui fut de 1821 à 1830 l'âme des plaisirs des Lyonnais.

Arban était artificier, directeur de bains et directeur des *Montagnes françaises*. Ses bains étaient à l'angle formé actuellement par la rue de Condé et la rue Saint-Joseph, en débouchant sur la place Louis XVIII, alors en contre-bas. La rue Saint-Joseph s'appelait rue de Puzy. Le bâtiment, peinturluré, se composait d'un seul rez-de-chaussée. C'étaient les cabinets de bains ; puis un jardin en contre-bas, que l'on voyait de la rue (actuellement de Condé), protégé par un mur d'appui et une grille. Au fond, des côtés de bise et de matin, les ateliers d'artifice. Entre le jardin et une petite terrasse desservant les bains, une belle grille entre deux pilastres. Elle se voit encore dans la cour d'une maison neuve, tout à côté.

***

Le père Arban mourut fort âgé, en 1867. Quarante-quatre années le séparaient du tableau que j'ai tâché d'esquisser dans les pages qui précèdent. Il avait eu cinq fils, et il avait vu mourir quatre d'entre eux. Philippe, l'aîné, avait pris la suite de l'industrie de son père, et portait le titre d'artificier de la ville. C'était lui qui, à toutes nos fêtes publiques, avait l'entreprise des illuminations et des feux d'artifice. Je l'ai connu en 1854-55. C'était un gros homme, d'air assez sombre, à cheveux et à favoris rougeâtres, et qui répandait une forte odeur de poudre rien qu'en entrant dans l'appartement. Il mourut en août 1859, ayant eu huit garçons et cinq filles. De cette nombreuse postérité, trois filles survivent seulement. Depuis 1860, c'est Ruggieri qui a charge de surexciter, à l'aide des merveilles de la pyrotechnie, l'enthousiasme patriotique et politique des Lyonnais, mais la veuve de Philippe a encore un atelier d'artificier en rue Sainte-Élisabeth, sous la raison de commerce « Ve Arban aîné, artificier de la ville ». C'est de cet atelier que sortent ces belles flammes de Bengale que vous voyez depuis deux ans, au quatorze juillet, éclairer de leurs feux élyséens nos jardins publics. Malgré son âge respectable, elle est l'âme de la maison et le moindre détail passe sous ses yeux. Elle est assistée de M. Oudot, son gendre.

***

Il y a du tragique dans cette famille. Le second fils d'Arban fut ce Francisque, que tous les patineurs de Lyon admiraient vers 1825-1830 (notamment dans le grand hiver de 1829), parmi les plus brillants de ceux que j'ai cités au chapitre de *Charabarat*, et qui faisaient communément leurs exercices sur l'étang en bas-fond servant alors de place Perrache. Après avoir aidé son père dans l'exploitation des *Montagnes françaises* et tenté la fortune dans l'entreprise des *Montagnes de Perrache*, en face de la brasserie Groskoff, dont j'ai parlé plus haut, il se fit aéronaute. Sa première ascension eut lieu à Lyon, où il partit des Brotteaux dans une montgolfière *en papier*, qu'il avait construite lui-même. Il alla tomber au fort Lamotte. Son voyage en ballon de Marseille à Turin, opéré en une nuit, fut considéré comme une merveille. Le 14 octobre 1849, il partit de Barcelone. On n'en eut jamais de nouvelles. Le malheureux périt sans doute en mer.

Le troisième fils fut Jacques, un artiste. Il était musicien et mourut jeune. Le quatrième était Charles. Celui-ci était artificier, comme son père et son frère Philippe. J'ai dit qu'il y avait du tragique dans la famille. Aux journées d'avril 1834, il reçut une balle dans la cuisse, ce qui nécessita une amputation dont il mourut.

Enfin qui de nous, durant sa jeunesse, a jamais vu l'affiche d'un grand bal masqué ou d'un concert, sans y lire cette formule consacrée : « Les solos de piston par M. Arban. » Arban, le célèbre piston, c'était Jouagny, le cinquième fils du directeur des *Montagnes*. Il a fait son chemin ! Où apprit-il la composition ? Je n'en sais rien. Suffit que, sous l'Empire, il fut chef de la musique des Guides, décoré de plusieurs puissances étrangères, etc., etc. Chef purement civil d'ailleurs, et qui n'endossait son uniforme que pour aller jouer aux Tuileries. Sorti des Guides, il devint professeur au Conservatoire. Auteur d'un nombre immense de compositions musicales que connaissent bien toutes les musiques militaires, fanfares, etc. Il a dirigé l'orchestre des bals de l'Opéra, et tout récemment on a pu le voir dirigeant celui des bals du théâtre Bellecour.

※
※ ※

Cette curieuse famille Arban, où l'on trouve des entrepreneurs de spectacle, des artificiers, d'innocentes victimes de nos émeutes, des aéronautes intrépides, des artistes distingués, cette famille où l'intelligence et l'esprit d'aventure paraissent innés, a été trop mêlée à nos chroniques lyonnaises pour ne pas mériter les quelques mots qu'on en vient de dire. La dynastie, hélas ! est tombée en quenouille. Des si nombreux petits-enfants du directeur des *Montagnes*, il n'y a plus que cinq filles encore vivantes.

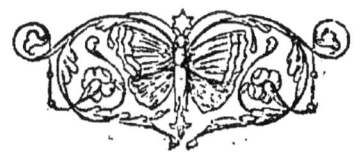

LE BON PARLER LYONNAIS

IL y a de braves Lyonnais qui aiment qu'on écrive en lyonnais, mais il y a de braves Lyonnais aussi qui, frottés de littérature, n'aiment pas qu'on écrive en lyonnais. — « Pourquoi, disent-ils, employez-vous de ces termes populaires que nous n'entendons qu'à demi, nous qui n'avons fréquenté que *la bonne société*? Pourquoi usez-vous constamment de tournures vieillies? Pourquoi vous plaisez-vous à ces chutes brusques et imprévues, à ces façons de parler familières et gauloises, qu'on rencontre peut-être dans les écrivains du xvie et du xviie siècle, que nous ne lisons pas, mais qu'on chercherait vainement dans les auteurs modernes, que nous lisons.

« Ce n'est pas que nous entendions vous interdire le pittoresque et le coloré, mais que ne prenez-vous modèle sur les écrivains parisiens? Voulez-vous peindre une blonde? Expliquez-nous, avec M. Roqueplan, « que la

« *classification* des blondes est *infinie* ; qu'il y a le blond
« *fulvide*, légèrement *rubellé* à l'endroit où le *produit corné*
« sort de son *bulbe*, etc., etc. » *Fulvide, rubellé*, voilà qui
se comprend, au moins ! Et ce *produit corné*, ce *bulbe !*
vous auriez écrit vulgairement, vous, « l'endroit où le
« cheveu sort de la peau ». Comme ce produit corné et
ce bulbe sont poétiques à côté ! Bulbe, produit corné,
on ne s'en saurait lasser.

« Voulez-vous représenter les choses d'une façon nouvelle, dites-nous avec Balzac « qu'il (le héros) tomba dans
« le *servantisme* le plus minutieux et le plus *astringent*... »
Astringent est une heureuse application de la langue de
la pharmacie aux choses de l'ordre moral. On pourrait
dire au rebours, et avec non moins de bonheur, un
servantisme laxatif.

« Nous entendons qu'on parle français, mais nous ne
repoussons point, à l'occasion, d'heureuses inventions de
mots. Vous pouvez nous dire, avec M. Alphonse Daudet :
« Elle avouait naïvement combien elle était *esclavagée*... »,
ou encore nous décrire, avec le même, « des ports fleuris,
« *horizonnés* de forêts... » ; nous parler, toujours avec
M. Daudet, des « derniers coups d'un orage *insatisfait* »,
ou nous montrer, après M. de Banville, une femme « jetant
« au vent sa tête *fulgurante*... », ou, avec Théophile
Gautier, nous peindre « l'azur sans tache et la lumière
« *immarcescible*... » Immarcescible, rien que ce mot vous
tire les yeux de son éclat !

« De même M. Victor Hugo, dans ses admirables *Contemplations*, nous fait voir

..... Barbo, l'homme *égrégore*.

« L'ignorance même où l'on est de ce que cela veut dire jette quelque chose de sublime et de mystérieux sur l'épithète.

« Rien non plus ne saurait donner au style plus de saveur que certaines hardiesses dont foisonnent nos auteurs contemporains. Montrez-nous donc, avec MM. de Goncourt, « deux lèvres qui n'avaient ni corps ni visage » (ce qui, véritablement, n'a rien d'extraordinaire), et « une chatte « pleine mettant un *rampement* noir sur un tapis usé... » Et remarquez ce trait de génie : la chatte était pleine ! Si c'eût été la chatte qui eût été noire, et le *rampement* qui eût été plein, cela fût revenu au même ; et pourtant, quelle différence !...

« Et avec M. Zola, une foule qui, de loin, gardait un « effacement plâtreux..., une paix *chaude*, tombant du « cintre du théâtre..., un murmure *pâmé*... », et, avec M. Daudet, « des regards *fanés*, des crânes « déplumés, « encore *auréolés* de rêves... », et, avec Chateaubriand, « des *tapons* de maisons *chaudronnées* », et avec M. Victor « Hugo, « une ombre *nuptiale* », et « une joue *impériale* », « et une veste d'un cuir *farouche* », et « un donjon *échevelé* » « et, encore avec M. Zola, un homme « très rouge, *galopé* « par une fièvre de cheval » (cheval, galopé, admirez ce rapprochement), et un autre qui, pour *crâner*, s'enfonçait « un pilon entier dans la bouche », et un autre qui « tour- « nait au *sécot* et se *plombait* avec des tons verts de « *macchabée* pourrissant dans une mare », et une femme

« qui avait la tête gonflée d'emm... », quoique je ne puisse disconvenir que tête n'est peut-être pas bien ici « à sa place ;

« Et avec M. de Goncourt, « un roman *bâti* sur des « *documents humains* », et « la révélation de toute l'incon- « nue *féminilité du tréfond de la femme* », et « le voilé d'une « âme d'enfant commençant à se déchirer dans *une pre- « mière assomption des sens moraux* de la femme et du « *caractère de son sexe* », et un *sang* qui avait toujours *eu* « pour les fils des *tendresses chaudes*, violentes, presque « frénétiques », et « des mères qui, dans cette famille, « étaient *furieusement* mères... » Ainsi Cathos avait un « furieux tendre pour les hommes d'épée. »

« Répétez après M. Zola, dans une image d'une hardiesse extraordinaire, que le comte « *but* dans une *aspiration* tout « le *sexe* de la femme, qu'il *ignorait* encore, et qui *lui bat- tait le visage...* », ce qui veut dire, en langue des hommes, que dans la chambre il y avait une forte odeur d'eau de savon et de pommade à cheveux.

« Enfin, sachez, quand il le faut, faire subir aux mots français de légères, mais agréables variations dont « le « besoin se faisait généralement sentir », et écrivez avec Théophile Gautier : « Il éleva son verre en *salutant*... » — Comme *saluer* est faible auprès de *saluter !* »

*

Voilà ce qui m'a été dit quelquefois, honnêtement du reste et sans le moindre malvouloir. Et certes, à Dieu ne plaise que l'on conteste ici le talent ni de Roqueplan, ni de Théophile Gautier, ni de M. Zola, ni des autres! Mais quoi ! si on leur permet ces jolis enfantements d'expressions, cet argot barbare, ce ramas d'épithètes « tératologiques », pour employer la langue du jour, ne nous sera-t-il pas loisible, à nous autres, pauvres Lyonnais, non pas même de créer des mots, mais d'user de nos vieilles expressions, que connaissent et goûtent nos concitoyens, et qui ont le mérite de presque tous les mots du langage populaire, à savoir la clarté, le piquant et le pittoresque? Au moins ont-elles à leur avantage les droits acquis par plusieurs siècles d'existence, que dis-je, par une origine qui remonte le plus souvent jusqu'à nos pères les Latins!

Nombre de ces bonnes gens s'imaginent que, pour écrire en lyonnais, il suffit de ne pas savoir le français. C'est peut-être une erreur. Il m'est avis, au rebours, que, pour écrire parfaitement bien le lyonnais, il serait nécessaire de savoir d'abord le lyonnais, puis beaucoup de français, et non seulement le français d'aujourd'hui, mais encore celui d'hier et celui d'avant-hier. Il faut, en effet, opérer dans son esprit, comme dans un van, un tri entre les expressions anciennes, saines, correctes, françaises dans les moelles, et ces expressions nouvelles, viciées, incorrectes, bâtardes, semblables à des plantes parasites qui auraient recouvert et à demi détruit notre vieux jardin national. On ne se figure pas combien il est difficile, en écrivant, de se garder de l'argot moderne, qui est comme engregé dans votre peau par tous les livres, toutes les revues, tous les journaux que vous lisez, que vous ne pouvez pas même vous dispenser de lire, si vous ne voulez ressembler à saint Siméon Stylite sur sa colonne. C'est à ce point que je connais un quelqu'un qui s'est imposé la tâche de lire chaque jour au moins quelques pages des vieux auteurs, afin de ne pas se laisser envahir par l'habitude du patois, je veux dire par la langue des auteurs contemporains.

*_**

Mais ce parler franc de bouche, qui a retenu tant de vieilles expressions de nos aïeux, ne consiste pas seulement dans l'usage d'un certain vocabulaire. Bien plus que dans le vocabulaire, le génie d'une langue gît dans le tour, dans la construction de la phrase. Il ne faut pas tomber dans l'erreur de nos pères du temps de la Restauration, qui croyaient fermement ressusciter la poésie du moyen âge en semant le discours des mots de *jouvencelle*, *bachelette*, *destrier*, *palefroi*, et quelques autres de ce genre. Sans prétendre à écrire la langue du xvie ou même du xviie siècle, ce qui serait absurde, il est nécessaire que des mots un peu vieillis soient enveloppés dans des tournures appropriées, sans quoi ils feraient une disparate dans le tissu du style. On doit fondre, lier tout cela, pardon de l'image, comme une habile cuisinière, une fricassée de poulet dans une sauce blanche onctueuse. Il importe de ne pas aller non plus trop loin dans la voie de l'archaïsme (comme cela se dit aujourd'hui), sous peine de cesser d'être compris ou de tomber dans la baroque. Enfin, quoi ! tout cela, c'est affaire de nuance, dirait M. Renan.

Il ne faut pas d'ailleurs croire qu'il soit loisible de tirer indifféremment du grenier du vieux langage même les expressions comprises de tout le monde et qu'on peut faire accepter. Notre langue n'a guère moins souffert au xvie qu'au xixe siècle. Elle a été envahie à ce moment par une foule de mots d'origine étrangère, et surtout de mots bâtis de toutes pièces par les poètes et les savants, au moyen du latin écrit. C'est en vain que Rabelais se gausse si plaisamment de « l'eschollier limosin », venant de « l'alme, inclyte et celebre academie que l'on vocite Lutece ». Lui-même n'en fait guère moins à l'occasion, et qui s'imaginerait puiser au hasard l'or précieux, abondant dans son creuset, courrait fortune d'en ramener quelque mâchefer. Les mots de vieille souche française sont chez lui confondus pêle-mêle avec ceux forgés du latin, du grec, de l'italien, de l'espagnol, voire de l'arabe. C'est que Rabelais pensait dans toutes les langues.

Mais c'est surtout la maudite école « des rhétoriqueurs », puis la pléiade, puis enfin Malherbe et Balzac, qui ont frelaté notre pure langue nationale, *il vino nostrale,* comme dit une charmante expression italienne.

Tout le monde sait, en effet, que notre langue se divise en deux parts : l'une, la bonne, qui a été formée par le populaire, suivant des lois à peu près invariables, car elles se rattachent à ce qu'on pourrait appeler les instincts du larynx et de l'oreille. Les mots qu'elle comprend, soit français, soit patois, se sont faits d'après les sons perçus et non d'après la lecture des termes primitifs. Voilà le vrai français, celui qui a de l'unité, qui a son génie propre, distinct de celui de toutes les autres langues romanes, et où la transformation des termes primitifs a été la plus complète, la plus originale.

Notre lyonnais est encore tout plein de ces mots du vieux français, qui ont disparu souvent du reste de la France et auxquels, je ne sais pourquoi, nous sommes restés fidèles. Sommes-nous donc, à Lyon, si conservateurs que cela ?

*
* *

A côté de cette vieille et saine langue populaire, qui d'infortune se perd tous les jours, il y a la langue des gens instruits ou qui croient l'être, la langue des savants, qui n'est qu'une série de barbarismes, un charivari de sons. Cette langue a été forgée de toutes pièces avec le grec et le latin, non d'après les lois euphoniques, d'après l'audition, puisque personne ne parle plus le grec ni le latin, mais d'après l'écriture des mots. Avec la moindre habitude, on discerne tout de suite à laquelle de ces deux formations appartient un terme. Le mot populaire est toujours court, très contracté, facile à prononcer, surtout. *Esprit* est plus commode à prononcer que *spirituel ; envers*, qu'*inverse ; entier*, qu'*intègre ; roal*, que *régal ; replier*, que *répliquer ; étroit*, que *strict ; grotte*, que *crypte ; orteil*, qu'*article ; écouter*, qu'*ausculter ; amande*, qu'*amygdale ; évier*, qu'*aquarium*. Chaque couple de ces mots a cependant une origine commune. Le mot savant est toujours long, calqué servilement et maladroitement sur le type grec ou latin. L'accent tonique y est toujours placé de travers, et cela doit être, puisqu'on forme le mot d'après l'écriture, avec les yeux, et non d'après le son, avec l'oreille. Entre le langage populaire et le langage savant, il y a la même différence qu'entre la fleur de papier montée sur fil de fer, à grand renfort de colle, et la fleur vivante qui pousse dans la prairie, sans nous en demander licence.

∗∗∗

Mais je n'ai parlé que des mots savants, bons ou mauvais, mais enfin qui appartiennent à notre langue et ont pris droit de bourgeoisie. La plupart d'entre eux ont été formés du latin par les savants de la Renaissance. Mais que dire de cette horrible importation grecque, due aux savants modernes, sous laquelle étouffe notre pauvre français ? Il n'est si méchant faiseur de cimetières bossus, si mince preneur de papillons, si modeste pousseur de clystères qui, s'il écrit un mémoire de deux pages, ne se croie tenu d'y vider tout un lexique grec de sa composition. *Cachexie, microzoonite, homoglobine, diaphragmatique, myélocarpe, mylostome, sidérotechnie, psychographique, polyginglyme, idiosyncrasie, esthésiomètre, galactagogue, hymenorrhize, ophtalmoblennorrhée, diplohémiédric, orthorhombique, anacoluthe, amphiartrose, symphysandre, endosmotique, oryctographique, hystérotomotocie, hyménolépidoptère, hémipomatostome, microlépidoptérologien* (ouff!) sont leurs termes les plus onctueux !

Ce qu'il y a de bon, c'est que tous les dix ou quinze ans l'on change de nom pour la même chose. Dans mon jeune temps, on appelait *esquinancie* une inflammation de la gorge. On a trouvé que ce nom était trop à la portée des bonnes gens, et on a dit *angine*. Une *angine couenneuse* était celle qui était accompagnée de fausses membranes. On a trouvé que c'était encore trop simple, et l'on a inventé *diphtérie*. L'année prochaine on inventera autre chose. On disait, il y a peu d'années, *infection purulente*, ce qui avait le tort de se comprendre ; on dit maintenant le joli mot de *pyohémie*. Ce qui était autrefois un *hôpital* est aujourd'hui un *édifice nosocomial*. On disait jadis que la quinine était un *spécifique*, maintenant c'est un *médicament nosocratique*. Et puis dites que les sciences ne font pas de progrès !

Il y a deux espèces de « néologismes », pour parler grec à mon tour. Ceux qui sont des mots nouveaux pour des choses nouvelles, ceux qui sont des mots nouveaux pour des choses anciennes. Les premiers sont bons, à la condition d'être formés régulièrement, et, le plus possible, conformément au génie de la langue française. Les seconds sont inexcusables.

Je comprends très bien que dans les sciences, en chimie, en physique, en histoire naturelle, il faille créer de toutes pièces une nomenclature ; qu'en médecine il faille classer les maladies qu'on ne guérit pas. C'est toujours une consolation pour la science, sinon pour le malade. Mais qui force à dire *édifice nosocomial* ou lieu d'*hôpital*, ou *médicament nosocratique* ou lieu de *spécifique*, pour rester dans les exemples de tout à l'heure ? Pourquoi inventer *microzoaires* ou *microzoonites* ou *microbes* (car l'on n'est pas même d'accord !) quand tout le monde comprenait *infusoires* ?

* *

Je ne lis jamais les mémoires de médecine, vu mon ânerie, mais je me jette avec avidité sur les articles d'un médecin lyonnais bien connu, en qui rivalisent la science et l'esprit. Il écrit très finement, en bon français, et avec une verve charmante. Mais quoi ! malgré qu'il en ait, il faut bien que les « microzoaires » s'échappent quelquefois ! Il n'y a guère de temps que je lisais de lui un article étincelant d'originalité sur l'influence de la posture pendant le sommeil. Il y était constamment question du *decubitus dextre* et du *decubitus senestre*. Je courus vite à mon dictionnaire de Noël, qui m'avait servi pour faire en son temps ma huitième. Puis, ayant trouvé ce que je cherchais, et m'étant couché dans la posture du *decubitus senestre*, dont je suis coutumier, je passai la nuit à rêver sur les motifs graves qui avaient pu déterminer l'auteur à ne pas écrire : « le coucher sur le côté droit, le coucher sur le côté gauche... »

* *

Certes les savants de nos jours ont fait de merveilleuses découvertes. En dehors même de la science pure, ils ont

rendu aux hommes des services inestimables. Mais je ne puis m'imaginer qu'ils eussent fait moins de découvertes ni rendu moins de services pour user de termes moins baroques. Que voulez-vous! c'est leur langue des dieux; c'est leur manière, à eux, de faire des alexandrins. Mais tous n'écrivent pas aussi bien que le spirituel médecin dont je parlais tout à l'heure. Et l'autre jour, ayant jeté les yeux sur un journal de savants, je tombai sur cette phrase, qui n'est pas de la Bruyère :« En second lieu,
« cela rappelle un livre *mal famé*, où foisonne un *venin*
« *antimédical grotesque à force d'être exagéré...* » Voilà, me dis-je, un heureux choix d'épithètes. Cela me rappelle l'excellent docteur C., mort aujourd'hui, alors qu'il professait à l'Hôtel-Dieu un cours d'histoire naturelle, et qu'à propos du lion il prononça cette phrase, devenue célèbre : « La queue de cet animal constitue entre ses mains une arme redoutable... »

※

Remarquez bien que nombre de ces prétendus mots grecs sont fabriqués tout de travers. Il n'est personne qui ne sache que la nomenclature elle-même de notre système décimal, soi-disant dérivée du grec, n'est qu'une série de pataquès, ce qui faisait écrire à Berchoux, dans une lettre à la Commission des poids et mesures : « Nous parlons
« grec toute la journée, même avec nos cuisinières, car
« heureusement vous nous avez envoyé du grec de
« cuisine. »

On sait en effet que, pour être correct, il faudrait écrire *chilia*mètre, *chilia*gramme, au lieu de *kilo*mètre et *kilo*-

gramme, etc. Érasme, qui connaissait assez bien son grec, avait divisé ses *adages* en quatre *chiliades*. On ne devrait pas dire non plus hectomètre, hectogramme, mais hécatomètre, hécatogramme, etc. Et un kilomètre, proprement, ce n'est pas mille mètres, c'est la mesure d'un âne : χίλλος, bourrique. Il y a huit mesures d'âne de Lyon à Vénissieux.

Ce qui n'est pas moins joli, c'est que, dans les subdivisions : *déci*mètre, *centi*gramme, *milli*are, etc., on a fait la moitié du mot avec du grec et l'autre moitié avec du latin. Que dis-je, avec du latin, contre le latin ! car dans les mots *déci*mètre, *centi*mètre, *milli*mètre, le premier terme, selon les lois de la composition latine, signifie dix, cent, mille, et non dixième, centième, millième. Un centigramme, c'est cent grammes : partez de là dans vos comptes.

Aussi les Grecs modernes se sont-ils empressés de nous prendre notre système métrique, mais ils se sont bien donné garde de nous emprunter notre nomenclature avec lui. Ils ne la comprendraient pas !

Il y a quantité de mots introduits dans notre pauvre langue par les savants, qui sont ainsi de véritables « hybrides », panachés de grec et de latin, estropiés parfois de français et de grec ! C'est de cette façon que ces abandonnés de Dieu ont fait *planisphère, néo-catholicisme, pancarte, anglomanie, photosculpture, coxalgie, bureaucratie, séro-sanguin, aéromotion, phalanstère, familistère*, et bien d'autres veaux à deux têtes, à mettre dans un musée « tératologique ».

※
※ ※

Sans doute ce serait péché de priver les savants du plaisir de faire des barbarismes. Mais dans combien de cas pourraient-ils se borner à faire d'honnêtes composés français sans malice, qui seraient intelligibles, clairs, et n'écorcheraient pas la bouche? Cuvier, pour sa nomenclature, fabriquait tout bonnement des mots qui se comprenaient. C'était possible son tort. Là où nos savants modernes se seraient fait un plaisir de dire *Thoracognathes*, il disait *Joues-cuirassées;* où ils auraient dit *Cyclostomes* (de fait, il y en a qui l'emploient), il disait *Suceurs;* où ils auraient dit *Pachyrhynques*, il disait *Gros-becs;* où ils auraient dit *Leptorhynques*, il disait *Becs-fins;* où ils auraient dit *Myophages*, il disait *Gobe-mouches*. Et je vous donne mon billet que Cuvier n'était pas plus sot qu'un autre.

M. Darmstetter, à qui j'emprunte ces exemples, ajoute avec beaucoup de bon sens : Qui empêcherait, à la place de *Brachycéphales*, *Dolichocéphales*, *Malacoptérygiens*, *Ornithorhynques*, *Cynocéphales*, *Apodes*, *Branchiopodes*, *Zoophytes*, *Branchiostèges*, de dire les *Courtes-têtes*, les *Longues-têtes*, les *Nageoires-molles*, les *Becs-d'oiseau*, les *Têtes-de-chien*, les *Sans-pieds*, les *Pieds-branchies*, les *Animaux-plantes*, les *Couvre-branchies*, etc? Ce qui empêcherait, cher monsieur, c'est que l'on serait compris. On est bien plus savant quand on n'est pas compris. « Car, comme disait un très grand médecin, nous ne recevons pas aysement la médecine que nous entendons... »

On a fait remarquer, avec beaucoup de judiciaire, que, sur trente-sept millions de Français, quelques centaines de mille seulement, élevés au collège, comprennent plus ou moins les mots savants incorporés dans notre langue. Un quarantième, à peu près, de la nation, désapprend ainsi le français pour parler une langue semi-française, semi-latine, semi-grecque. Mais cette portion si peu nombreuse est précisément composée de ceux qui lisent et au besoin écrivent, c'est-à-dire de ceux qui font la loi dans la république de l'esprit.

Ainsi la France est divisée en deux parts : un très grand nombre, le peuple, parlant français ; un très petit nombre, mais gens instruits, influents, parlant un mélange que l'on pourrait assez bien comparer à ce mets de certains restaurants, dénommé arlequin, et où l'on trouve de tout, des débris de volaille, de poisson, des pâtes d'Italie, des croûtes de pâté, et quelquefois des grolles avec.

Et c'est pour cela que l'on voudrait nous faire quitter notre bon vieux lyonnais, nos expressions populaires, les locutions de nos pères et de nos grands-pères ! Apprenez, petits bacheliers, qu'entre vous et nous, c'est nous qui parlons français !

Un philologue (il nous faut bien aussi mâcher du grec) a fait cette observation, que les écrivains de la seconde moitié du XVIIe siècle parlent d'autant plus latin que les sujets traités sont plus nobles et plus solennels. La langue de Molière et de La Fontaine est plus voisine de la langue du peuple et, par suite, plus française que celle de Racine et de Boileau.

A l'appui de l'observation, je cite les onze premiers vers de la fable première du premier livre de La Fontaine :

> La *cigale*, ayant chanté
> Tout l'été,
> Se trouva fort dépourvue
> Quand la bise fut venue :
> Pas un seul petit morceau
> De mouche ou de vermisseau.
> Elle alla crier *famine*
> Chez la fourmi sa voisine.
> La priant de lui prêter
> Quelque grain pour *subsister*
> Jusqu'à la saison nouvelle.

J'ai souligné les mots latins : il y en a trois. Encore, en bonne justice, ne doit-on pas compter le mot de *cigale*, qui n'existe pas, à ma connaissance, dans le vieux français, parce que la cigale est particulière à la Provence. Force était bien de prendre le mot provençal.

Maintenant, les onze premiers vers de l'Ode au Roi, de Boileau :

> Quelle *docte* et sainte ivresse
> Aujourd'hui me fait la loi !
> Chastes *nymphes* du Permesse,
> N'est-ce pas vous que je voi ?
> Accourez, troupe savante ;
> Des sons que ma *lyre* enfante
> Ces arbres sont réjouis.
> *Marquez*-en bien la *cadence* :
> Et vous, vents, faites *silence*,
> Je vais parler de Louis.

Six mots latins, contre deux dans La Fontaine.

Sautons à M. Victor Hugo. Voici les onze premiers vers de la première pièce des *Contemplations* :

> L'*aurore* apparaissait ; quelle *aurore* ? Un abîme
> D'éblouissement, *vaste, insondable, sublime :*
> Une *ardente* lueur de paix et de bonté.
> C'était aux premiers temps du *globe ;* et la clarté
> Brillait sereine au fond du ciel *inaccessible*,
> Étant tout ce que Dieu peut avoir de *visible ;*
> Tout s'*illuminait*, l'ombre et le brouillard *obscur ;*
> Des *avalanches* d'or s'écroulaient dans l'*azur ;*
> Le jour en flamme, au fond de la terre ravie,
> Embrasait les lointains *splendides* de la vie ;
> Les *horizons* pleins d'ombre et de rocs chevelus.

Treize mots latins ; un suisse : *avalanche ;* et un dérivé, *insondable*, qui n'était pas français quand les *Contemplations* furent écrites et appartenant à la langue savante moderne.

Jugez du progrès de l'envahissement de notre français par l'étranger ! — Et notez que j'ai choisi dans ce que M. Victor Hugo a de plus raisonnable !

Assurément, il n'est pas possible de n'employer, en écrivant, que des mots de formation *française*. Il y a quantité d'idées qu'on ne pourrait rendre avec eux seuls, surtout lorsqu'il s'agit d'abstractions. Il est clair que la somme des idées des non lettrés ne peut être aussi considérable que celle des idées des lettrés.

Nous avons déjà vu plus haut qu'il existe une foule de *doublets* dans notre langue, c'est-à-dire de paires de mots tirés d'une même racine, l'un par le peuple, l'autre par les savants, et que chacun de ces mots a pris une signification très différente de l'autre. *Frêle* est un mot charmant, tiré par le populaire de *fragilis*. De *fragilis* les savants ont, eux, tiré *fragile*, contre toutes les règles, il est vrai, mais n'empêche que nous ne pouvons pas plus nous passer de *fragile* que de *frêle*. Il en est ainsi d'une foule d'autres. Nous ne pouvons pas écrire *communier* quand nous voulons dire *communiquer*, ni *délayer* quand nous voulons dire *dilater*, ni *lier* quand nous voulons dire *liguer*, quoique chaque mot de ces couples soit issu d'une même racine, l'un par la formation populaire, l'autre par la formation savante.

Nous ne pouvons davantage nous priver des barbarismes modernes tirés du grec, lorsque nous avons besoin de nommer des choses dont c'est le seul nom. Pour dire un photographe, il nous faudra toujours dire un photographe.

De même lorsqu'il s'agit d'un objet emprunté à un peuple étranger. Ainsi force est bien de dire un tramway et un rail pour un rail et un tramway. Pourtant on aimerait que, toutes les fois que cela est possible, on formât, pour exprimer la chose, un composé français. Les premiers ingénieurs qui, à l'exemple des Anglais, firent en France des *steamers* ou des *steamboats* et des *railways*, voulurent introduire chez nous ces mots barbares. Il est heureux qu'à leur place le peuple ait inventé *bateau à vapeur* et *chemin de fer*, qui sont français et clairs, et ont prévalu.

Quand on ne peut changer le mot, il est bon au moins de l'approprier à notre larynx et au génie de notre langue. De *Napoli*, *Genova*, *London*, nos pères ont fait *Naples*, *Gênes*, *Londres*. Les étrangers ont le bon esprit d'en faire autant de leur côté. Les Anglais écrivent Paris et Lyons et prononcent *Périsse* et *Laï-o-nnze*. *Tramway*, lui, est pur anglais, et quand nos bons canuts en font *tramevet*, je trouve, comme disait Cathos, qu'ils donnent dans le vrai de la chose. C'est un mot facile à prononcer, de tournure française, et que nous devrions avoir le bon sens d'adopter.

Mais s'il est impossible d'écrire aujourd'hui deux lignes sans y introduire des mots de formation savante et étrangère, on peut comprendre pourtant qu'une différence existera entre la langue de l'écrivain, toujours travaillé du soin de rechercher le vrai mot français, concret, de formation populaire, et la langue de celui qui prend tous les mots, toutes les tournures, sans choix, à bloc et à blac, tels qu'ils se présentent pêle-mêle à sa mémoire.

Certes, il se pourra que le premier soit un détestable écrivain, et le second un grand écrivain dans un mauvais genre, et, alors, il n'y aura pas à hésiter entre les deux. Mais à notre comparaison il faut ajouter, comme les géomètres, « toutes choses égales d'ailleurs ». Et cela m'amène précisément à une remarque, c'est qu'il est aussi difficile d'écrire en bon lyonnais que dans le style le plus noble et le plus académique. Il ne manque pas de bonnes gens pour s'imaginer que le simple, le familier, n'a pas besoin d'art. Hélas si ! Les règles de bien écrire sont partout les mêmes, écririez-vous en iroquois. Pour emprunter au populaire son langage (au moins ce qui en peut être emprunté), vous ne serez pas dispensé d'avoir des idées nettes et des expressions qui leur correspondent ; vous ne serez pas dispensé de construire vos périodes de façon claire, d'éviter les ambiguïtés, les longueurs, les mots qui n'ajoutent rien ; de ne point commencer par une image pour finir par une autre ; d'opposer une phrase courte à une phrase longue ; d'établir une certaine harmonie entre les membres de phrase ; de veiller à la liaison dans les idées ; de rejeter à la fin le trait, comme, en parlant, vous posez l'accent tonique sur la finale, et ainsi du reste. Il vous faudra observer tout cela, plus le choix des mots et des expressions, et vous efforcer de garder le tour ancien et populaire. Ce n'est point encore si commode. Que vous travailliez sur de la glaise ou sur du marbre, les lois de la beauté sont les mêmes, et, pour être de marbre, la statue n'en est souvent pas meilleure. Ne méprisez pas ceux qui travaillent sur la glaise modeste du parler populaire.

« Eh quoi ! me dira-t-on, s'il faut écrire en langage populaire, nous devrons donc alors considérer l'*Assommoir* comme un modèle en littérature ? » Ce n'est pas tout à fait cela. On voudra bien accorder qu'autre chose est la langue du peuple, autre chose est la langue de la crapule.

Parler la langue du peuple n'exempte même ni de goût ni de finesse. Qui sait, il en faut peut-être plus là que partout ailleurs, ne fût-ce que pour faire passer les choses :

> Qui pense finement et s'exprime avec grâce
> Fait tout passer, car *tout passe*.

On connaît la plaisanterie, qui a traîné partout, de ce substitut d'un petit tribunal voisin (un Lyonnais, s'il vous plaît), qui, ayant été fort justement révoqué, disait, afin de se venger : « Que voulez-vous ? Pour être magistrat, il ne suffit pas d'être bête, il faut avoir encore de la tenue. » Pour écrire en langage populaire, il ne suffit pas d'être grossier, il faut encore être spirituel. Assurément, dans la charmante pièce des *Tribulations de Duroquet*, Gnafron ne parle pas un langage beaucoup plus relevé que certains héros de l'*Assommoir*. Pourtant on n'éprouve rien de choquant à l'entendre. Pourquoi ? Parce que chaque phrase contient un trait, une naïveté, parce que l'on rit, enfin ! Ce n'est pas tout : parce que notre sentiment moral n'est jamais froissé. La langue de Gnafron est populaire ; celle des héros de l'*Assommoir*, et de l'auteur lui-même, est abjecte. C'est une différence.

Il y a bien aussi un certain Molière qui, à l'occasion, a su faire parler le langage populaire à ses personnages, sans nous révolter. Mais celui-là aussi avait quelque esprit et quelque goût. Même quand M. Zola a un bon trait sous la main, comme l'histoire de Lantier voulant se faire nommer député pour monter à la tribune et y crier simplement de toutes ses forces le mot de Cambronne, en ajoutant : « Voilà mon opinion ! », il ne sait pas faire rire. Ses plaisanteries donnent envie de pleurer.

Le peuple représente les objets comme il les perçoit, par quelque caractère *sensible.* Son langage est toujours concret. Les idées abstraites elles-mêmes, lorsqu'elles y figurent, sont rendues par des images matérielles. C'est le secret du charme des langues primitives. Ainsi les Grecs, pour les sens d'âme et de raison, employaient les mots ψυχή, souffle, et λόγος, parole. Ainsi, encore aujourd'hui, disons-nous un *homme de cœur* pour un homme qui a de la générosité et de la délicatesse, et un *homme de tête* pour un homme qui a de la capacité. Evidemment, dans le discours, homme de cœur et homme de tête valent mieux que les périphrases par lesquelles on vient de les définir.

Quand on écrit, il importe donc, entre deux termes, de préférer au plus abstrait celui qui rend l'objet plus sensible, plus palpable. Ce sera le plus ancien, généralement, et généralement aussi il sera de souche française et populaire. C'est le meilleur biais pour observer la règle de Plutarque : « Tâcher à rendre l'auditeur, par ses paroles, comme spectateur. »

Mais si, au xvie siècle, notre langue a été inondée de latin, à la fin du xviie et surtout au xviiie, elle a été inondée d'abstractions. Les noms concrets sont remplacés par des noms abstraits, fabriqués à l'aide de la dérivation. De là toutes ces affreuses queues de mots en *ité*, en *ation*. Les *ismes*, pires encore, devaient surtout venir plus tard. Avec Massillon et Jean-Jacques, *sensibilité*, qui avait eu à l'origine un sens tout matériel, prend le sens abstrait dans lequel on l'emploie le plus souvent. *Popularité*, qui à l'origine voulait dire le peuple, prend son sens actuel dans le P. de la Rue et Bernardin de Saint-Pierre. *Personnalité* apparaît avec Condillac; *spontanéité*, avec Fénelon; *prosélytisme*, avec Montesquieu; *philosophisme*, avec Bayle; *matérialité* et *matérialisme*, avec Voltaire, etc., etc.

* * *

La plupart des mots abstraits ainsi introduits dans notre langue sont vagues, flottants, quintessenciés, sans précision. Où l'un y voit un sens, le voisin en voit un qui n'est pas tout à fait le même. N'est-il pas vrai qu'il vous est arrivé plus d'une fois de disputer deux heures, pour finir par vous apercevoir que votre interlocuteur et vous n'attachiez pas exactement le même sens aux mots qui étaient proprement le nœud de la dispute ? Ce vice de notre langue n'avait point échappé à Joubert, qui n'était cependant point, lui, un écrivain de langue populaire. « Nous avons
« trop l'habitude et la facilité des abstractions, disait-il;
« notre esprit se paie de mots qui, comme une espèce de
« papier-monnaie, ont une valeur convenue mais n'ont
« aucune solidité. Voilà pourquoi il y a si peu d'or dans
« notre style et dans nos livres. »

※

Voici, par exemple, un mot bien souvent employé par les auteurs modernes, celui de *personnalité*. Sans doute il ne signifie pas rigoureusement la même chose que celui de *personne*, beaucoup plus concret. Pourtant il arrive neuf fois sur dix que, dans le discours, vous pourrez mettre le second à la place du premier, sans rien changer à l'idée : au contraire, en lui donnant quelquefois plus de précision, car vous trouverez fréquemment dans nos écrivains le mot de *personnalité* où il faudrait proprement celui de *personne*. Que de fois l'on met le vilain mot de *localité* où *lieu* serait plus exact. Que de fois n'a-t-on pas dit l'*humanité* quand il serait plus clair de dire l'*homme*. Je lisais l'autre jour que « la *fabulation* de *Nana* était mal conçue ». Le mot de *fable*, qui est de formation populaire, n'eût-il pas été mieux à sa place que cet horrible barbarisme ? Et quel inconvénient y a-t-il à mettre *religion catholique* au lieu de *catholicisme*, qui est moins précis, et, par-dessus, possède l'affreuse queue en *isme*. Dans le bourg que j'habite, mi-parti de réformés et de catholiques, le langage est encore plus concret. Pour vous demander si vous êtes catholique, on vous dit simplement : « Êtes-vous de la messe ? »

Dans ces exemples, que l'on pourrait étendre à l'infini, l'on voit que le mot ancien est toujours le bon. En général, on est à peu près sûr de ne jamais faire erreur en repoussant le mot nouveau, et surtout le mot allongé. Il y a longtemps que le proverbe commun l'a dit : De deux mots, il faut choisir le moindre.

*
❊ ❊

Cet emploi de mots nouveaux abstraits, que l'on fabrique le plus souvent à l'aide d'un substantif auquel on ajoute indéfiniment des « rallonges », comme à une table de salle à manger, est une des choses les plus odieuses des écrits modernes. Même de grands écrivains n'ont pas échappé à ce fléau. « Le jeune Raphaël devait tomber « dans cette contemplation extatique, lorsque Dieu lui « faisait apparaître une virginale *idéalité* de femme. » Qui a dit cela ? — Georges Sand, hélas !

Avec son très grand talent, M. Renan aide à la corruption de la langue. Dans une de ses dernières conférences n'appelait-il pas Louis XI « le roi de France qui est, si « j'ose le dire, le *type idéal* d'un *cristallisateur* séculaire. » Je crois, en effet, qu'il eût mieux valu ne pas oser le dire. Mais M. Renan, en sa qualité d'homme des temps nouveaux, est épris du jargon scientifique, et, pour arriver à dire quelque chose de tout à fait vague et obscur, il a éprouvé le besoin de forger un barbarisme de plus. On trouve dans l'œuvre de M. Renan de ces choses par centaines. « Les dix ou douze pages de ce petit livre (*l'Ecclé-* « *siaste*) sont dans le *volume sombre* et toujours *tendu*, qui « a fait le *nerf moral* de l'humanité, les seules pages de « *sang-froid*. » Un volume tendu, qui fait des nerfs moraux, des pages de sang-froid ! Et voilà ce qui s'écrit à peu près de mieux dans notre langue. Dans le même morceau, nous trouvons des *rapports qui se ferment*, des *moyens qui se closent*, etc., etc.

Voilà un jeune écrivain de talent, un des espoirs (je prie les compositeurs de ne pas écrire un désespoir, ce qui dépasserait ma pensée) du monde des lettres, M. Paul Bourget. « Au lieu de narrer tout gaillardement une « anecdote familière, lisais-je l'autre jour dans un de ses « articles, les auteurs s'appliquèrent à faire tenir dans le « cadre de leur récit une *sensibilité* tout entière (!). » Et dans sa préface d'Edel : « Ai-je assez mystérieusement « *adombré*, en regard de cette figure tourmentée, l'aristo- « cratique profil d'une de ces adorables étrangères, etc., « etc.? » Seigneur ! et dire qu'au xviie siècle, on se moquait des Précieuses de l'hôtel Rambouillet !

☙

De même que le jargon scientifique envahit les littérateurs, de même le jargon romantique envahit les savants. Je lisais l'autre jour, dans une revue, un article sur un sujet qui ne paraissait pas cependant prêter aux phrases de joli cœur, il s'agissait de l'élevage des poulets : « Celle qui deux fois les a enfantés par la ponte, par une « longue, par une douloureuse incubation, devra *tripler* « *l'affirmation de sa maternité* en réchauffant pendant des « semaines encore ces *embryons* sous ses ailes... »

☙

Qui le croirait ? M. Zola lui-même, à l'occasion, se laisse emporter par Pégase et patauge tout comme un autre dans l'éther. Il place le mot d'idéal sur des lèvres où il nous a plus souvent accoutumés à rencontrer le mot de

Cambronne. « Mon *idéal*, disait Gervaise, ce serait de
« travailler tranquille..... Il y a encore un *idéal*, ce serait
« de ne pas être battue..... » La véritable Gervaise n'a
jamais su ce que c'était que l'*idéal*. Elle eût dit « mon
rêve ». Et elle eût mieux parlé que l'homme de lettres
qui dit « mon idéal ».

⁎

Au rebours, les littérateurs aiment à faire usage de ces
grands mots savants qui indiquent la familiarité avec
toutes les connaissances de l'esprit : « Ils ignorent, écri-
« vaient M. Veuillot à propos du divorce, ils ignorent ce
« que Napoléon Ier eût appelé la *dynamique des sacrements*,
« qui est la vraie et la seule *dynamique sociale*, hors de
« laquelle il n'y a que des *essais*, des *excès* et des *insuc-*
« *cès*..... » La dynamique est la partie des mathématiques
qui traite des mouvements. Remplaçant le mot par sa
définition, nous lirons : « Ils ignorent ce que Napoléon Ier
« eût appelé la partie des mathématiques qui traite des
« mouvements des sacrements, etc., etc. » C'est simple,
naturel, et au moins cela se comprend tout de suite.

On connaît la célèbre tirade de M. Dumas fils sur les
vibrions. — N'est-ce pas dans l'*Etrangère ?* — La comparaison qui la motive est légèrement tirée par les cheveux.
Mais M. Dumas a le goût de cette littérature physiologique
et « nosocomiale ». « Si les deux producteurs (l'homme et
« la femme), dit-il quelque part, sont sympathiques, *con-*
« *génères, parallèles* (!), pour ainsi dire, le *produit* a toutes
« les chances d'être *en harmonie avec lui-même*, d'être *équi-*

« *libré, adéquat*, etc., etc. » Partez de là, vous qui vous mêlez de mariages! et n'oubliez jamais de vous assurer d'abord que les deux futurs sont bien parallèles !

« Ils (les hommes) devraient leur apprendre (aux
« femmes), dit encore M. Dumas, que pendant la minute
« même où elles se donnent, l'amour meurt chez l'homme
« et le mépris commence, *impondérable, invisible à l'œil nu*,
« à l'état *rudimentaire*, comme tous les germes naturels que
« le temps doit développer, mais *positif* et indestructible... »
O femmes, ajouterai-je à mon tour avec émotion mesurez où vous en serez lorsque le mépris de l'homme sera enfin devenu *pondérable!* quoique, entre nous, je ne puisse m'empêcher de trouver cet évènement extraordinaire.

☆
☆ ☆

Mais tout cela n'est rien ou peu de chose au respect de la langue du journal ou de la tribune. Hormis quelques écrivains qui se donnent encore la peine de chercher le bien dire, tout le reste écrit vaille que vaille. La Bruyère disait : « C'est un métier d'écrire un livre comme de faire une pendule. » Si cela se faisait comme une pendule! mais cela se fait comme du terrassement au mètre cube! — De bonne foi, comment ces journalistes, par exemple, qui « se font' » quarante mille francs par an à écrire dans vingt journaux à la fois pourraient-ils prendre le souci de mettre un mot à sa place, ou seulement de respecter la syntaxe? Ont-ils même le loisir de se relire? Je connaissais un romancier parisien de quelque renom. Il avait des romans commencés dans trois ou quatre gazettes. Il aimait à courir pays et, chaque matin, avant déjeûner, de sa chambre d'hôtel, il expédiait ses vingt-cinq pages. Cela ne lui coûtait pas plus. Il brochait, entre temps, des articles de critique, des comptes rendus d'exposition, des récits de voyage. Il y a, comme cela, des bonnes pour tout faire. Mais quand les bonnes font bien la cuisine, elles rendent bien d'autres services que ceux qui font telle littérature.

※
※ ※

Même les écrivains qui ont le désir le plus sincère de maintenir la bonne langue et les saines traditions se laissent entraîner par la contagion de l'exemple. Voici un lettré, un universitaire, qui n'est certes pas tendre pour autrui. Il tient à la *Revue des deux Mondes* la férule, je ne dis pas le sceptre, qu'y tenait jadis Gustave Planche. C'est M. Brunetière. Malgré sa sévérité, il n'écrit pas toujours de manière à servir de modèle à ceux qu'il a office de juger. « Une *doctrine* assurément incomplète et, à beaucoup « d'égards, très étroite, mais cependant, avec un peu d'ar- « tifice dans la *formule* de laquelle on ferait entrer la *pein-* « *ture vénitienne*..... » Une peinture qui entre dans la formule d'une doctrine, on avouera que ce n'est pas proprement la langue du xviie siècle. Ailleurs : « En litté- « rature... on se fait souvent un procédé de ses défauts « eux-mêmes, qu'il est toujours plus facile *d'administrer* « que de réparer... » L'administration des défauts est une expression que ne désavouerait point M. de Goncourt. Enfin, M. Brunetière, qui raille beaucoup la littérature française antérieure à la Renaissance, se laisse parfois aller

aux consonnances régulières de nos chansons de geste :
« C'est une chose nouvelle que de vouloir bénéficier de ce
« qu'on est inintelligible pour être déclaré profond, et que
« nous pardon*nions* la faiblesse de l'exécu*tion*, non pas
« même à l'originalité des inten*tions,* mais bien, comme
« c'est ici le cas, à la hauteur des préten*tions*... » J'ai l'intuition que cette collection de substantifs en *tion* est une faute d'attention.

* *

Je parlais tout à l'heure de ces dérivés semblables à des lunettes d'approche qui s'allongent indéfiniment. Ce que la tribune, les gazettes, les rapports administratifs ont créé de ces jolis mots est inouï. Il y a de quoi empoisonner dix langues! Ce compatissant M. Littré a pieusement donné asile, dans son *Supplément,* comme dans un « édifice nosocomial », à la plupart de ces monstres : *Compensationniste* (cité par M. Thiers, qui l'avait emprunté à je ne sais qui), *compensativement* (père M. Buffet), *concurrencer* (MM. Arman, de Mackau), *romantiser* (M. Lagenevais, *Revue des deux Mondes*), *héraclitéisme* (M. Caro, même lieu), *européaniser* (M. d'Alaux, même lieu), *bureaucratiser* (M. d'Haussonville, même lieu), *américaniser* (M. Caro, même lieu), *conséquentiel* (*Journal officiel*), *contagionner* (M. Testelin), *anecdotiser* (M. Dollfus), *sataniser* (Barthélemy), *actualiser* (père inconnu), etc., etc., etc. Il y en aurait comme cela pour jusqu'à la semaine prochaine.

*
* *

Sans compter les *ismes*. Quelle dépense d'*isme*, grand Dieu, dans notre journalisme! Et le *fonctionnarisme*, et l'*ultramontanisme*, et l'*exclusivisme*, et l'*opportunisme*, et le *fédéralisme*, et le *constitutionnalisme*, et le *républicanisme*, et le *collectivisme*, et le *congrégationnalisme*, et le *monarchisme*, et le *positivisme*, et l'*évolutionnisme*, et l'*infinitisme*, et le *créationnisme*, et le *synchronisme*, et l'*aristocracisme*, et le *tolérantisme*, à quoi l'on pourrait ajouter le pédantisme, le fanatisme et les barbarismes.

*
* *

Le journal a fini par faire pour le style une espèce de moule banal et déformé dans lequel tout le monde coule sa prose. Ce que l'on consomme aujourd'hui « d'incidents qui soulèvent une question », de « questions qui s'imposent », de « questions qui appellent une solution », souvent une « solution énergique », de « problèmes qui s'affirment », d'hommes « autorisés », et de « au point de vue », est véritablement prodigieux. « Au point de vue », surtout, est une source inépuisable. Tout s'examine « au point de vue » de quelque chose. Nous avons le point de vue pratique, le point de vue politique, le point de vue scientifique, le point de vue monarchique, aristocratique, oligarchique, démocratique, ecclésiastique, hiérarchique, métaphysique, enfin le point de vue de tous les *iques* imaginables et inimaginables. Je conçois bien un point de vue resserré, un point de vue étendu, mais un point de vue hygiénique ou hiérarchique, c'est positivement fort difficile.

Tocqueville, qui était un des rares écrivains profondément respectueux de la langue française, proscrivait le *au point de vue.* Sainte-Beuve, qui ne goûtait guère le style de Tocqueville, par cette raison littéraire que Tocqueville était de l'opposition sous l'empire, Sainte-Beuve lui reproche cette proscription. Mais Sainte-Beuve lui-même, tout délicat qu'il était, sacrifiait quelquefois aux faux dieux ; lui aussi, il lui fallait produire beaucoup et vite, arriver à l'heure, achever un immense article en une semaine. Du bout du coude si vous voulez, il touchait au journalisme, mais enfin il y touchait, et il se laissait parfois aller aux expressions à portée, n'ayant pas le loisir de chercher plus loin. Je crois donc qu'on peut tenir contre lui pour Tocqueville.

* *

Ce joli style de la politique est devenu monnaie courante, avec laquelle tout le monde paie, et que tout le monde reçoit, comme ces pièces suisses, qui ne sont pas bonnes, mais qui passent quand même. Je lisais naguère une sorte de manifeste d'un sénateur, qui est considéré comme l'un des hommes les plus importants du parti légitimiste. Je ne prétends pas d'ailleurs que le style fût meilleur s'il était d'un républicain. « C'est parce qu'à l'heure où nous
« sommes, écrit-il, la question sociale, la question de
« moralité publique se posent et s'imposent, et que ces

« incidents soulèvent ces questions... (!) Au point de vue
« de la lutte incessante qui s'agite autour de nos libertés
« religieuses... etc. » Une lutte qui s'agite n'est déjà point
mal. Mais voici un autre écrivain conservateur. Marquez
que c'est un lettré. « Il est impossible d'être plus *roulé*
« et *aplati* que ne l'a été le parti conservateur aux der-
« nières élections. » *Roulé* est d'une aimable familiarité.
Pourtant il faut s'entendre, s'il a été roulé, il n'a pas été
aplati. Un autre, républicain celui-là, écrivait « qu'il
« circule depuis quelques jours dans notre ville des
« bruits *tendantieux* (!), et présageait que le parti conser-
« vateur ne saurait tenir longtemps dans cet état d'*équi-*
« *libration*... » Et le malheureux était licencié ès-lettres !
— Et que d'autres à citer ! Au lieu de se borner à puiser
dans sa mémoire, il faudrait piquer tout cela comme des
papillons au fur et à mesure de la rencontre. Quelle jolie
collection pour le muséum !.

L'invention du journal à un sou n'est pas pour relever
le journalisme. C'est nécessité de proportionner la marchandise aux chalands. A gens de village trompette de
bois, disaient nos pères. Aux lecteurs il faut servir des
faits divers, des chroniques, des détails à foison, souvent
ignobles, sur le dernier assassinat ou le dernier attentat
aux mœurs. On conçoit alors que l'écrivain ne mette pas
une grande passion à bien écrire. Au fait, les lecteurs
ne pourraient lui en savoir aucun gré, car ils ne s'en

apercevraient pas. Si le journal en question « fait de la politique », il la doit faire grossière, violente, injuste. Plus les mots sont gros, mieux le lecteur comprend.

Sans compter que le journal se fabrique en hâte, la nuit, à des heures où il serait meilleur de dormir que d'écrivasser, et où l'on est non moins pressé d'envoyer coucher le journal. Mais ce n'est pas encore là la raison principale.

Autrefois certaines professions libérales faisaient principalement des recrues dans les classes lettrées. Telles l'architecture, la peinture, la sculpture, par exemple. Aujourd'hui des écoles publiques et gratuites, qui donnent même des récompenses en argent, des pensions, etc., ont ouvert l'entrée de ces professions à tout le monde, et il n'est pas rare de trouver un architecte, un sculpteur, un peintre sans aucunes lettres. C'est même le contraire qui est rare. Il n'en est pas tout à fait de même pour le barreau et la médecine, parce qu'il y faut des grades. Mais dans le journalisme, il ne faut pas de grades et, pour employer le lieu-commun accoutumé, « la démocratie y coule à pleins bords ». Des jeunes gens, sans instruction que la primaire, commencent par se faire *reporters*, puis « chroniqueurs », puis fabricants d'articles. Songez que la rédaction d'un journal populaire est souvent un montoir pour enfourcher la députation ! Et vous pouvez tenir pour fermement assuré que les électeurs ne regarderont pas à la manière dont vous écrivez ! Je crois même que bien écrire, et surtout avoir quelque esprit et quelque bon sens seraient la pire des mauvaises notes.

Un de ces journaux, dans ses comptes rendus du conseil général, fait invariablement dire à tous les préopinants : « Je demande *à ce que*... » Je suis persuadé qu'ils le disent, mais il n'est peut-être pas indispensable de l'écrire. Son confrère, bien que d'opinion opposée, s'accorde avec lui sur ce point : « Je demande *à ce que* « le vœu ne soit pas examiné en commission... » Et il se fait adresser par son littérateur parisien cette nouvelle : « L'application (des décrets) aurait lieu à la fin du mois, « de *manière à ce que*... » L'extraordinaire n'est pas que le *reporter* ou le correspondant l'écrive, mais que les rédacteurs en chef, qui communément ont des lettres, le laissent régulièrement et indéfiniment passer. Je ne parle pas de toutes les prévisions qui sont *basées*..., de tous les gens qu'on tient en *charte* privée..., des *buts* qui sont *remplis*..., et des accidents qui sont arrivés *vis-à-vis le* théâtre ou *en face le* palais de justice. Ils peuvent se « baser » d'ailleurs sur l'exemple de M. de Goncourt, qui dit toujours scrupuleusement *en face le* : « *En face la* porte peinte en gris, une fenêtre s'ouvrait... » Beaucoup de grands journaux s'accordent même en cela avec M. de Goncourt. Quant aux séances, elles ne se closent plus, elles se *clôturent ;* les sommes ne sont plus recueillies, elles sont *collectées ;* les agents de police, qui ont toujours tous les torts, ne sont plus des *exciteurs*, mais ils sont devenus des *excitateurs* etc., etc.

✿
✿ ✿

Un vilain barbarisme, mais qui a fait fortune, c'est *par contre*. Qui diable l'a donc inventé ? Il n'est question de lui, bien entendu, ni au xvie, ni au xviie, ni au xviiie siècles. Pas davantage dans la littérature du premier Empire ni dans celle de la Restauration, littératures qui avaient leurs ridicules, mais où la grammaire était respectée. Tout d'un coup, je ne sais comment cela s'est fait, il est partout. C'est le propre du journalisme de répandre ainsi une sottise d'un bout de la France à l'autre. Tout le monde l'écrit sans sourciller. Des journaux il passe aux revues, des revues aux livres. Vous le voyez installé au *Temps*, aux *Débats*, hélas ! et à la *Revue des deux Mondes*, et sous la plume d'un professeur au Collège de France, encore ! Expliquez-moi quelle imagination a pu prendre les gens d'écrire *par contre*, lorsqu'il est si commode de mettre *au rebours, à l'opposé* ou tout simplement *au contraire* !

En outre de, autre joli barbarisme que l'on rencontre à chaque pas, et qui naguère aussi a pénétré dans la *Revue des deux Mondes*. Les ossements du père Buloz en ont dû tressaillir dans la tombe.

Et *de suite* pour *tout de suite* ? Je l'ai lu dans les œuvres d'un membre célèbre de l'Académie française, et je ne sache à peu près plus personne qui se prive du plaisir de l'écrire du matin au soir.

Quant à *vis-à-vis de* pour à *l'égard de*, c'est classique. On l'écrit couramment au *Temps*, quelquefois aux *Débats*. Le gouvernement lui-même, dans ses plus belles proclamations, ne s'en fait pas faute : « Le gouvernement n'a pris « *vis-à-vis du* Vatican, ni *vis-à-vis du* nonce apostolique, « ni *vis-à-vis de* personne, aucun engagement relatif à « l'exécution des décrets », dit fièrement le *Journal officiel* du 6 septembre 1880.

Un autre joli mot, c'est « l'attitude ». Attitude se met à tout. Nous avons « l'attitude des congrégations vis-à-vis « du pouvoir », et « l'attitude du pouvoir vis-à-vis des « congrégations ». Je vois d'ici les congrégations devant leurs psychés, s'essayant à prendre des attitudes. Mais si au lieu d'être vis-à-vis, le gouvernement était à côté, ce ne serait plus la même attitude, naturellement.

Je crois que l'on peut, sans trop de risque, défier de montrer un compte-rendu d'un roman, où, si le critique veut être élogieux, il ne commence pas par dire que les personnages *sont vécus*. — Songez donc ! des personnages vivants, ce n'est pas grand'chose, mais des personnages *vécus*, voilà des personnages !....

J'en étais là de ces lignes lorsque je reçus les journaux du jour. Je m'arrête. La curiosité coutumière me fait ouvrir l'un d'eux, un grand journal de Paris, ne vous déplaise, et, comme pour illustrer d'un bel exemple la proposition ci-dessus, mes yeux tombant sur le compte-rendu d'un nouveau livre de M. Coppée, je lis : « Et la

Légende du manuscrit (titre d'un conte) est-elle assez *vécue*, « est-elle assez *sentie ?* » Ainsi, par un renversement de toutes les idées, ce ne sont plus seulement les personnes qui *sont vécues* et *senties*, mais les *choses* elles-mêmes ! Et notez que, tout cela, c'est affaire de mode. Tous ces écrivains se pillent avec acharnement les uns les autres. Chacun répète à l'envi la locution qu'il a lue chez le voisin la veille. Il se fait ainsi un fonds commun de tours, d'images, de comparaisons, voire de contre-sens ou d'absurdités, qui constitue le « collectivisme » de la littérature moderne.

* *

Si, dans les livres, tous les personnages *sont vécus*, dans les expositions tous les tableaux sont *réussis*, à moins pourtant qu'ils ne soient *pas réussis*. Et des hommes qui « ont réussi », pour parler français, cette fois, on ne dit plus qu'ils sont des parvenus, mais des *hommes arrivés*. Ne voyez-vous point que cela change du tout ? Aussi M. Veuillot ne manque pas à nous dire que « le buste « d'Aristide nous offre la physionomie toute moderne « d'un *homme arrivé* ; un *viveur* déjà mûr et encore élé- « gant, demi-jeune, demi-chauve, *demi-coquin*, tout à fait « fat..... » Pauvre Aristide, passe pour embourser des injures ! Il était trop le « juste » antique pour s'en émouvoir beaucoup ! mais voir estropier la langue à son propos, c'est cela qui est dur !

* *

Il faut pourtant en finir. A ce trop long morceau, je voudrais au moins une chute heureuse. Elle m'est fournie, non point par un petit journal, mais par un journal à trois sous qui n'a guère accoutumé de prendre ses lecteurs parmi les gagne-deniers. L'historiette vaut la peine d'être contée. Il y a quelques année de cela, on fit à Lyon une découverte archéologique. En construisant un basport en face de la rue Martin, on rencontra une véritable forêt de pilotis. Le journal ajoutait à l'annonce de la découverte :

« Rien d'intéressant pour l'archéologie n'a encore été
« trouvé autre que quelques énormes pierres de taille, que
« les tailleurs de pierre sont à l'œuvre pour en tirer parti.

« Mais ce qu'il y a de singulièrement remarquable,
« c'est que ces monolithes, par leur disposition en garenne,
« sembleraient provenir d'un solide édifice effondré en
« cet endroit, et dont l'accident serait plus ancien que
« le plantage des pilotis qui a évité les blocs de pierre. »

**

Pour être joli, c'est joli, et Noël et Chapsal, à la lecture, en auraient pris une attaque. Eh bien ! vous me croirez si vous voulez, j'aime encore mieux cette enfilade de « coups de pied au cheval de bronze », comme nous disons à Lyon, que la rhétorique à la fois populacière et précieuse de M. de Goncourt ou de M. Zola. Au moins celui-là écrit à la bonne franquette, comme il sait, je veux dire comme il ne sait pas. « C'est bien la faute du Guet, ce n'est pas sa faute », ainsi que le dit la vieille chanson. Tandis que les autres, c'est bien leur faute ! Qui les y obligeait ?

Pour prendre les choses de plus haut, il faut dire, en manière de conclusion, que, par notre manque de culture, par le besoin de produire à outrance, par le défaut de goût qui nous a fait perdre le sentiment de la propriété des termes, et aussi par un désir grossier de raffinement, d'excentricité, dans le but d'attirer l'attention publique, nous avons entièrement corrompu une langue que les écrivains du XVIe siècle avaient maniée de façon incomparable, et que ceux du XVIIe avaient portée à la perfection.

Ceux qui auront eu la patience d'aller jusqu'ici comprennent maintenant pourquoi aux phrases toutes faites de notre littérature courante, aussi bien qu'aux nouveautés, mi-parties de grossièreté et de mièvrerie, de certains écrivains qui prétendent à faire des révolutions dans la langue à l'exemple de celles de la politique, on peut honnêtement préférer notre bon parler populaire, franc, un peu gaulois, tout imprégné des souvenirs du passé, aux tournures un peu vieillies, « simple et naïf, tel sur le papier qu'à la bouche; un parler succulent et nerveux, court et serré, non tant délicat et peigné comme véhément et brusque ». Et c'est grand heur de voir qu'il y a encore quelques gens de bien pour l'aimer.

LE BOURGEOIS DE LYON

JE gage que ceux qui liront ce titre vont s'écrier :
« Mais le bourgeois de Lyon, je sais ce que c'est :
« Un homme qui tourne autour de la cinquantaine, qui a le ventre légèrement proéminent, souventefois des besicles d'or sur le nez, une campagne à Écully ou à Collonges, et a fait sa fortune dans la soie, dans les denrées coloniales ou dans les cuirs. »

Eh bien! ce n'est pas du tout cela. Le bourgeois que vous venez de peindre, et qui a son prix, à mon humble estime, est aussi bien un bourgeois de Lyon que d'Amiens ou de Quimper ou de la rue du Sentier. Le bourgeois de Lyon, lui, n'est plus. Mais ce fut un homme en possession de privilèges très recherchés, très chèrement disputés, et qui, s'il vous plaît, dataient de quelques dix-huit cents ans ou près. Être bourgeois de Lyon, c'était un titre envié, à telles enseignes que plus d'un gentilhomme titré, possesseur de terres non nobles, surtout quand il s'agissait de vignobles, sollicitait la faveur d'être bourgeois de Lyon, à seule fin de ne point payer de taille, de vendre « à pot » sa récolte de vin, etc., etc. (1).

⁂

Ce titre envié, comment l'obtenir ? Si vous aviez eu la fortune de naître dans les murs de notre bonne cité, vous alliez à la maison de ville, place des Terreaux. Vous consigniez sur un registre, ouvert à cette fin, que vous étiez né à Lyon, que vous demeuriez à tel endroit, que vous étiez en possession de bonnes mœurs et que vous professiez la religion catholique.

Après quoi il fallait attendre dix ans : plus du triple de ce qui est aujourd'hui nécessaire pour l'acquisition de la nationalité française. Il est vrai qu'au bout de ce temps il n'y avait plus de formalités à remplir, tandis que pour la nationalité ce n'est que leur commencement.

Mais il fallait que pendant ces dix années il n'y eût pas de « vitupère » ou d'opposition pour cause d'insolvabilité, de mauvaise conduite, d'inexactitude dans les déclarations, etc. Moyennant quoi vous étiez bourgeois de Lyon.

⁂

Les droits dont on jouissait avaient leur contre-partie. Il fallait veiller à la garde de la ville, contribuer aux frais de l'entretien des fortifications et passer au moins six mois de

(1) Maintes fois le Consulat fit cette faveur à des personnages riches, influents, etc., en vue de s'attirer leurs bonnes grâces (V. de Valous).

l'année dans l'enceinte de la ville. Les bourgeois qui, suivant la coutume déjà usitée, habitaient l'été à la campagne devaient donc veiller avec soin à la durée de leur séjour. Toutefois, les voyages lointains n'entraînaient pas la perte de leurs droits.

Le fils du bourgeois de Lyon était de droit bourgeois lui-même, mais à condition qu'il fût aussi né dans la ville. Aussi nos grand'mères se hâtaient-elles, lorsqu'approchait la délivrance, fût-ce en pleine canicule, de rentrer faire en ville de petits bourgeois de Lyon.

En quoi consistaient donc ces précieux privilèges ? On peut les résumer d'un mot : le bourgeois était exempt de la taille. C'était le principal. Il y avait quelques accessoires, comme celui de vendre son vin à porte-pot (1). Le privilège, à la longue, avait été fort restreint. Tel qu'il était, à la fin du dix-huitième siècle, il était encore fort recommandable.

Chacun sait que la taille était un impôt levé sur les roturiers en proportion de leurs biens et de leurs revenus, et que c'était à la fois un impôt personnel et un impôt territorial : l'impôt foncier du temps. Probablement le nom

(1) L'expression est encore très usitée à Lyon. Vendre du vin à porte-pot, ce n'est pas tenir cabaret, mais c'est le vendre au détail. Au dix-huitième siècle le droit de vendre du vin à pot renfermait celui de ne payer ni aides ni droit d'octroi pour le vin, d'ailleurs vendu généralement en pièces.

venait de ce que, dans la comptabilité primitive, peu compliquée, les sergents marquaient la recette sur une ouche, comme encore aujourd'hui les boulangers pour le pain, et qu'à Paris l'ouche s'appelle *taille*. Cependant il ne faut pas oublier que, au dixième siècle, *tacus* signifiait « impositio », et qu'un diminutif *tacula* donne régulièrement *taille*. Comme notre impôt foncier, la taille était un impôt de répartition.

* * *

Or, il nous paraît étrange, avec l'idée que nous nous faisons de l'organisation féodale, que M. Grosnoir ou M. Raisinard, parce qu'il était natif de Lyon, jouît de la même faveur que le duc de Montmorency ou le duc de Montesquiou-Fezensac devait à sa naissance.

Cela tient à ce que la ville de Lyon, dès le temps des Romains, jouissait du *droit italique*, ayant été élevée au rang de colonie romaine.

Dans un travail qui est un modèle achevé d'érudition approfondie aussi bien que de netteté et de concision (1), notre compatriote, M. A. Vachez, a fait l'histoire de ce droit italique à Lyon, lequel consistait, comme il le démontre : 1° dans l'immunité de l'impôt ; 2° dans les franchises municipales de la cité. Peut-être ce droit fut-il conféré par Auguste: si ce n'est par lui, ce fut certaine-

(1) Lu à la réunion des Sociétés savantes à la Sorbonne, dans la séance du 21 avril 1870. Nous avons dans sa marche générale suivi cet excellent travail.

ment par Claude. Sans doute l'empereur croyait alors pouvoir dire de la durée de sa dispense ce qu'Horace disait de ses œuvres :

> *Dum Capitolium*
> *Scandet cum tacita virgine pontifex...*

De même que les œuvres d'Horace, elle dura bien plus. Il y avait des siècles et des siècles que le pontife et la vierge silencieuse ne gravissaient plus les degrés du Capitole, que M. Raisinard susnommé, vêtu en culottes courtes et en habit à la française, jouissait encore des droits conférés par l'empereur romain, pouvait vendre son vin à porte-pot sans payer de droits et pouvait posséder, dans la province de Lyonnois, Forez et Beaujolois et dans les provinces voisines, « une habitation et exploitation de terre jusqu'à deux charrues », sans payer la taille, dont la quote-part retombait sur ses voisins non privilégiés.

Deux charrues : c'est que, depuis Claude ou Auguste, le privilège, qui avait sombré plusieurs fois pour reparaître, s'était singulièrement restreint.

Bien que, à la fin du troisième siècle, lorsque l'Empire fut divisé entre deux Augustes, l'Italie et l'Afrique ayant formé le lot de l'empereur Maximien, on eût dû enlever à l'Italie ses anciennes immunités pour la soumettre à l'impôt de la même manière que les autres provinces, il ne paraît pas que les colonies en possession du droit italique aient vu abolir leurs anciens privilèges. En effet, en 457, les Lyonnais, irrités de la déposition d'Avitus, ayant refusé de reconnaître son successeur Majorien, Lyon fut assiégé, emporté de force, et, comme punition, la ville fut dépouillée de ses privilèges, qui lui furent bientôt restitués, probablement à la suite de la demande de Sidoine Apollinaire en 458 (1). Lyon ne tarda de guère à les reperdre ; mais ils lui furent encore restitués, cette fois par l'empereur Léon Ier, en reconnaissance de ce que l'archidiacre de Lyon avait guéri là fille de ce prince.

*
* *

Même l'invasion des barbares ne porta pas atteinte à la jouissance de ces privilèges. Les Burgondes avaient succédé aux Romains et les Francs aux Burgondes sans que Lyon eût eu à subir la charge de l'impôt personnel et foncier.

Quand vint l'époque féodale et que la ville tomba sous la domination de ses archevêques, elle ne perdit point encore ses franchises. Les revenus seigneuriaux du prélat consistaient seulement dans les péages, les droits de mutation, les frais de justice et les amendes. Dans la charte communale de l'archevêque Pierre de Savoie, en 1320, on lit : *Considerantes etiam in lege Philosophorum veteri scriptum quod Lugdunenses Galli juris Italic, sunt,* « considérant aussi qu'il est écrit dans les livres des anciens philosophes que les Lyonnais sont du *droit italique...* »

Dans la querelle entre les habitants de Lyon et l'archevêque, les premiers avaient eu recours aux rois de France qui avaient, par diverses lettres patentes (Philippe-le-

(1) *Du Droit italique à Lyon*, page 16,

Bel 1292, 1301 ; Louis-le-Hutin, 1315), maintenu les anciens privilèges. L'établissement du Consulat de Lyon, en l'année 1336, fut suivi de douze lettres patentes confirmatives de ces mêmes libertés et franchises (1).

*
* *

En 1445, sous le règne de Charles VII, la taille, qui jusque-là n'avait pas eu le caractère permanent, devint perpétuelle. Les habitants de Lyon n'y furent point imposés, attendu leurs immunités, qui furent confirmées par des actes successifs de la royauté.

*
* *

Mais qui n'était pas content, c'étaient les propriétaires ruraux, roturiers et non bourgeois de Lyon, qui voyaient l'impôt grever leurs terres, tandis que leurs voisins étaient exonérés. Encore cela eût-il été peu de chose s'ils n'en eussent pas payé davantage ; mais la taille étant un impôt de répartition, le chiffre fixé pour chaque paroisse était d'autant plus lourd que, sur le territoire, il existait davantage de maisons et de fonds de terre appartenant à des bourgeois de Lyon. De là, infinité de réclamations et de procès. Un arrêt du Grand-Conseil du 23 avril 1472, confirmé par lettres patentes de Louis XI, repoussa les prétentions des habitants des villages de Saint-Cyr, Saint-Didier, Saint-Genis-Laval, Irigny, etc. Mais la proclamation de l'édit d'Orléans, de 1560, fit renaître le litige.

(1) Recueil de Chartres, lettres patentes, etc,, in-f°, 1771.

« Estant les estats de ce royaume assemblez en la ville
« d'Orléans, nous dit le bon Paradin, les habitans du plat
« païs (1) de Lyonnois, desirans se descharger du fais des
« tailles, se mirent en deuoir, d'en ietter vne partie sur
« les citoyens et habitans de la cité de Lyon, et firent telle
« instance, et si grandes exclamations, que le Roy aurait
« esté induit à faire inserer vn article en ses ordonnances
« desdits Estats contenant ces mots, Que toutes personnes
« roturieres, habitans es villes franches, seroyent tenuz de
« bailler à ferme, leurs terres et heritages, à fin que le
« fermier aydast à soulager, et descharger nostre poure
« peuple, autrement à faute de ce faire, seront eux mesmes
« cottizez à la taille, etc., en vertu duquel article (qui est
« le cent vingt neufième desdites ordonnances des Estats)
« les habitans dudit plat païs de Lyonnois voulurent faire
« contribuer à la taille, les citoyens, Bourgeois, et autres
« habitans en la cité de Lyon pour raison de leurs mai-
« sons de plaisance, iardins, vergers, garennes, et autres
» lieux, qu'ils ont seulement pour leur desduit et passe-
« temps autour de la ville : qui estoit au préiudice des
« priuileges, libertez, et immunitez octroyées de tout temps
« par les Empereurs et Roys, à la cité de Lyon : laquelle
« l'antique iurisconsulte met au nombre des citez, qui
« estoient iouissantes du droit italique, c'est à dire qui ne
« payoyent aucunes tailles. »

(1) On appelait *plat pays* la campagne, peut-être parce qu'elle était montueuse.

Les Lyonnais réclamèrent, et, à côté des raisons de droit, ils invoquaient les raisons d'équité, bonnes ou mauvaises :

« Ce que ayant esté remonstré au Roy, et auec grandes
« raisons fait entendre à sa maiesté comme l'entretenement
« des foyres redonde au grand profit des laboureurs de
« tout le plat païs de Lyonnois, à cause de l'affluence des
« gens et grand nombre d'estrangiers, qui se treuuent aux
« foyres, Dont iceux laboureurs *vendent leurs denrees ce*
« *qu'ils veulent* (1) ; aussi fut remonstré que le païs est
« *montueux*, et *pierreux* à l'entour de la ville, et à cause
« de ce en plusieurs endroits stérile, et infructueux, ou
« planté en vignes, et arbres, et la pluspart maisons,
« bastiments et heritages des habitans de Lyon, dont leur
« seruent plus de plaisir, et recreation, qu'ils ne leur
« rapportent de profit (2). »

En invoquant ces raisons, les Lyonnais paraissent avoir été peu adroits, car ils semblaient borner leurs réclamations aux seules habitations de plaisance. En tout cas, le Roi consentit à adoucir l'arrêt dans ce sens :

« Surquoy fut faicte declaration par sa maiesté, portant
« ces mots : Sçavoir faisons, qu'apres faict veoir en nostre
« Conseil priué ledict article cent vingt neufieme de nos

---

(1) « Ce qu'ils veulent » semble fort exagéré ! La richesse des paysans n'était pas proverbiale.
(2) Paradin, livre III, chap. XXXIV.

« dictes ordonnances, et l'arrest donné en iceluy nostre
« Conseil, le deuxième iour d'Octobre dernier, entre
« lesdicts manans et habitans du plat païs de Lyonnois,
« et lesdicts Conseilliers, escheuins et habitans de nostre
« ville de Lyon, l'extraict duquel est cy attaché, soubz
« notre contresel, par lequel auons déclairé, *n'auoir entendu*
« *comprendre audict article les maisons de plaisir, cloz qui*
« *sont à l'entour d'icelles, iardins, et garennes.* »

*
* *

Malgré le gain de la cause, le coup était porté ; le privilège était restreint, sinon détruit. Les Lyonnais luttèrent encore avec la dernière énergie, et, le 26 août 1581, ils obtinrent un arrêt du Conseil du Roi, qui maintint expressément les bourgeois de Lyon dans *les anciennes franchises dont ils jouissaient avant l'édit d'Orléans concernant l'exemption des tailles des biens roturiers en leur possession.* L'exemption était encore *absolue*, quand Lyon se soumit à Henri IV, en 1594.

Mais « les manants » ne lâchaient pas prise non plus, et trois ans s'étaient à peine écoulés que, à la suite de procès, un arrêt contradictoire, à la date du 3 juillet 1597, portait que l'exemption devait être applicable « *aux héritages*
« *roturiers dont lesdits habitants de Lyon jouissent à présent...*,
« mais que « pour les autres terres roturières que lesdits
« habitants de Lyon acquerront par ci-après... ils seront
« tenus les bailler à ferme, afin que les fermiers contribuent
« à la taille... autrement... seront eux-mêmes cotisés pour

« le regard desdits biens roturiers qu'ils tiendront en leurs
« mains, fors et excepté des Maisons de plaisirs, Jardins,
« Garennes, et autres héritages désignés... »

Comme, à la suite des temps, les biens sont tous destinés à être échangés, cette jurisprudence devait peu à peu ramener sous l'impôt tous les biens roturiers, sauf les habitations de plaisance.

**

Le privilège devait aller toujours en se restreignant. Un nouvel arrêt du 28 mai 1665 déclara que la franchise était bornée à une *seule maison de plaisance*, au choix du propriétaire, avec le clos, et encore à la charge de les faire valoir par leurs mains ou par celles de domestiques.

**

Jusque-là, pas de limitation à l'étendue des fonds clos dépendant de la maison de plaisance. Mais un arrêt du Conseil, du 12 mai 1705, déclara qu'à l'avenir les maisons, clos et dépendances jouissant de l'immunité ne devaient former qu'un tènement et ne pouvaient s'étendre au-delà des chemins publics, des rivières et des ruisseaux qui leur servaient de confins.

**

Un coup plus grave encore fut porté par l'arrêt rendu au Conseil d'État, le 3 août 1734 :

« A l'avenir les Maisons de plaisir, clos et agencements,
« que lesdits bourgeois feront valoir en franchise par leurs

« mains, valets, domestiques, mariés ou non mariés, ne
« pourront excéder la quantité de *vingt-cinq arpents de*
« *terre, valant soixante et quinze bicherées, mesure du pays* (1),
« *y compris les bâtiments destinés pour l'habitation des Maîtres*
« *et des Valets ; et ce, dans une seule et même paroisse....*
« *pourvu que le tout soit clos et contigu, sans aucune sépa-*
« *ration...* »

« Ordonne en outre, Sa Majesté, que pour tous les autres
« fonds que lesdits Bourgeois possèdent dans une même
« Paroisse, excédant la quantité qui leur est fixée par le
« précédent article, ou dans d'autres Paroisses, lesdits
« Bourgeois soient tenus de donner lesdits fonds à des
« Fermiers ou Grangers, qui seront imposés *au quart* de
« la cote que portent les autres taillables. »

Mais un dernier choc fut plus terrible. Un édit du Roi, de juillet 1766, proclamait la suppression de l'exemption de la taille au profit des habitants de toutes les villes franches. Les procès recommencèrent aussitôt. Lyon ne se découragea pas. Ses représentants arguèrent que l'édit ne pouvait regarder que les habitants des villes qui jouissaient de quelques exemptions par des privilèges particuliers, et non les habitants de Lyon, dont la jouissance de l'exemption des tailles était établie sur l'*immunité et sur des traités entre le Souverain et le sujet.*

La question était encore en litige lorsque, en 1771, l'auteur du *Recueil de Chartres, lettres patentes,* etc., termi-

(1) C'est-à-dire dix hectares quatre ares soixante-quinze centiares.

naît mélancoliquement son *précis chronologique* par ces mots : « Tels sont les divers degrés par lesquels, succes-
« sivement, l'exemption des Bourgeois, d'indéfinie qu'elle
« était (*et que la justice et la bonté du Roi feront un jour
« revivre*), se trouve réduite d'une part pour la Maison de
« plaisir, clos et agencements, *à vingt-cinq arpents de terre
« valant soixante et quinze bicherées*, et encore sous plusieurs
« conditions. »

Sans doute l'auteur n'inscrivait que pour l'acquit de sa conscience l'espoir, fondé sur « la bonté du Roi », du rétablissement de l'immunité absolue, au moment même où le privilège restreint était lui-même fort discuté. Toutefois, celui-ci fut enfin maintenu, dans la mesure indiquée, par un arrêt du Conseil du 24 avril 1781, lequel reconnut d'une manière définitive que l'édit de 1766 ne devait pas s'appliquer à Lyon.

Tout restreint qu'il était, le privilège, comme nous l'avons vu, était fort envié, et l'auteur du *Recueil* ne semble pas avoir assez remarqué que la franchise des trois quarts des droits sur les terres affermées par les Bourgeois de Lyon représentait de son côté un allègement énorme, et par conséquent une lourde charge sur les autres fonds roturiers de la paroisse.

Je suis disposé à croire que le titre de Bourgeois de Lyon était devenu, au siècle dernier, une formule honorifique souvent appliquée indifféremment, comme celle de « noble homme », qu'on retrouve constamment dans les actes, appliquée aux roturiers. J'en vois la preuve dans ce fait que l'arrière-grand-père de celui qui écrit ces lignes, Pierre-Aymé Durafor, de son vivant maître-ferblantier et propriétaire d'une « maison de plaisir » de sept bicherées à Sainte-Foy-lez-Lyon, où il mourut en 1776, est qualifié de bourgeois de Lyon dans le testament rédigé par le tabellion de la paroisse. Cependant les recherches n'ont pu aboutir à retrouver son nom dans les rôles des bourgeois du temps. Et j'ignore d'ailleurs s'il eût pu y figurer, étant né d'un père Suisse, horloger à Genève, qui vint s'établir à Lyon, et ne sachant nous-même pas si Pierre-Aymé était venu au monde avant ou après cette émigration.

Sous l'influence de Jean-Jacques Rousseau et des philosophes, le dix-huitième siècle était devenu assoifé des idées d'égalité. On vit ce phénomène singulier que, après une lutte acharnée de plusieurs siècles, après avoir *unguibus et rostro* obtenu la confirmation solennelle de leurs privilèges, les Bourgeois de Lyon, huit années après ce triomphe, renonçaient d'eux-mêmes à ce qu'ils avaient si péniblement conquis. Le cahier du Tiers Etat de la province du Lyonnais porte que « les habitants de la ville de Lyon
« avaient le plus ferme désir de supporter, en raison de
« leurs propriétés et facultés dans la ville, l'impôt public
« dans la plus parfaite égalité avec les habitants de la
« campagne, et qu'ils avaient renoncé à toute espèce de
« privilège attaché à la qualité de Bourgeois de Lyon ».

Dans la célèbre séance du 4 août, à la Constituante, où l'on vit les députés de la noblesse et du clergé renoncer spontanément aux privilèges de ceux-ci, les députés du Tiers État de Lyon, Jean-Jacques Millanois, bourgeois de Lyon ; Jean-André Périsse-Duluc, imprimeur-libraire ; Guillaume-Benoît Couderc, négociant ; Pierre-Louis Goudard, négociant, renoncèrent aussi à tous les privilèges dont jouissait leur cité.

A aucune époque de l'histoire on n'a vu désintéressement comparable à celui dont firent preuve les privilégiés du temps, tellement était grand l'enthousiasme pour les idées de justice. Généralement on les en récompensa par la guillotine. C'est ainsi que le député Millanois fut exécuté le 5 décembre 1793 (1). Tous les Lyonnais d'âge mûr ont vu la maison monumentale qui portait son nom, à l'angle du quai Saint-Clair et de la place Tolozan et qui périt par un incendie terrible il y a près de quarante ans.

**

Tous les privilèges ont disparu, et tous les Français paient également l'impôt, or et sang. Des deux coursiers qui menaient le char de la France avant 1789, l'un était pesamment chargé, et l'autre ne portait rien ou peu de chose. Aujourd'hui l'égalité règne, mais je ne sais comment il se fait que, en répartissant le poids également, les chevaux succombent tous deux écrasés. Il n'en faut pas accuser seulement les hommes, leur manque de talent, d'énergie

(1) Périsse-Duluc fut aussi exécuté après le siège de Lyon.

et de prévoyance, quoique cela y entre pour une large part, mais aussi les nécessités des temps et les fatalités. Si, comme l'Amérique, les nations européennes étaient déchargées du budget de la guerre, la situation serait tenable. Ce rêve n'est pas près d'être réalisé. En attendant, la ressource de notre pauvre et noble pays est toute dans le travail et l'épargne. Heureusement que, parmi tant d'affaissements, ces deux vertus semblent avoir gardé jusqu'ici chez nous leur énergie.

FIN

TABLE DES MATIÈRES

	pages
Préface d'Em. Vingtrinier.	v
La Chanson de ma Cousine Mariette.	1
Les Impressions d'un Petit Gone.	26
Les Vendanges	102
La Tirée du Vin.	119
De Viris illustribus Lugduni.	140
Les Modères	181
Propos de Gueule Lyonnais.	201
Le Carnaval Lyonnais	220
Charabarat	243
Le Tripier des Chats	266
La Berte	277
Les Montagnes	284
Le Bon Parler Lyonnais	311
Le Bourgeois de Lyon	350
Table des Matières.	367

FIN DE LA TABLE.

18.626. — Lyon, Imp. du *Salut Public*, 71, rue Molière.

www.ingramcontent.com/pod-product-compliance
Lightning Source LLC
Chambersburg PA
CBHW070438170426
43201CB00010B/1138